바다의 세계사

이 역서는 2008년 정부(교육부)의 재원으로 한국연구재단의 지원을 받아
수행된 연구임(NRF-2008-361-B00001)

바다의 세계사

초판 1쇄 발행   2017년 2월 27일
초판 3쇄 발행   2020년 6월 19일

지은이   미야자키 마사카쓰
옮긴이   이수열 · 이명권 · 현재열
펴낸이   윤관백
펴낸곳   ㅈ돌쌘선인

등록   제5-77호(1998.11.4)
주소   서울시 마포구 마포대로 4다길 4 (마포동 324−1) 곳마루 B/D 1층
전화   02)718−6252/6257
팩스   02)718−6253
E-mail   sunin72@chol.com
Homepage   www.suninbook.com

정가   20,000원
ISBN   979-11-6068-044-7   93300

· 잘못된 책은 바꾸어 드립니다.

바다의 세계사

미야자키 마사카쓰 지음

이수열 · 이명권 · 현재열 옮김

한국어판 서문

1970년대 전반의 닉슨 쇼크와 석유 파동 이후 세계는 위태로운 행보를 보이면서도 글로벌화의 과정을 밟고 있습니다. 이러한 글로벌 경제는 네덜란드와 영국이 스페인과 포르투갈의 해양 독점을 타파하고 자본주의 경제의 기초를 쌓은 뒤, 두 차례의 세계대전을 거쳐 미국에 의해 계승되어 세계 전체로 파급되었습니다.

지금까지 세계사는 유라시아를 중심으로 한 육지의 역사가 주를 이루었지만 바다와 항해의 역사가 더해짐에 따라 현재의 정치·경제에 이르게 되었습니다. 오늘날 냉동·냉장 기술과 저온유통 체계의 발달로 세계 각지의 식재료를 맛볼 수 있게 되었는데 이 또한 항해와 해운의 성장으로 말미암은 일입니다. 인터넷이나 항공망에 비하면 바다 네트워크는 평범해 보이지만 세계 물류의 대부분은 오늘날에도 해운에 의존하고 있다고 할 수 있습니다.

'공해(公海)'라는 바다 공간은 기본적으로 누구의 소유도 아닙니다. 어느 나라의 배도 자유롭게 항해할 수 있습니다. '자유로운 교역 공간으로서의 바다'라는 생각은 고대 그리스의 로도스 섬에서 탄생한 것입니다. 그리스인들이 규범으로 삼았던 로도스 법이 '공해'란 생각의 기본이 되었고, 로마 제국도 지중해를 '모든 이의 공유물'로 간주하여 사적 소유나 분할을 금지했습니다. 그러한 것이 로마 제국이 경제적으로 번영하는 기초가 되었습니다.

대항해시대의 토르데시야스 조약으로 스페인과 포르투갈이 세계 바다를 양분했을 때, 네덜란드는 '공해' 원칙을 근거로 삼아 영국 등과 함께 세계 바다를 '독점'에서 해방시켰습니다. 그 뒤 범선 네트워크가 자본주의 경제, 주식회사, 보험 제도를 탄생시키고 성숙시켜 갔습니다. 19세기 말 이후 증기선 시대가 되면 유럽으로부터 일대 민족이동(이민)이 세계 규모로 확대하여 세계의 유럽화가 급속하게 진행됩니다.

아시아 바다 세계로 눈을 돌리면 '조공의 바다'였던 발해·황해·동중국해에서 중화 제국이 민간 무역을 기본적으로 금지한 데 비해 '오랑캐(夷狄)의 바다'였던 남중국해(발해·황해·동중국해의 약 2배 크기)는 '상업의 바다'였습니다.

남중국해는 수마트라 섬 수리비자야의 활약 무대이자 말레이 상인·이슬람 상인·중국 상인·유럽 상인이 진출한 해역으로, 지중해의 1.4배의 넓이를 가진 바다입니다. 남중국해는 동아시아세계의 '상업의 바다' 내지 '지중해'로서 세계사에 자리매김할 수 있습니다.

16세기에서 19세기의 세계사를 견인한 바다가 대서양이었던 것처럼 21세기는 지표의 3분의 1을 차지하는 '태평양의 시대'라고 이야기되고 있습니다. 동아시아세계도 육지 시대에서 바다 시대로 전환하고 있는 것입니다.

필자는 세계를 순회하는 크루즈선상에서 세계사와 관련된 이야기를 한 경험이 있습니다. 그런 이유도 거들어 이 책을 집필했습니다만 오늘날 '바다의 세계사'는 꽤 다른 의미를 지니게 되었다고 생각합니다. 세계적 혼란이 가중되고 있는 지금 국경이 존재하지 않는 바다 공간에서 육지 역사를 상대화하는 일의 의미를 통감하고 있습니다. 이번에 본서가 한국어로 번역 출판되게 된 것은 매우 기쁜 일입니다. 이책이 바다의 역사에 관한 관심을 불러일으키는 계기가 될 수 있기를 바라마지 않습니다.

2016년

미야자키 마사카쓰

목 차

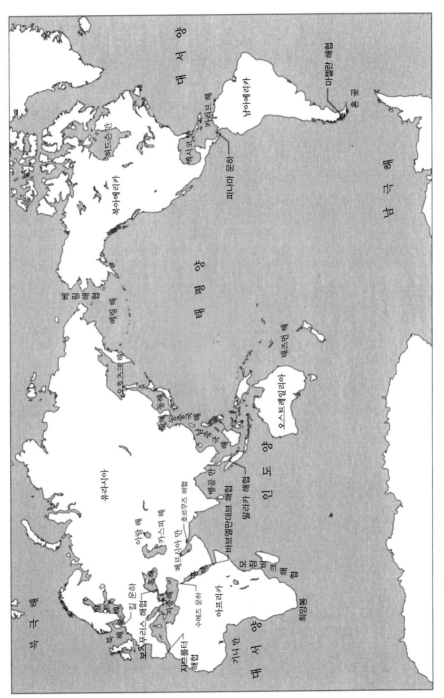

'바다세계' 개념도

11

일러두기

1. 이 책은 宮崎正勝, 『海からの世界史』(角川書店, 2005)를 완역한 것이다.

2. 외국의 지명과 인명은 국립국어원의 외국어표기법에 따라 원음으로 표기했다. 그러나 중국과 일본의 경우 익숙한 지명이나 인명은 원음으로, 그 외는 한국어 음으로 표기했다.
   예) 泉州는 취안저우, 金陵은 금릉으로 표기.

3. 지명과 인명이 처음 나올 때는 괄호 안에 한자를 병기하고, 두 번째 부터는 한자 병기를 생략했다.

4. 본문의 한자 중 일본식 약자(略字)와 중국식 간체자(簡體字)는 모두 정자(正字)로 표기했다.

5. 본문 중의 주는 독자의 이해를 돕기 위한 역주이다.

프롤로그

프롤로그

바다의 역사를 다시보다

지구의를 보면 알 수 있지만 지표의 70퍼센트는 바다이다. 그런데도 바다세계를 뒤덮고 있던 짙은 안개가 걷히기 시작한 것은 19세기 말이 되어서부터였다. 오랜 범선의 시대가 계속되는 동안 인류는 지구의 풍계(風系)와 해류를 이해함으로써 '바다세계'를 확대하고 여러 해역세계를 만들어 그것들을 서로 연결시키면서 인도양, 대서양, 태평양으로 항로를 개척해왔다. 19세기 후반 이후 증기선이 보급되자 인류사에서 '바다세계'의 비중은 비약적으로 증가했다.

지금까지 세계사는 육지를 주요 무대로 서술되었다. 바다는 특정 시기에만 모습을 드러내는 데 그쳤다. 'nation(국가)'으로 분할된 육지가 역사의 주요 무대였고 바다는 특수한 공간이었다. 바다는 어디까지나 육지 세계의 '변경'으로 자리매김 되어 왔던 것이다. 그러나 시각을 바꾸면 바다는 여러 방향으로 네트워크를 만들어내는 거대 공간이었으며 교류와 교역의 주요 무대였다. 바다는 서로 멀리 떨어진 곳에 위치하는 육지들을 연결시켰다. 주요한 문명과 제국은 모두 해양 네트워크를 발달시켰고, '대항해시대' 이후에는 대양을 지배하고 다각적인 교역 관계를 만들어낸 나라가 패권 국가로서 서구 사회를 이끌었다. 포르투갈, 스페인, 네덜란드, 영국, 미국이 그러한 국가들이다. 해양력(海

洋力, Sea Power)이야말로 패권 국가의 필수 요건이었던 것이다. 미국의 역사학자 이매뉴얼 월러스틴은 세계자본주의가 환대서양세계의 해상 교역을 발판으로 하여 성립했다는 '세계체제론'을 제기했다.

이렇게 보면 바다를 '변경'으로 생각하는 것은 잘못된 사고로, 인류 사 속에서 일관된 자리매김이 필요하다. 그러한 관점에서 이 책에서 는 4대 문명 시대부터 21세기에 이르기까지 바다세계의 변화를 ①해 역세계의 시대 ②유라시아 바다의 일체화 ③유라시아 바다의 전성기 ④북쪽부터 개척된 해양세계 ⑤대양 시대의 개막 ⑥바다세계에서 발 흥한 자본주의 ⑦세계 바다를 제패한 영국 ⑧바다세계의 글로벌화로 나누어, 종래의 '세계사'와는 달리 바다의 시점에서 '세계사'를 그리고 자 한다.

오랜 범선의 시대

처음 좁은 해역에서 시작된 항해 범위는 머지않아 중계항을 통해 해역이 서로 연결되는 형태로 확대되었다. 긴 세월에 걸쳐 눈에 보이 지 않는 '길'이 바다 위에 만들어진 것이다. 에게 해에서 지중해, 흑해 로 확대해간 고대 지중해세계의 역사는 그러한 네트워크의 성장 과정 을 전형적으로 보여준다.

'무역풍·계절풍'으로 번역되는 몬순의 법칙성을 이해하게 되자 태 양이나 특정한 별의 고도를 통해 산출된 위도 측정과 어우러져 비교 적 안정된 항해가 가능하게 되었다. 그 결과 아시아 남쪽 연안을 동서 로 연결하는 '바닷길'이 발전했다.

8세기 후반 이후 지중해에서 중국 남부에 이르는 해역에서 이슬람 범선 다우(dhow)는 하나의 거대한 네트워크를 형성했다. 이슬람 상인이 중심이 된 '아시아 제1차 대항해시대'가 열린 것이다. 뒷날 유럽이 세계의 대양에 항로를 개척하여 대양을 서로 연결시킨 '대항해시대'와는 질적으로 다르지만, 이슬람 상인이 넓은 해역을 연결시키고 간선 항로에 무수한 로컬 항로를 접속시켜 대규모 물자·문명 교류를 실현한 일은 '바다의 세계사'에 큰 획을 그었다.

이슬람 상인의 적극적인 교역 활동은 중국 연해부를 크게 자극했다. 10세기 후반 이후 나침반과 중국 고유의 범선 정크를 이용해 중국 상인은 남중국해, 인도양 네트워크의 형성을 급속하게 진행시켰다. 그것이 '아시아 제2차 대항해시대'이다. 남인도를 경계로 이슬람의 다우와 중국의 정크가 유라시아 바다를 양분한 것이다.

서아시아와 동아시아의 거대한 농경 지대를 지배한 몽골 제국 시대에 아시아 해역은 미증유의 활황을 보였다. 그러한 바다세계의 상황을 오늘날에 전하고 있는 것이 마르코 폴로의 『동방견문록』이고 이븐 바투타의 『이븐 바투타 여행기』이다. 이 시대에는 아시아 해역에서 지중해에 이르는 네트워크를 통해 화약, 나침반, 다우 삼각돛, 해도 작성법 등의 기술이 지중해로 전파되었다. 이러한 신기술은 이탈리아인 항해사를 통해 이베리아 반도의 포르투갈로 전해졌다.

15세기가 되면 포르투갈의 엔히크 항해왕자가 캐러벨(caravel)선을 이용해 아프리카 서해안 탐사에 조직적으로 착수했다. 이를 통해 아프리카 연안의 풍계와 조류가 밝혀졌고, 콜럼버스의 대서양 횡단으로 대서양의 풍계와 '신대륙'의 존재가 알려짐에 따라 대서양은 유럽에 속하는 해역으로 변했다. '대항해시대'의 의의는 범선을 이용한 지구 규모의 네트워크가 형성되어 막대한 부가 유럽으로 집중된 데 있다. 세계 바다의 윤곽이 명확해지고 해양 네트워크를 주도하는 나라가 패권 국가가 되는 '해양력의 시대'로 진입한 것이다.

17~18세기에는 네덜란드와 영국을 중심으로 대서양 무역이 활발하

게 이루어져 환대서양 지역에서 상품 경제가 현저한 성장을 보였다. 대서양을 이용한 대규모 상품 거래 가운데서 '자본주의' 경제 체제가 형성되고 성장했다.

증기선 시대의 도래와 변모하는 세계

'산업혁명' 시기 새로운 동력으로 등장한 증기기관은 철도와 증기선 이라는 새로운 수송 수단을 낳았다. 교통혁명이 바로 그것이다. 철도 와 증기선을 이용한 고속 네트워크가 지구 규모로 펼쳐졌다. 그러나 증기선은 대량의 석탄을 실어야 했기 때문에 증기기관에 문제가 발생 하면 움직일 수 없었다. 그런 이유로 증기선은 19세기 후반에 이르기 까지 보급되지 않았다. 19세기 전반은 클리퍼(clipper)라는 쾌속 범선 의 전성기였다.

미국이 대규모 프런티어 개발을 진행함에 따라 이민 유입이 격증하 자 대서양 횡단 항로가 활성화되었고 식민지 확대와 함께 아시아 항 로도 활기를 띠었다. 이런 가운데 영국은 선박회사에 우편 보조금을 지원하여 '범선 시대'에서 '증기선 시대'로의 이행을 적극적으로 장려 했다. 영국의 기반이 된 엠파이어 루트는 증기선에 물과 석탄을 공급 하는 보급 기지들로 구성되었다. 영국은 광대한 해역에 석탄 보급 네 트워크를 구축하여 '바다세계'를 지배했던 것이다.

19세기 후반에는 조선 기술의 혁신이 일어났다. 철제 대형선박 건 조, 스크루의 실용화, 추진기관 개량 등으로 바다세계는 석탄을 동력 으로 하는 철선의 시대로 변모했다. 1869년의 수에즈 운하 개통과 미 국 대륙횡단철도 개통은 새로운 교통망에 의한 세계 일주를 가능케 한 획기적인 사건이었다. 그것은 동시에 아시아, 아프리카, 오세아니아의 식민지화를 추진하는 계기가 되었다.

바다세계와 글로벌화

19세기 말에서 20세기 초에 걸쳐서는 석유 사용 내연기관, 전력 보급, 강철 출현 등과 같은 신기술 체계가 일반화되고 거대 사업체가 등장함에 따라 경제 변동이 일어났다. '대불황'과 경쟁이 심화되는 가운데 저임금으로 무장한 미국과 독일이 대두하여 영국의 패권에 도전했다. 3B정책을 내건 독일은 페르시아 만에서 인도양으로 경제권을 확대하고자 했다. 이에 대해 영국은 3C정책으로 맞서 인도양 주변의 기득권을 사수하려 했다. 양국은 격렬한 군비 확장 경쟁(건함 경쟁)을 펼쳤고 이는 제1차 세계대전으로 귀결되었다.

한편 미국은 육지의 프런티어가 소멸되자 경제 성장의 장을 태평양에서 구했다. 철도에서 해운으로 전환한 것이다. 미국은 대서양과 태평양 사이에 위치하는 지정학적 이점을 이용하여 태평양 진출을 꾀했다. 1914년에는 파나마 운하가 개통되어 대서양, 태평양, 인도양이 최단 거리로 연결되었다. 태평양의 패권을 둘러싸고 벌어진 미국과 일본 간의 태평양전쟁은 미국의 세계 정책을 실현하기 위해서도 필요한 전쟁이었다.

제2차 세계대전 이후 미국은 '세계 바다'에서 패권을 주장하는 해양 제국이 되었다. 핵 군비 확장을 중심으로 전개된 미소 간의 냉전은 '바다의 제국'과 '육지의 제국'의 싸움이었으나 결국 '바다의 제국' 미국의 승리로 끝났다. 냉전에서 승리한 미국은 대서양, 태평양뿐만 아니라 인도양까지 세력권을 확대하여 해양 제국을 확고히 만들려 하고 있다.

21세기 현재, 글로벌화의 진전과 함께 중국 등 아시아 국가의 비중이 높아져 새로운 태평양 시대를 맞이했다. 명(明)대에 '바다의 제국'에서 스스로 철수하여 내륙화한 중국은 20세기 말부터 다시 '바다세계'로 눈을 돌려 화교 네트워크와 연결하면서 적극적인 진출을 시도하고 있다.

바다는 불가사의한 공간으로 인간을 '비(非)일상의 세계'로 유혹한다. 오랜 기간 사람들은 바다 저편에는 이질적인 세계가 존재한다고 믿어왔다. 둥글게 보이는 수평선 저 멀리에 아직 가보지 못한 세계가 틀림없이 있다고 생각했던 것이다. 그러나 세계의 바다는 하나로 연결되어 있다. 지표의 70퍼센트를 차지하는 바다는 선박의 대형화와 다양화, 컨테이너 수송으로 인한 하역작업의 혁명적 합리화 등으로 막대한 물자 이동이 가능하게 되어 오늘날 글로벌화의 토대가 되어 있다.

1장
서쪽부터 개척된 유라시아 바다
– 해역세계의 시대

제1장 서쪽부터 개척된 유라시아 바다
– 해역세계의 시대

1. 4대 문명과 유라시아 해역세계

▎넘기 힘들었던 수평선

바다세계를 일컫는 말에 '7개의 바다'가 있다. 이는 『정글 북』의 저자 조지프 러디어드 키플링(1856~1936)의 유명한 말로, 바다 향기와 드넓은 바다를 무대로 활약하는 남자들의 모습을 떠올리게 하는 어감을 갖고 있다. 세계의 바다를 뒤덮고 있던 안개가 걷힌 오늘날에는 남·북 태평양, 남·북 대서양, 인도양, 남극해, 북극해가 '7개의 바다'이지만 이전에는 지중해, 흑해, 아드리아 해, 카스피 해, 홍해, 페르시아 만, 인도양이 '7개의 바다'였다. 육지로 둘러싸인 내해가 뱃사람들의 주요 활동 무대였기 때문이다.

지표의 70퍼센트를 차지하는 바다세계의 개척은 육지와의 깊은 관계 속에서 진행되었다. 바다세계는 마치 어린아이가 벽을 잡고 걸음마를 하는 것처럼 불안한 걸음걸이로 하구에서 내해, 내해에서 대양으로 시간을 두고 확대되어 갔다.

먼 바다에 나오면 내해도 대양도 망망대해임에는 차이가 없어 뱃사람들의 마음은 심란해졌다. 그러나 세대를 넘어 시행착오를 거듭하면서 항로 이미지가 뚜렷하게 되자 불안도 견딜 수 있게 되었다. 배를 이끄는 조류와 풍향에 대한 연쇄적인 기억이 선원에서 선원으로 전해져 항로가 확정되었다. 도서 분포, 조류, 풍향, 지표가 되는 지형, 특산품 등의 정보가 어우러져 항구를 연결하는 해역세계가 성립했다.

유라시아의 경우를 보면 이집트, 메소포타미아, 인더스(갠지스), 황하의 4대 문명이 성립한 대하(大河) 유역에서는 관개 시설이 정비되고 사회가 팽창해 인류 사회의 중핵 지역이 형성되었다. 중핵 지역에는 주변 지역으로부터 많은 물산이 모여들었다. 도로 건설이 어려웠던 시대에 물자를 대량으로 운반할 수 있는 '바다'는 하천과 바로 연결되는 수송로가 되었다. '바다'를 통해 다양한 물산이 모여든 4대 문명은 문명 형성 과정에서 각자의 해역세계를 키워나갔다. 나일 강과 지중해, 메소포타미아와 페르시아 만, 인더스 문명과 아라비아 해, 황하 문명과 황해가 그것들이다. 인도에서는 기원전 1,000년 무렵 인더스 강 유역에서 갠지스 강 유역으로 문명의 중심이 옮겨가 벵골 만이 새롭게 개척되었다. 여러 해역 가운데 가장 활발한 움직임을 보인 것은 나일 강과 연결된 지중해 해역이었다.

2. 나일 강과 지중해 항로의 골격을 만든 페니키아인

▌지중해는 나일의 선물

지중해는 바다와 친숙한 이집트 문명의 영향 하에서 개척되었다. '지중해는 나일의 선물'이라고 해도 틀린 말이 아니다. 이집트 문명과 바다를 연결한 것은 풍요로운 대지와 흐름이 완만한 나일 강, 그리고 주변의 사막이었다. '데세레트(desheret)'라고 불리는 붉고 건조한 사막으로 둘러싸인 이집트에서는 지중해를 향해 흐르는 나일 강이 일종의 고속도로 역할을 했다. 강을 벗어나면 바로 앞에 레바논, 크레타 섬 등이 분포되어 있었다.

완만하게 흐르는 나일 강은 쉽게 내려갈 수 있었고, 강을 거슬러 올라갈 때는 돛을 사용해 지중해에서 상류 쪽으로 불어오는 바람의 도움을 받았다. 지금도 '페루카'라는 길쭉한 범선이 나일 강을 오르내리고 있다. 지중해와 연결된 나일 강은 대규모 농업 지대를 지탱했을 뿐만 아니라 각종 물자가 이집트로 흘러드는 동맥 역할을 하기도 했다. 건조 지대에 문명을 세우는 데는 많은 물자가 필요했는데 외부 상인들이 나일 강을 통해 그러한 물자를 운반해 들여왔다.

이집트인들은 처음 1미터에서 3미터 정도까지 자라는 파피루스를 묶어 손으로 젓는 배를 만들었다. 그들은 머지않아 돛을 발명해 노와 돛을 같이 사용했다. 기원전 4,000년경의 이집트 무덤에서 출토된 항아리에는 이미 돛을 갖춘 배가 그려져 있다. 지금부터 6,000년 전에 이미 범선이 사용되었던 것이다. 일본의 경우 고분 시대[1] 유적에서 출토된 배 모양 토기를 보면 노를 사용하고 여전히 돛이 없다.

나일 강에서 사용된 초기 목조선은 시카모아(일종의 단풍나무)나 아카시아 나무의 작은 판재를 나무못과 나무토막으로 솜씨 좋게 접합시킨 평저선(平底船)[2]이었다. 그 때문에 마스트를 지지하기 힘들어서 무게를 분산시킬 목적으로 기둥이 2개인 마스트(mast of twin pole)를 사용했다.

---

[1] 일본 역사에서 고분, 특히 전방후원분의 축조가 두드러진 시대를 가리키는 고고학적 시대 용어로서, 일반적으로 3세기 중반 이후부터 7세기 말까지의 400년간을 가리킨다.

[2] 배 밑에 평탄한 저판(底板)을 깐 평탄한 구조의 선박으로 한국의 전통 선박에서 흔히 볼 수 있다.

나일 강에 등장한 거대 범선

기원전 2,600년경 이집트에는 레바논 삼나무로 만든 큰 배가 등장했다. 그것을 증명하는 것이 기자에 있는 쿠푸 왕(재위 기원전 2638-기원전 2613)의 피라미드 부근에서 발굴된 목조선이다. 쿠푸 왕의 피라미드는 평균 2.5톤의 돌을 230만 개나 쌓아올린 것으로 높이 147미터, 밑변의 한 변이 230미터나 되는 약 4,600년 전에 만들어진 경이적인 건조물이다. 그런데 1954년 이 피라미드 부근에서 또 하나의 놀라운 유물이 발굴되었다. 길이 43.3미터, 폭 5.9미터의 레바논 삼나무로 만든 거대한 배가 해체된 상태로 출토된 것이다. 딜윈 존즈(Dilwyn Jones)는 이 배에 40명이나 되는 인원이 탔을 것으로 추정하고 있다(『대영박물관 쌍서 고대 이집트를 알다 4: 배와 나일(大英博物館双書 古代エジプトを知る四 船とナイル)』).

발굴된 배의 자재를 방사성탄소 연대측정법으로 조사한 결과 배가 쿠푸 왕 시대의 것임이 밝혀졌다. 현재 이 배는 복원되어 피라미드 부근에 전시되어 있다. 배의 용도에 관해서는 여러 의견이 분분하지만 파라오가 죽은 뒤 혼을 태양신 곁으로 옮기는 의식에 사용되었다는 설이 유력하다. 아마도 수많은 작은 배들이 큰 목조선을 끌면서 옮겼을 것이다.

나일 강 하구에서 바다로 나오면 하구에서 흘러나오는 물살과 북쪽으로 흐르는 해류가 합류했다. 이 해류를 타면 신전 건설이나 조선용 자재로 이용되는 삼나무 목재의 산지 레바논 지방에 이를 수 있었다. 사막으로 둘러싸여 목재 자원이 부족했던 이집트에 문명을 건설하기 위해서는 대량의 건축 자재를 수입할 필요가 있었다. 쿠푸 왕과 거의 동시대의 왕인 스네프루가 배 40척 분량의 레바논 삼나무를 수입하여 '상하(上下) 이집트의 명예'라는 길이 약 52미터의 거대 선박과 여러

척의 배를 건조했다는 기록이 남아있는 것으로 보아 쿠푸 왕의 배가
예외적인 존재가 아니었음을 알 수 있다.

▌하트셉수트 여왕 시대의 교역선

기원전 2000년기 초가 되면 이집트는 지중해뿐만 아니라 홍해에서
도 교역을 늘려갔다. 홍해 남부에는 나무줄기에 상처를 내 얻은 수액
에 불을 지펴 향기를 즐기는 '유향(乳香)', 한란과(寒蘭科) 식물에서 채
집한 고무 수지로 '미르라(myrrh)'라고도 불리는 '몰약(沒藥)' 등 값비싼
향료와 상아가 풍부했다. 왕이나 귀족, 신관들은 지위를 과시하기 위
해 향료를 구입했다.

기원전 1,500년경에는 간단한 용골(keel)과 갑판량(甲板梁)을 갖춘

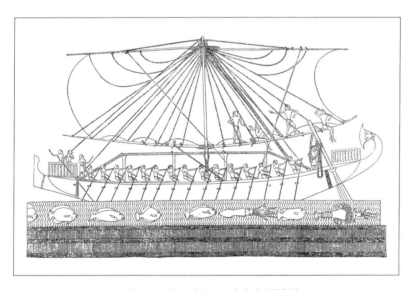

그림 1-1 하트셉수트 시대의 외양선

(출전: George Hourani, *Arab Seafaring in the Indian Ocean in Ancient Early Medievai
Times*, Princeton Univ. Press, 1995)

배가 등장한 사실을 디르 엘 바흐리의 계곡 신전에 있는 일련의 부각(浮刻)을 통해 알 수 있다. 부각화에는 하트셉수트 여왕이 원정에 파견한 배가 새겨져 있다. 토토메스 3세의 섭정 하트셉수트 여왕은 5척의 배를 홍해에서 푼트[3) 지방으로 보내 유향, 몰약, 흑단(黑檀), 상아, 금, 표범가죽 등과 같은 진기한 물품을 수입했다. 푼트 지방이 어디인지는 불분명하지만 아마도 인도양 쪽으로 튀어나온 과르다푸이 곶 앞의 소말리아('아프리카의 뿔')를 가리킨다고 여겨진다. 멀리 사막을 보면서 항해가 가능한 홍해는 남북 약 2,000킬로미터에 이르는 좁고 긴 바다이다. 나일 강 하구에서 레바논까지 가는 항로보다 4배 이상 긴 거리였다.

돌에 새겨진 배의 모습은 1개의 마스트를 갖추고 상하 2개의 긴 활대 사이에 거대한 가로돛을 달았다. 배를 젓는 노잡이는 30명이고, 선수에 조타수가 그려져 있다. 조타수는 폭이 넓은 조타용 노와 수심 측정용 추를 단 밧줄을 지니고 있다. 배의 길이는 25미터 이상인 것으로 추정된다. 연안 항해 시에는 좌초를 피하기 위해 수심을 측정하면서 주의 깊게 항해할 필요가 있었다. 수심을 측정하는 기술을 '측심(測深, sounding)'이라고 한다.

▌레바논 삼나무와 비브로스

지중해는 흑해를 합치면 면적 약 297만 제곱킬로미터에 달하는 세계 최대의 내해이다. 이 거대한 내해를 동서로 연결하는 간선 항로를 해양민 페니키아인이 개척했다. 페니키아는 양질의 레바논 삼나무가 자라는 지역이기도 했다. 페니키아인은 신전 건설이나 조선용 목재로

---

3) Punt: 홍해 남쪽 해안과 이웃한 아덴 만 연안을 가리키는 고대 이집트어이다. 지금의 에티오피아 해안과 지부티 해안에 해당한다.

사용되는 레바논 삼나무를 이집트로 운반하면서 항해 기술을 터득했다.

레바논 삼나무는 재질이 치밀하고 나뭇결이 곧아 부식이나 해충에 강할 뿐 아니라 손질을 가하면 가할수록 윤기가 나는 우수한 방향 목재이다. 사막이 많고 목재가 부족한 이집트에서는 조선 및 건축 자재, 묘재, 미라의 방부제 등으로 사용되어 레바논 삼나무는 높은 가격으로 거래되었다.

레바논 지방은 레바논 산맥을 등지고 남북 약 200킬로미터, 폭 40~80킬로미터의 좁은 평야가 이어지는 지형을 갖고 있다. 레바논 산맥은 겨울에는 눈이 쌓이고, 여름에는 석회암이 표층을 뒤덮고 있기 때문에 흰색으로 보였다. 레바논 산맥이라는 지명은 '흰 산맥'이라는 의미의 아람어[4]에서 유래한다.

이집트로 가는 레바논 삼나무의 교역 중심은 페니키아인의 주신(主神)인 풍요의 신 바알이 만들었다고 하는 항구 도시 비브로스(현재의 주바일)였다. 비브로스 상인은 레바논 삼나무를 잘라 뗏목으로 만들어 나일 강 하구로 수송했다. 돌아올 때는 이집트에서 파피루스 등을 구입해 지중해 지역에 되팔았다. 그리스인이 파피루스를 '비브로스'라고 부른 것은 그런 이유에서이다. 파피루스로 만든 책을 '비브리온'이라고 했는데 그것이 『성서(바이블)』 또는 book의 어원이다.

레바논 삼나무를 어떤 방법으로 이집트로 운반했는지에 대해서는 잘 알려져 있지 않지만 루브르 미술관에는 이라크 코르사바드에서 출토된 '목재수송·양륙도'가 소장되어 있다. 기원전 8세기 아시리아 시대의 것으로 추정되는 이 그림에는 4~5명이 노를 젓는 배가 4~5개의

---

[4] 기원전 500년경부터 기원후 600년 무렵까지 고대 오리엔트 지방의 국제어로 사용되었으며, 아프로아시아어족의 셈어파의 북서셈어군에 속하는 언어이다. 예수 시기 팔레스타인에서도 이 언어를 사용했으며 초기 성서는 이 언어로 기록되었다고 한다. 오늘날 아르메니아나 시리아 일부 지역에서 아직도 사용하고 있다.

삼나무를 싣고 2~3개의 통나무를 끌면서 항해하는 모습이 그려져 있다. 목재를 싣지 않은 지휘선도 있는 것으로 보아 선단을 이루고 있었음을 알 수 있다. 이와 같은 조직적인 목재 수송이 이집트와의 교역에서도 행해졌을 것이다.

페니키아인이 개척한 지중해 횡단 항로

페니키아인은 선저에 용골을 갖춘 견고한 구조에, 판재 사이의 틈을 타르, 역청(瀝靑, 아스팔트) 등으로 메운 배를 만들어 외양을 항해했다. 참고로 배를 견고하게 하는 용골은 통나무배에서 비롯되었다고 한다. 즉, 통나무배의 양측 '격판(隔板)'이 점점 높아져 구조선 형태로 되었을 때 통나무 부분이 용골이 되었다는 것이다.

페니키아 상선은 말머리 모양의 조각상을 선수에 붙이고 많은 상품을 적재할 수 있도록 불룩한 배 모양을 하고 있었다. 길이 9미터에서 24미터, 폭은 길이의 3분의 1에서 4분의 1로, 중앙부의 마스트에 장방형의 커다란 가로돛을 달았다. 6개의 로프를 사용하여 돛을 접거나 방향을 바꾸었다. 배의 적재량은 250톤 이하로 추정되며 하루에 50킬로미터 전후의 거리를 항해했다.

페니키아인은 오랫동안 육지를 안표(眼標)삼아 주간에만 항해했으나 머지않아 '작은곰자리' 성좌를 이용하여 야간에도 항해가 가능하게 되었다. 그리스인이 작은곰자리를 '포이니케(페니키오)'라고 부르는 것은 여기서 유래한다. 성좌와 관련된 많은 신화를 가진 그리스인도 당연히 별을 항해에 이용했다.

얼마 가지 않아 티루스(현재의 스루)나 시돈(현재의 사이다)과 같은 항구가 번성하여 비브로스를 대신해 교역과 식민의 중심이 되었다. 그리스 신화에는 페니키아 왕이 페니키아인 카드모스에게 그리스의

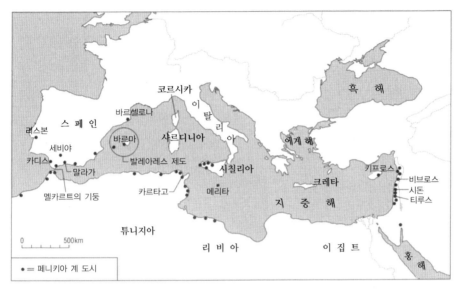

그림 1-2 페니키아인의 교역과 식민

주신 제우스에게 유괴된 누이 에우로페를 찾아올 것을 명하는 이야기
가 나온다. 에우로페를 찾을 때까지 귀국이 금지된 카드모스는 그녀
를 찾을 방도가 없어 델포이의 신탁을 받는다. 신탁은 "길에서 만난
수소의 뒤를 따라가 소가 몸을 눕힌 장소에 나라를 세우라"라고 하였
다. 카드모스는 신탁대로 행동하여 머지않아 발칸 반도에 테베를 세
웠다. 그리스의 전승에 따르면, 카드모스가 페니키아 기원의 알파벳
을 그리스에 전수했다고 한다. 이러한 신화는 티루스의 발칸 반도 식
민에서 비롯되었다고 여겨진다. 참고로 에우로페는 '유럽'이란 말의
어원이다.

지중해 중앙부에는 많은 섬들이 동서로 이어져있어 지중해 횡단 항
로를 형성하였다. 동쪽부터 보면 구리와 실삼나무의 산지 키프로스
섬, 지중해 중앙부에 있는 가장 넓은 면적의 시칠리아 섬, 이탈리아
반도 서쪽에 위치한 지중해에서 두 번째로 큰 사르디니아 섬, 이베리

아 반도 부근의 마요르카 섬 등으로 이루어진 발레아레스 제도가 있다. 이 섬들을 지나면 이베리아 반도의 스페인에 이르게 된다. 키프로스('실삼나무'), 시칠리아('시클리[괭이]을 가진 사람'), 사르디니아('[신이 최초로 표시한] 발자국'), 발레아레스(페니키아인의 최고신 바알에서 유래), 스페인('토끼가 많은 땅') 등의 지명은 모두 페니키아어이다. 이런 점을 보아도 페니키아인이 지중해 간선 항로를 개척한 사실을 알 수 있다.

▎ 카르타고가 지배한 서지중해

탁월한 항해 기술을 가진 페니키아인은 지중해를 넘어 대서양으로 연결되는 항로도 개척했다. 페니키아인은 지중해 서쪽 변두리에 위치한 지브롤터 해협의 양측 산을 '멜카르트의 기둥'이라고 불렀다. '멜카르트'라는 이름은 티루스의 수호신 멜카르트에서 유래한다. 참고로 멜카르트는 '저승의 신'이다. 페니키아인은 자신들의 해역이 좁아진 것을 본 멜카르트 신이 서쪽 끝의 대지를 갈라 배가 대서양으로 빠져나갈 수 있도록 한 뒤 갈라진 부분이 원래대로 돌아가지 않도록 2개의 기둥을 박았다고 설명했다.

이에 비해 그리스인은 해협 양측의 산을 '헤라클레스의 문'이라고 불렀다. 괴력을 지닌 헤라클레스가 머리와 몸이 세 개인 거대한 수소를 잡으러 스페인으로 갔을 때, 해신과 대지신 사이에서 태어난 거인 안타이오스가 배를 통과시켜주지 않자 이를 물리치고 그것을 기념하기 위해 2개의 말뚝을 박았다는 것이다.

페니키아인과 그리스인은 기묘하게도 비슷한 전승을 갖고 있지만 페니키아인의 전승이 시기적으로 앞서는 것은 물론이다. 거인 안타이오스와 헤라클레스의 싸움은 페니키아인과 뒤늦게 진출한 그리스인

사이의 세력 다툼을 신화화한 것으로 생각된다.

기원전 9세기가 되면 시칠리아 섬 건너편에 티루스의 식민도시 카르타고가 건설된다. 카르타고는 북아프리카의 튀니스 만 쪽으로 튀어나온 반도 위에 건설되었다. 운하로 연결된 2개의 항구 뒤편 언덕에는 요새가 만들어졌다. 시칠리아 섬을 사이에 두고 이탈리아 반도와 마주보는 요충지를 손에 넣은 카르타고인은 사르디니아와 지브롤터해협('멜카르트의 기둥')으로 향하는 배를 가차 없이 침몰시키면서 서지중해에 일대 교역권을 구축했다. 티루스가 쇠퇴한 기원전 4세기 이후 카르타고는 지중해 전역을 제패하는 대무역항으로 성장했다.

'바르카가(家)의 도시'라는 의미의 바르셀로나, '상관(商館)'을 뜻하는 말라가, '포위, 성벽'을 의미하는 카디스, '훌륭한 항구'라는 뜻의 리스본 등과 같은 페니키아어 지명을 가진 스페인과 포르투갈의 항구들이 카르타고의 교역권을 형성하고 있었다. 카르타고의 번영은 기원전 146년 제3차 포에니전쟁에서 승리한 로마군이 도시 전체를 깡그리 태워버릴 때까지 계속되었다. 로마는 카르타고를 폐허로 만들고 그 유산을 몽땅 가로챘다.

3. 지중해와 흑해를 연결한 그리스인

▌키클라데스 제도에서 발전한 그리스의 항해 기술

페니키아인보다 늦게 지중해로 진출한 그리스인은 에게 해를 중심으로 육지를 따라 동지중해·흑해 주변으로 항로를 넓혀갔다. 발칸반도의 복잡한 해안선과 북쪽에서 불어오는 '에테시아'와 남쪽에서 부는 '시로코'라는 열풍이 그들의 항해를 도왔다.

그리스인이 항해 기술을 발전시킨 바다는 키클라데스 제도였다. 이 제도에는 아폴론 신과 아르테미스 여신의 탄생지로 알려진 델로스 섬을 중심으로 파로스 섬, '밀로의 비너스'로 유명한 밀로스 섬 등 약 220개의 섬들이 둥글게 분포하고 있다. 키클라데스는 '둥글게 모여 있다'는 뜻이다. 석회질의 산으로 이루어진 섬들에는 물과 나무가 부족해 바다에 의지하지 않고는 생활이 불가능했다. 호메로스(기원전 8세기 무렵)가 '물의 길'이라고 불렀던 것처럼 에게 해에 산재하는 수많은 작은 섬들은 항해의 확실한 길잡이였다.

그리스 상선은 몽땅한 모습의 범선으로 노도 함께 사용했다. 지중해는 항해에 적합한 여름에만 항해할 수 있었다. 10월부터 4월까지의 지중해는 의외로 녹녹치 않은 바다였다. 배의 선미 양현(兩舷)에 방향을 조정하는 키를 붙인 것도 항해를 어렵게 하는 이유 중 하나였다. 그래서 그리스 상선은 항해의 안전을 기원하여 선수 양 측에 '모든 것을 보는 눈'을 그려 넣었다. 신통력을 가진 눈의 힘을 빌어 안전한 항해를 도모한 것이다. 고대 이집트에서는 '신성함'의 상징으로 '우자트의 눈'을 숭배했는데 그로부터 영향을 받은 것이라고 생각된다. 그리스인은 배 자체에 신비한 생명력이 있다고 믿었다. 고대 그리스에서 배 이름에 여신의 이름을 붙인 것도 사람의 힘으로는 감당하기 어려운 재난을 피할 수 있게 해준다고 믿었기 때문이다.

호메로스의 서사시 『오디세이아』는 그리스 서해안 이타카 섬의 지배자이자 트로이 전쟁의 명장 오디세우스가 트로이를 함락시킨 뒤 수많은 모험을 하며 고국으로 귀환하는 10년간의 여정을 그리고 있다. 오디세우스는 트로이 전쟁에서 활약한 영웅으로 전쟁 말기에 병사들을 '목마' 뱃속에 숨겨 승리의 계기를 만든 인물이다. 서사시 『일리아스』에 따르면 오디세우스는 그리스군의 영웅 아킬레우스가 죽었을 때 그의 갑옷을 물려받았다고 한다.

세이렌은 오디세우스를 유혹해서 죽음으로 몰아넣고자 한 마녀이
다. 사람의 얼굴과 새의 몸통을 한 이 마녀는 이탈리아 근해에 출몰해
아름다운 노랫소리로 근처를 항해하는 선원들을 유혹하여 배를 난파
시켰다. 많은 배가 난파해 죽은 자의 백골이 산을 이룰 정도였다고 한
다. 이 이야기는 지중해 항해가 매우 어려웠던 점을 상징하고 있다.
지중해는 파도가 잔잔한 바다라는 이미지가 강하지만 결코 만만한 바
다가 아니었다.

교역 도시 밀레투스와 에게 해의 남북 항로

그리스세계 초기의 중심적 항구 도시는 멘데레스 강(현재의 부유크
멘데레스 강)[5] 하구의 밀레투스였다. 밀레투스는 '만물의 근원은 물'
이라고 설파한 철학자 탈레스(기원전 7세기 후반~기원전 6세기 중엽)
의 출신지로 유명하다. 천혜의 항구를 4개나 가진 밀레투스는 음악과
예언을 관장하는 신 밀레투스가 건설했다고 전해지고 있었다.

기원전 11세기에 건설된 밀레투스는 기원전 7세기가 되자 동지중해
교역의 중심이 되어 소아시아·흑해 연안, 이집트, 이탈리아에 60개의
식민도시를 건설했다. 밀레투스는 페르시아에게 정복당한 이오니아
도시연맹의 반란을 주도했다는 이유로 기원전 5세기 초 다레이오스 1
세(재위 기원전 522~기원전 486)[6]가 파견한 군대에 의해 철저하게 파
괴당했다. 반란을 일으켰을 때 밀레투스는 80척의 군선을 보유하고

---

[5] 터키 소아시아 반도 중부에서 발원하여 남서쪽으로 흐르는 강으로, 에게
해로 흘러드는 큰 하구의 남쪽 편에 밀레투스가 위치한다.
[6] 영어식 표기로는 다리우스 1세라고 하며 고대 페르시아 제국의 세 번째 통
치자로 페르시아 제국의 전성기를 이끌었다. 그리스 정복전쟁에는 실패했
지만 이집트와 에레트리아, 즉 소아시아를 정복하였다. 그의 후임인 크세
르크세스 1세 때부터 페르시아 제국은 쇠퇴하기 시작했다.

있었다고 한다.

밀레투스는 흑해와 이집트를 잇는 남북 항로를 발전시켰다. 먼저 흑해에 이르는 북쪽 항로를 살펴보자. 밀레투스에서 육지를 따라 북상하여 미칼레 곶과 사모스 섬 사이의 폭 3킬로미터의 해협을 빠져나가면 에페소스가 있었다. 이곳은 일찍이 소아시아의 강국이었던 리디아의 중심 도시 사르디스의 외항이었다. 기원전 560년경 에페소스('살아 있는 제물을 바치는 제사의 주관자'라는 의미)에 들판의 여신 아르테미스를 모시는 대신전이 완성되었다. '세계 7대 불가사의' 중 하나로 꼽히는 장대한 건조물이었던 신전에는 127개의 돌기둥이 늘어서 있었다.

에페소스 북쪽에는 호메로스의 탄생지 키오스 섬이 있다.[7] 그 북쪽에 있는 에게 해에서 세 번째로 큰 레스보스 섬에서 출발하면 다르다넬스 해협에 도착했다. 흑해로 연결되는 수로의 입구에 위치한 이 해협은 폭이 2~6킬로미터, 길이가 70킬로미터에 달했다. 다르다넬스 해협으로 진입하기 위해서는 시속 10킬로미터가 넘는 강한 해류를 타넘어야 했다. 날씨가 나쁜 날은 차가운 북풍이 풍속 35노트에서 50노트의 돌풍이 되어 불어 닥쳤다. 좁은 항로가 계속되는 다르다넬스 해협을 당시 헬레스폰토스('그리스의 문'이라는 의미)라고 불렀다. 해협을 넘어서면 '비(非) 그리스세계'가 시작된다고 생각했다.

다르다넬스 해협을 겨우 빠져나오면 마르마라 해의 안개가 선원들을 괴롭혔다. 잇따라 길이 32킬로미터에 달하는 보스포루스 해협이 기다리고 있었다. 보스포루스 해협은 협곡과 같이 구불구불하게 이어져 가장 좁은 곳은 폭이 550미터였다. 이 해협은 흑해로부터 강한 해

---

7) 호메로스의 실존여부에 대해서 여전히 논란이 있다. 키오스 섬이 호메로스의 탄생지라는 것은 호메로스라는 이름을 어원학적으로 푸는 여러 설 중 하나를 근거로 하여 주장되고 있다.

그림 1-3 그리스인의 교역

류가 항상 흘러들어와 항해하기 힘든 곳이었다. 그래서 보스포루스 남단 서해안의 금각만(金角灣)을 정박지, 즉 피난항으로 이용했다. 그러나 그리스인이 흑해를 '폰투스 에우크시누스(친절한 바다, 손님을 맞이하는 바다)'라고 부른 데서 알 수 있듯이 연안 주민은 교역에 적극적이었고, 활발한 노예·곡물 무역이 이루어졌다.

기원전 7세기에 금각만 안쪽에 만들어진 그리스인의 식민도시 비잔티온은 흑해와 지중해, 유럽과 아시아를 연결하는 길들이 교차하는 교통의 요충지였다. 비잔티온(현재의 이스탄불)이란 이름은 이주민의 지도자 비자스와 안테스에서 유래한다.

밀레투스에서 남쪽으로 향하는 항로는 이미 페니키아인이 개척한 항로와 연결되었다. 밀레투스에서 12개의 섬들이 이어지는 도데카네스 제도를 향해 나아가면 무역 중계지로 번성한 로도스 섬(남북 약 78

킬로미터, 동서 약 35킬로미터)에 이르고 그 너머로 이집트로 가는 항로가 이어졌다.

로도스 섬 북단에 건설된 항구 도시 로도스는 로도스인들이 건설한 3개의 폴리스를 합쳐 만든 계획도시였다. 그곳에는 섬의 수호신인 태양신 헬리오스(아폴로)의 거상(대좌 높이 15미터, 전체 높이 33미터)이 항구의 입구를 내려다보듯이 세워져 있었다. 항구에 출입하는 선박은 모두 이 거대한 조형물 밑을 지나야 했다. 기원전 4세기 말 마케도니아 왕이 로도스 섬을 침공해왔다. 이를 막아낸 로도스인들은 그것을 기념하기 위해 12년에 걸쳐 거대한 청동상을 주조했다. 그것이 '세계 7대 불가사의' 중 하나로 손꼽히는 헬리오스 상이다. 그러나 60여 년 뒤에 일어난 대지진으로 동상은 겨우 양쪽 다리 부분만을 남긴 채 맥없이 무너져 내렸다. 붕괴된 거상은 900년 동안이나 방치되었다는 이야기가 전해진다.

살라미스 해전과 아테나이의 번영

그리스인의 본거지는 표고 2,000미터의 핀도스 산맥('수원[水源]'이라는 의미)을 중심으로 하는 발칸 반도였다. 발칸 반도의 도시 가운데 단연 규모가 컸던 도시는 기원전 5세기에 인구 약 20만 명(그 중 5만 명이 노예)이었던 아테나이이다.[8] 아테나이라는 도시명은 제우스의 이마로부터 무장한 모습으로 태어났다고 전해지는 지식·학예·무예의 여신 아테네에서 유래한다. 전승에 따르면 바다의 신 포세이돈이

---

8) 아테나이의 인구 역시 정확한 추정은 불가능하며 논란의 대상이다. 예컨대 민석홍의 『서양사개론』에는 시민권이 없던 체류 외국인과 노예를 제외한 시민 수가 16만 8,000명이며, 노예 수만 20만 명 정도였다고 한다. 한편 투키디데스의 『펠로폰네소스 전쟁기』에는 전쟁에 참여한 아테나이 시민군의 수가 1만 명으로 되어 있다.

끝이 세 갈래로 갈라진 삼지창을 지면에 꽂고 먼저 아테나이의 지배를 주장했으나, 아테네가 창으로 대지를 찔러 푸른 잎과 가지가 휘도록 열매가 달린 올리브 나무를 창조하는 것을 목격한 신들이 아테네에게 아테나이 땅을 맡겼다고 한다. 아테네는 파르테노스(처녀신)라고도 하는데 여기서 파르테논 신전의 명칭이 유래한다.

상업도시 아테나이는 '오리엔트'를 통일한 페르시아 제국군의 침공으로 위기에 빠졌다. 페르시아 군은 아테나이를 일시적으로 점령했고, 이때 아크로폴리스의 목조 아테네 신전도 불에 타고 말았다. 아테나이의 시민들은 인접한 살라미스 섬으로 피했고, 전투가 가능한 젊은이들은 모두 군선에 타 1,000척의 페르시아 해군과 대치했다.

아테나이의 군선은 노가 3열로 된 삼단노선(trireme)이었다. 삼단노선은 길이 약 40미터, 폭 6미터, 무게 100톤 정도의 날렵한 군선으로, 선미 양현에 노가 붙어 있었고 200명 정도가 탔다. 하지만 객관적으로 볼 때 대형선에다 숫자도 많은 페르시아 해군(실질적으로는 페니키아인 해군)에게 이길 수 없음이 분명했다. 그래서 지휘관 테미스토클레스(기원전 528경~기원전462경)는 페르시아 함대에 첩자를 보내 아테나이의 제독이 마치 항복을 바라고 있는 것처럼 정보를 흘려 매복 작전에 나섰다. 동요가 일어난 아테나이 함대를 단숨에 물리칠 수 있다고 생각한 페르시아 함대는 살라미스 해협으로 쇄도했다.

당시의 해전은 많은 노를 갖춘 갤리선이 선수의 모퉁이로 적선에 구멍을 내 침몰시키는 싸움이었다. 만반의 준비를 하고 있던 200척의 아테나이 해군이 동시에 돌진하자 1,000척의 페르시아 함대는 혼란에 빠져 후퇴를 시작했다. 그러나 페르시아 함대 뒤편에서 강한 바람이 불어 퇴각하는 함선과 해협으로 들어가려는 후속 함선이 충돌하는 등 대혼란이 일어났다. 테미스토클레스의 계획은 적중했고, 페르시아 함대는 자멸하기 시작했다.

그림 1-4
아테나이의
삼단노선
(그림 福迫一馬)

　이렇게 되면 날렵하고 재빠른 아테나이 함대의 생각대로였다. 11시간의 격렬한 싸움 끝에 승리한 쪽은 결국 아테나이 함대였다. 살라미스 해협이 내려다보이는 언덕에서 이를 지켜보던 페르시아 황제는 한심한 페르시아군의 싸움에 격분하며 그리스로부터 철수할 것을 결정했다. 아테나이와 그리스세계는 군선의 특징을 교모하게 이용한 테미스토클레스의 작전 덕분에 위기에서 벗어날 수 있었다. 전쟁이 끝난 뒤 도시국가들 사이에서 맺어진 델로스 동맹으로 아테나이는 맹주가 되어 흑해와 동지중해 해역을 지배하게 되었다. 아테나이의 외항으로 번영한 곳이 기원전 93년에 테미스토클레스가 만든 피레우스('가장 앞에 있는 땅, 마주하는 항구'라는 의미)이다.

▎ 폰토스의 동 · 서 경계와 아틀란티스 전설

　철학자 플라톤(기원전 427경~기원전 347)이 '연못 주위로 모여드는 개구리'라고 묘사한 것처럼 그리스인의 식민은 광범위한 지역에 걸쳐 이루어졌다. 이탈리아 반도 남부에는 '마그나 그라에키아(위대한 그리스)'라고 불리는 식민도시들이 건설되었다. 나폴리 만에 면한 아름다운 항구 나폴리, 오늘날 이탈리아 최대의 군항 타란토, 시칠리아 섬의 팔레르모 등이 대표적인 도시들이다.

그리스인의 식민은 서쪽으로 더 나아가 남프랑스까지 이르렀다. 모나코, 니스, 칸, 마실리아(현재의 마르세유) 등이 그들이 세운 도시들이다. 식민도시 건설의 이유는 여러 가지였다. 예를 들면 마실리아는 정쟁에 패해 본국에서 이주해온 소아시아의 도시 포카이아 사람들에게 선주민의 수장이 거주할 곳을 부여하여 만들어진 도시였다. 모나코에는 헤라클레스의 신전 모노이코스가 세워져 있었다는 이야기가 전해져온다.

그리스인이 생각하기에 세계는 원반 모양의 가이아(대지)와 가이아에서 태어난 폰토스('바다'라는 의미로 지중해를 가리킨다)로 이루어져 있고, 그 주변을 오케아노스(오션의 어원)가 둥글게 에워싸고 있었다. 폰토스의 끝에 있는 것이 아틀라스와 프로메테우스 형제였다.

그리스인은 모로코 남서부에 있는 거대한 산맥(최고봉 4,165미터)[9]을 거인 아틀라스에 비유하여, 세계의 서쪽 끝의 신들이 사는 올림포스 산을 공격한 아틀라스가 그 벌로 하늘을 떠받치고 있는 모습을 상상했다. 아틀라스는 페르세우스가 퇴치한, 보는 이를 모두 돌로 변하게 만드는 메두사의 머리를 보고는 바위산으로 변했다고 한다.

아틀라스의 바위산 앞에 있는 바다를 '거인 아틀라스의 바다'라는 의미로 아틀란티스코라고 불렀다. 영어로 '대서양(Atlantic Ocean)'의 어원이다. 그리스의 철학자 플라톤은 아테나이를 부흥시키기 위해 애쓴 스승 소크라테스(기원전 469경~기원전 399)에게 사형 판결을 내린 아테나이에 실망하여, 이집트인들 사이에 퍼져있던 이야기에서 힌트

---

[9] 아틀라스 산맥은 북아프리카 마그레브 지역, 즉 알제리에서 모로코, 튀니지에 이르는 광대한 영역에 걸쳐있는 산맥이다. 이중 가장 높은 투브칼 봉우리는 4,165미터로 모코로 남서부에 위치한다.

를 얻어 아틀란티스 섬의 '실락원(失樂園)' 전설을 만들었다. 플라톤은 욕망의 소용돌이 속에서 방향을 잃고 헤매는 아테나이를 바다 속으로 사라진 아틀란티스에 비유한 것이다.

플라톤은 다음과 같이 이야기했다. 해신 포세이돈이 지배하는 바다 저쪽에 '아틀란티스'라고 불리는 섬이 있었다. 그 섬은 리비아(아프리카)와 아시아(현재의 터키 반도)를 합친 정도로 크고 만물이 풍요로운 곳이었다. 섬의 아름다운 처녀와 결혼하여 한 아이를 얻은 포세이돈은 아이 이름을 '아틀라스'라고 짓고 섬의 왕으로 삼았다. 그리하여 거대한 섬은 '아틀란티스'라고 불리게 되었다.

아틀라스의 가계에서는 뛰어난 인물이 배출되어 섬에 관개수로를 종횡으로 설치했고, 이에 힘입어 섬은 점점 풍요로움을 더해갔다. 하지만 그에 따라 사람들은 본래의 신성(神性)을 잃고 사치와 교만에 빠졌다. 주신 제우스는 그러한 아틀란티스를 탐탁지 않게 여겨 지진과 홍수를 일으켜 하루아침에 섬을 바다 속으로 침몰시켜 버렸다. 이것이 아틀란티스 전설이다.

기원전 1,500년경 대규모 화산 분화를 일으킨 키클라데스 제도 남부의 산토리니 섬을 아틀란티스라고 하는 해양학자도 있다. '대항해시대'에 대서양으로 항로를 개척해간 뱃사람들은 아틀란티스 전설을 믿고 도처에서 아틀란티스의 흔적을 찾아 헤맸다. 카리브 해에 떠있는 '앤틸리스 제도'도 콜럼버스가 아틀란티스를 떠올리며 이름을 지었다고 한다.

한편 동쪽 끝에는 인류에게 불을 가르친 프로메테우스(아틀라스의 형제)가 흑해 안쪽 카프카스 산맥의 절벽에 사슬에 묶인 채 매일 독수리에게 생간을 뜯어 먹히고 있었다. 그리스인들은 아틀라스와 프로메테우스 형제를 통해 바다세계의 경계를 상상했던 것이다.

4. 세계 최초의 '해양 제국' 로마

▌ 알렉산드로스 대왕의 개선

지중해를 지배한 로마 제국은 알렉산드로스 대왕(재위 기원전 336~
기원전 323)의 동방 정복을 계기로 건설된 이집트의 알렉산드리아와
서쪽의 카르타고가 구축한 2개의 거대 네트워크를 통합함으로써 형성
되었다.

알렉산드로스 군대는 페르시아 제국(아케메네스 조)을 정복한 뒤
인도 원정에 나섰다. 원정에서 돌아오면서 알렉산드로스는 네아르코
스(기원전 360경~기원전 312경)에게 군선, 상선, 말 운반선, 병력 수송
선 등 800척을 이끌고 페르시아 만까지 항해하도록 명령했다. 그곳에
가려면 먼저 인더스 강의 지류 히다스페스 강을 내려가 인더스 강 하
구를 경유해 육지를 따라 인도 해(아라비아 해)라는 큰 바다를 넘어야
했다. 배에 탄 사람은 바다를 잘 아는 그리스인, 이집트인, 마케도니
아인 등이었다. 아리아노스의 『알렉산드로스 원정기』에 따르면, 알렉
산드로스 본인도 인도 해에서 페르시아 만까지 항해하고자 했지만 미
지의 해역에서 함대가 전멸할 위험이 있어 네아르코스에게 지휘를 맡
겼다고 한다.

인도 원정에서 돌아온 알렉산드로스는 바빌론에서 1,000척의 함선
을 건조하여 오케아노스(대양)을 우회해 알렉산드리아로 개선할 계획
을 세웠다. 오케아노스를 거쳐 알렉산드리아로 귀환하는 일은 세계
제패를 이룩한 알렉산드로스의 지중해세계로의 개선을 의미했다. 그
러나 이 계획은 알렉산드로스가 열병으로 급사함으로써 수포로 돌아
갔다. 알렉산드로스의 죽음은 기원전 323년의 일이었다.

알렉산드리아와 거대한 등대

알렉산드로스의 부하 중 한 사람인 프톨레마이오스가 창건한 프톨레마이오스 왕조(기원전 304~기원전 30)는 곡창 지대인 나일 강의 부와 동지중해 교역을 결합시킴으로써 번성했다. 그 수도가 알렉산드리아였다.

알렉산드리아는 '없는 것은 겨울철의 눈뿐'이라고 이야기될 정도로 번성한 도시였다. 동서 약 8킬로미터의 인공도시 알렉산드리아는 동서로 뻗은 폭 약 30미터의 '대로'를 중심으로 질서정연하게 구획되었다. 왕궁 지구인 부르케이온에는 왕궁, 각종 신전, 무세이온(학예 기관, 박물관, museum의 어원), 50만권이 넘는 장서를 소장한 도서관 등이 들어섰고, 중앙 대로를 따라 상점이 늘어섰다. 전성기의 인구는 100만 명을 헤아렸다고 추정된다. 알렉산드리아 시가지는 약 1.3킬로미터에 이르는 '헵타스타디온의 제방'을 통해 파로스 섬과 연결되어 있었다.

알렉산드리아 항의 번영을 보여주는 것으로 제2대 왕 필라델포스(재위 기원전 285~기원전 246)가 기원전 260년경부터 19년에 걸쳐 파로스 섬에 건조한 높이 110미터의 등대가 있다. 등대는 정확하게 동서남북에 면해 있었다. 3층으로 된 등대의 최상부는 둥근 천장을 8개의 기둥이 지지하고 있는 높이 약 9미터의 '등실'이었다. 이곳에서 수지(樹脂)와 목재를 함께 태워 그 빛을 요철거울을 이용해 약 50킬로미터 앞 해상까지 반사했다. '세계 7대 불가사의' 중 하나로 손꼽히는 이 등대에 착안하여 후대의 이슬람교도들은 미나레트(빛의 탑)[10]를 만들었다고 한다.

---

[10] 미나레트는 모스크에 속한 높은 첨탑으로 예배 시간의 공지에 이용된다. 아랍어에서는 마나라, 페르시아어로는 메나레라고 한다.

스페인 그라나다의 이슬람교도 이븐 주바이르(1145~1217)가 12세기 말에 2년 3개월에 걸친 메카 순례를 하며 듣고 본 것을 기록한 『여행기』는 알렉산드리아의 등대에 관해 이렇게 이야기하고 있다. "우리가 본 가장 경이로운 것 중의 하나가 등대이다. 그것은 전능하고 고귀하신 신이 길 잃은 자들을 위한 표지로 여행자를 인도하시기 위해 사람을 시켜 만드신 것이다. 만약 그것이 없다면 사람들은 알렉산드리아 땅에 제대로 인도되지 못할 것이다. 등대는 해상 70미르 이상이나 떨어진 곳에서도 볼 수 있다. 건물은 전체적으로 오래됐지만 견고하고, 마치 하늘과 경쟁이라도 하듯 높이 치솟아 있다. 그 형상은 필설로 다 표현할 수 없을 정도이다." 이것은 등대가 만들어지고 1,400년이나 지난 시점의 기술이다.

거대한 파로스 등대는 13세기에 파괴되고 말았지만 그래도 1,500년 동안이나 세계 최대의 등대로서 군림했다. 참고로 옛 영어에서는 등대를 Pharos, 스페인어와 이탈리아어에서는 Faro라고 했는데, 이는 라틴어 Pharus에서 유래한 것으로 그 어원이 바로 알렉산드리아의 파로스 등대이다.

▌'우리들의 바다'를 통합한 로마인

알렉산드리아를 수도로 하는 프톨레마이오스 왕조 최후의 여왕이 클레오파트라(재위 기원전 51~기원전 30)이다. 클레오파트라는 로마의 무장 안토니우스(기원전 82~기원전 30)를 아름다운 미모로 농락하여 압박해 오는 군사 대국 로마에 대항했다. 이들은 기원전 31년 9월 그리스 북서부 암브라키아 만 입구의 악티움('해안, 곶'이라는 의미)에서 로마의 실력자 옥타비아누스(기원전 63~기원후 14)의 군대와 맞붙었다. 로마를 동서로 양분하는 세력 간의 대결이었다.

안토니우스의 군선 200여 척과 클레오파트라의 군선 60척이 움직임이 둔한 갤리선이었던 데 비해 옥타비아누스는 기동력이 뛰어난 소형선을 투입했다. 소형선의 기동력에다 아그리파(기원전 63경~기원전 12)의 기습 공격이 성공하여 옥타비아누스가 승리를 거두었다. 갤리선은 직진할 때는 빠른 속도를 자랑했지만 전투 시에는 움직임이 둔했다. 그러한 약점을 교묘하게 공격한 것이다. 클레오파트라 측의 군선은 불에 타고 병사 5,000명이 목숨을 잃었다고 한다. 다음해 기원전 30년 8월 알렉산드리아는 로마군에게 함락되었고 클레오파트라와 안토니우스는 스스로 목숨을 끊었다. 지중해는 '로마의 바다'로 변했다. 이는 지중해 역사의 일대 전환점이었다.

테베레 강 유역의 도시국가에서 출발하여 이탈리아 반도를 통일한 로마가 지중해로 손을 뻗게 된 계기는 3차에 걸친 카르타고와의 전쟁(포에니 전쟁, 기원전 264~기원전 146)이었다. 전쟁이 시작된 것은 옥타비아누스가 이집트를 정복하기 230여 년 전의 일이었다.

로마는 당초 카르타고와 싸우기에 충분할 정도의 해군을 보유하고 있지 못했다. 그래서 남이탈리아의 그리스 군선을 모방해 노예가 노를 젓는 삼단노선을 만들었다. 그리스 군선과 로마 군선의 큰 차이는 로마 군선이 선수에 '코르부스'라는 배다리를 구비하고 있었던 점이다. 코르부스는 끝에 날카로운 갈고리가 붙어 있어, 평시에는 매달아두었다가 적선과 충돌했을 때 적선에 걸쳐서 다리가 되었다. 로마 병사는 코르부스를 타고 적선으로 뛰어들어 백병전을 벌였던 것이다. 육지전에 강한 로마군의 이점을 살린 전술이었다. 포에니 전쟁을 수행하면서 로마 해군은 비약적인 성장을 이루었다.

포에니 전쟁에서 가장 큰 규모의 해전은 제1회 전쟁 때 시칠리아섬 앞바다에서 벌어진 해전이었다. 갤리선 330척, 병력 14만 명의 로마군에 카르타고군은 갤리선 350척, 병력 15만 명으로 맞섰다. 전투는 우열을 가리기 힘들었지만, 로마군은 귀환하는 도중에 강력한 폭풍을 만나 300척의 갤리선이 침몰하고 10만 명의 희생자를 내는 대참사를 겪었다.

이러한 일이 있고서도 운 좋게 포에니 전쟁에서 승리한 로마는 기원전 146년 카르타고에 불을 질러 폐허로 만들고 살아남은 5만 명을 모두 노예로 삼았다. 로마는 카르타고의 교역권을 모조리 빼앗았다. 지중해는 군사 정복을 통해 '육상인' 로마인의 바다, 즉 '우리들의 바다(Mare Nostrum)'로 변했다.

지중해에 의존한 100만 도시 로마

제국의 도시 로마는 지중해 주변에서 막대한 양의 물자를 수탈하면서 인구 100만의 대도시로 변모했다. '벽돌로 만든 로마를 물려받아 대리석으로 만든 로마를 남겼다'고 전해지는 초대 황제 아우구스투스(재위 기원전 27~기원 후 14) 시대 이후 로마는 급속하게 성장하여 '영원한 도시'로 불리게 되었다. 지중해에 기생하는 대도시가 된 것이다.

많은 인구를 먹여 살리는 데 필요한 식량은 이집트, 시칠리아 섬, 북아프리카 등지에서 가져왔다. 초대 황제 아우구스투스는 식량을 전담하는 장관을 두어 배로 곡물을 수송해 시민들에게 배포하도록 했다. 2세기경 로마에서는 15만에서 17만 5천에 이르는 가구가 국가로부터 곡물을 무료로 제공받았다고 하는데, 한 가족을 3인에서 5인으로 상정할 경우 40만 내지 70만 명에 달한다. 전체 시민 중 3분의 1 내지 2분의 1이 일하지 않고서도 제국 덕택에 먹고 살았다는 이야기이다. 로마 시민이 먹는 식량의 4개월분은 이집트가 조달했다.

지중해에 의존하는 로마에게 해적의 발호는 심각한 문제였다. 기원전 67년 호민관 가비니우스는 해적을 소탕하지 않고서는 로마의 번영은 불가능하다고 말하며, 흑해에서 지중해에 이르는 넓은 해역에서 해적을 토벌할 것을 제안했다. 이 제안이 채택되어 폼페이우스(기원전 106~기원전 48)가 270척의 함대와 약 10만 명의 병력으로 이루어진 해적토벌군의 사령관에 임명되었다. 그는 해역 각지에 해군을 배치함과 동시에 유격함대를 이끌고 각지를 돌아다니며 전투를 벌였다. 해적 토벌은 지브롤터 해협이나 다르다넬스 해협 등의 요충지를 봉쇄해 해적을 육지로 쫓아냄으로써 3개월 만에 성공적으로 끝났다. 로마의 식량 공급로를 안정시킨 공으로 폼페이우스는 단숨에 명성을 얻었다. 그렇게 해서 절대 권력을 손에 쥐게 된 폼페이우스에게 도전한 사람이 광대한 갈리아 지방을 정복한 카이사르(기원전 100~기원전 44)였다. 이후 로마는 해역마다 해군을 배치하여 질서를 유지했다. 제국의 전성기에 로마인이 지중해 주변에 건설하거나 식민을 통해 만든 도시의 수는 5,627개를 헤아렸다. 상품 수송로가 정비되면서 곡물수송 선단들이 알렉산드리아 등지로부터 로마의 외항 오스티아를 향해 연이어 출발했다.

마르세유 근처 프라니에에서 발견된 교역선의 잔해로 보아 로마 상선은 선체가 길이 20에서 30미터, 폭 5에서 7미터로, 낮고 가로로 퍼진 모습에 돛을 하나에서 세 개까지 갖추고 있었다고 추측된다. 배의 현측에는 2개의 방향키가 있었다. 그러나 그리스 상선과는 달리 노를 사용한 것 같지는 않다. 로마 상선은 매우 화려한 장식을 하는 것이 일반적이었는데 특히 선미에 백조 모양의 입체 장식을 한 것이 특징이었다. 배는 대략 150에서 200톤의 화물을 적재했다고 여겨진다. 프라니에에서 발견된 교역선 잔해에서는 포도주와 올리브유를 담는 안포라(손잡이가 있는 항아리)가 3,000에서 1만 개나 발견되었다.

테베레 강 하구에 있는 로마의 외항 오스티아(로마 남서쪽 24킬로미터에 위치, 라틴어로 '하구'라는 의미)는 인구 약 5만 명의 무역항·

군항으로, 약 70개의 외국 상관이 들어서 있었다. 제정 초기에는 소가 끄는 25척(연간 6,000척)의 곡물 운반선이 매일 테베레 강을 거슬러 올라가 로마로 식량을 운반했다고 한다. 로마로 들여오는 곡물은 대부분 이집트 알렉산드리아 항에서 오스티아로 출하한 것이었다. 그러나 7월 중순이 되면 강한 서풍이 불어왔기 때문에 초봄의 짧은 기간 동안만 곡물 수송이 가능했다. 그래서 곡물 운반선은 한 번에 가능한 많은 양의 곡물을 수송하기 위해 가로 폭이 넓은 땅딸막한 모습이 되었다. 그런 만큼 조종이 힘들었다. 그래서 선수에도 마스트를 달아 돛이 2개인 배가 출현하게 되었다. 폼페이 유적에서 나온 출토품 등을 보면 당시 가장 큰 배는 '밀가루선'이라고 했던 곡물 운반선으로, 길이가 55미터 폭은 15미터나 되었다고 추정된다.

5. 홍해, 페르시아 만과 아라비아 해

▎에리트레아 해의 확대와 요충지 아덴

지중해는 길이 약 2,000킬로미터에 걸쳐 남북으로 뻗은 홍해를 통해 인도양으로 연결된다. 홍해의 어원은 주변부에 갈색 규조(珪藻, 돌말류) 식물이 많아 물이 붉게 보이는 데서 유래한다. 사막 사이에 낀 홍해는 흘러드는 강이 없어 아주 투명한 바다이기도 하다.

고대 이집트인은 이 바다를 붉은 색 사막(데세레트)으로 둘러싸인 바다라고 불렀는데 그것을 그리스인들이 의역하여 '에리트레아'가 되었다. 이것이 에리트레아 해라는 명칭의 어원이다. 앞서 이야기한 것처럼 이집트 문명은 오래 전부터 홍해와 깊은 관련을 갖고 있었다. 지중해세계 사람들에게 에리트레아 해는 아득한 '미지의 바다'와 같은

의미였기 때문에, 항로가 늘어나면서 에리트레아 해 해역은 인도양으로 점점 확대되어갔다.[11]

지도에서 보면 홍해는 좁고 긴 수로같이 보이지만 실은 항해하기 매우 어렵고 때때로 사막에서 불어오는 강풍이 배를 갈팡질팡하게 만들었다. 폭 26킬로미터의 홍해는 90킬로미터나 계속되는 바브엘만데브 해협('눈물의 문'이라는 의미)을 통해 아덴 만으로 이어진다. 그 너머는 인도양이다. 이 해협을 '눈물의 문'이라고 불렀던 이유는 염분 농도가 높은 해수가 인도양에서 홍해로 밀려들어 바닷물의 흐름이 빠를 뿐 아니라 11월에서 3월에 걸쳐 몬순(계절풍)이 홍해 방향으로 강하게 불어오는 등 선원들 사이에서 항해하기 어려운 곳으로 명성이 자자했기 때문이다.

아덴 만에 면한 항구 아덴(예전 이름은 아다나)은 홍해와 아라비아 해, 페르시아 만의 여러 해역을 연결하는 국제 교역의 중심으로 번성하여 '풍요의 아라비아'라고 불리었다. 아덴이라는 이름은 『구약성서』에 나오는 '에덴동산'의 '에덴'과 같은 것으로 '기쁨의 땅'이라는 의미이다. 홍해 입구에 튀어나와 있는 '아프리카의 뿔' 소말리아 지방에서 나는 유향, 아라비아 반도 남부의 하드라마우트 지방에서 산출되는 몰약 등이 아덴의 특산품이었다. 이를 구하기 위해 인도와 페르시아 만, 이집트 등지에서 상인들이 모여들었다.

예멘 지방의 사바(헤브라이어로는 시바)족은 아다나(지금의 아덴)와 모카('상품'이라는 의미, 고대명은 무자, 나중에 커피를 취급하는 항구로 유명해진다)를 중심으로 유향과 몰약 교역을 도맡아 활동했

---

11) 에리트레아 해(Erythrean Sea)는 고대 그리스인들이 '아프리카의 뿔'에서 아라비아 반도 사이의 바다를 지칭한 명칭이다. 그 후 서기 1세기경 그리스 뱃사람이 작성한 것으로 추정되는 『에리트레아 해 항해지(*Periplus of the Erythrean Sea*)』를 비롯한 고대의 여러 지도에는 아라비아 해를 포함한 인도양 북서쪽 바다 전체를 포괄하는 용어로 사용되고 있다.

다. 아다나에 집적된 유향, 몰약, 상아, 진주, 목면 등의 상품은 아라비아 반도 서해안의 대상로를 따라 북상해 요르단의 교역 도시 페트라(그리스어로 '바위'의 의미)로 운반되어 그곳에서 다시 이집트의 알렉산드리아나 시리아의 다마스카스로 보내졌다. 사바족은 남아라비아에서 팔레스티나에 이르는 길목에 여러 개의 식민도시를 건설했다.

아덴 만 입구의 소코트라 섬(산스크리트어로 '더없는 행복'이라는 의미)에는 유향과 몰약을 찾아 인도 해역과 페르시아 만에서 많은 상인이 모여들었고, 거대한 부를 쌓은 상인들의 대저택이 늘어서 있었다. 유향과 몰약 외에도 인도 면포, 페르시아 진주, 중국 비단, 아프리카 상아 등 다양한 상품이 거래되었다.

사바족은 고가의 상품을 사서 낙타를 이용하여 아라비아 반도 서해안을 따라 시리아와 이집트로 운반해 막대한 부를 쌓았다. 『구약성서』 열왕기에는 사바족의 여왕 빌키스가 뛰어난 현자로 명성이 자자했던 헤브라이 왕국의 솔로몬 왕(재위 기원전 960~ 기원전 922)의 지혜를 시험하기 위해 황금 120달란트(약 5,880그램), 인도산 후추, 세일론산 시나몬 등 향신료와 보석을 공물로 지참하고 왕을 방문한 이야기가 수록되어있다. 솔로몬 왕은 시바의 물음에 모두 답하여 여왕을 감탄하게 만들었다. 시바 여왕은 솔로몬 왕에게 여태껏 보지 못한 많은 양의 향료를 선물했다고 한다. 이 이야기에서도 사바 상인의 활발한 상업 활동을 엿볼 수 있다.

페르시아 만과 인더스 문명

점토 문명을 일구어낸 메소포타미아에서는 종횡으로 운하를 파 관개농업을 행하고 있었다. 그러나 목재와 석재, 광물 등을 구하기 위해서는 원격지 무역을 통할 수밖에 없어 하천과 바다 항해가 발달했다.

기원전 4,000년기 전반의 에리두(현재의 아부 샤레인) 신전 유적에서는 이미 범선 모형이 출토되고 있다. 에리두는 페르시아 만에서 가까워 지금부터 6,000년 전 수메르인이 범선을 타고 페르시아 만까지 나갔던 것으로 추측된다.

기원전 2400년경의 우루크 왕 루갈자게시의 비문에는 왕이 페르시아 만에서 티그리스·유프라테스 강을 따라 지중해에 이르는 교역로를 보호한 사실이 기록되어 있다. 메소포타미아도 페르시아 만이나 지중해 해역세계와 깊은 관련이 있었음을 알 수 있는 대목이다.

인더스 강 유역과 티그리스·유프라테스 강 유역도 오래전부터 아라비아 해 연안 항로를 통해 연결되어 있었다. 인더스 문명 고유의 활석(滑石)으로 만든 도장이 페르시아 만 남서부의 바레인 섬 등에서 발굴된 사실이 그것을 말해준다.

인더스 문명의 해상 교역 거점은 구자라트 지방의 로탈이었다. 로탈에서는 돌로 만든 닻, 점토로 만든 범선 모형, 도크로 보이는 도랑 흔적(세로 220미터, 가로 37미터, 깊이 4.5미터)이 발굴되었다. 인더스 문명의 범선은 목재, 홍옥수(紅玉髓), 유리(瑠璃) 등의 사치품을 싣고 이란 연안을 따라 약 100킬로미터 서쪽으로 항해하여 페르시아 만 입구의 호르무즈 해협에서 진로를 바꿔 바레인 섬에 이르렀다. 그리고 마간에서 채굴된 구리와 메소포타미아의 사치품을 인더스 유역으로 가지고 돌아갔던 것으로 추측된다. 메소포타미아와 인더스 사이의 무역 거점이 된 바레인 섬은 페르시아 만 중앙에 위치하고 있다. 고대에는 '딜문'이라고 불리며 페르시아 만 최대의 중계 무역지로 기능했다.

홍해에서 페르시아 만으로 가기 위해서는 아라비아 반도 남해안을 따라 장시간 항해해야 했다. 이 항로는 조류와 풍향이 복잡하고 많은 암초가 도사리고 있었지만, 페르시아 만에서 인더스 강 하구에 이르는 항로가 이미 열려있었기 때문에 그곳을 지나면 지중해, 홍해 항로는 단숨에 인더스 강 하구까지 도달할 수 있었다.

발견된 계절풍 '히팔루스의 바람'

기원전 1세기 그리스인 조타수 히팔루스(Hippalus)는 매년 규칙적으로 풍향이 바뀌는 몬순(계절풍)이 존재한다는 사실을 알아냈다. 그가 이 바람을 이용하여 대해(인도양)를 횡단하는 항법을 발견함으로써 아라비아 반도 남부와 인도 서해안을 잇는 인도양 직항 항로가 열렸다. 인도양에서는 여름에 아프리카 방향에서 강한 계절풍이 불고 겨울에는 아시아 대륙으로부터 약한 북동 계절풍이 분다. 여름에 홍해 방면에서 불어오는 바람을 이용하여 인도양을 건너고 겨울에 북동풍이 불기 시작하는 것을 기다려 홍해로 되돌아왔다. 히팔루스가 발견한 이 몬순을 '히팔루스의 바람'이라고 부른다.

여러 대양 가운데 인도양이 가장 먼저 개척된 것은 주변에 거대 문명이 존재했다는 이유도 있지만 몬순이라는 풍계가 오래전에 발견되었다는 사실이 중요하다. 대항해시대 이후 대서양에서 처음으로 발견한 풍계를 인도양에서는 이미 기원전 1세기경부터 익히 알고 있었던 것이다. 막대한 재산을 항해에 걸었던 상인에게 항해의 안전은 무엇보다 중요했다. 항해에 확신이 서지 않으면 상선의 빈번한 왕래는 있을 수 없는 일이었다. 광대한 해역의 풍계를 알게 되자 선원들은 자신감을 갖고 홍해 입구에 위치한 바브엘만데브 해협에서 '히팔루스의 바람'에 돛을 맡겨 인도양을 횡단해 인도 북서부로 건너갔다. 남인도로 향할 때는 '히팔루스의 바람'을 등지고 남진한 뒤 키를 동쪽으로 꺾었다. 수많은 범선들이 왕래하면서 바다길이 열렸다.

1세기 로마의 박물학자 플리니우스(23경~79)는 이집트를 출항하여 인도로 가기 위해서는 아라비아 남해안의 오케리스에서 출항하는 것이 가장 편리하며 '히팔루스의 바람'을 이용하면 40일 만에 후추 산지의 항구 무지리스에 도착할 수 있다고 적고 있다.

에리트레아 해의 이미지

항해 경험이 쌓이자 지리 지식이 축적되어 유명한 프톨레마이오스의 '세계 지도'가 제작되었다. 2세기 이집트 알렉산드리아에서 활동한 프톨레마이오스는 천동설을 주장한 천문학자로 고대 지리학을 집대성한 『지리학』을 집필한 인물이다. 13~14세기에 비잔틴 제국에서 모사되었다고 하는 '프톨레마이오스의 세계 지도'가 현존한다.

프톨레마이오스의 지도는 1세기경 이집트에 체재했던 한 그리스인이 홍해와 인도양 연안 지대에 관해 저술한 안내서 『에리트레아 해 항해지』의 지식에 기초하여 만들어진 것이다. 지도에는 인도양이 내해로 되어 있다. 또 세일론 섬이 실제 크기의 10배 이상으로, 즉 인도 반도보다 크게 그려져 있어 인도양 교역의 요충지였음을 알 수 있다.

'프톨레마이오스의 세계 지도'는 갠지스 강의 동버마(미얀마)에 해당하는 지역에 '금의 나라(Aurea Regio)'와 '은의 나라(Argentea Regio)'를 배치하고 말레이 반도를 황금 반도(Aurea Chersonesus)라고 기록했다. 인도인에게 전해들은 바인지도 모르지만 해역 끄트머리에 욕망을 충족시켜줄 미지의 지역을 그려넣은 것이다.

『에리트레아 해 항해지』에 의하면 대양(오케아노스)을 오른쪽에 두고 인도양으로 이어지는 연안을 따라 왼쪽으로 나아가면 갠지스 강이 있고 그 너머로 금이 나는 땅 크뤼세(Chryse)가 존재한다. 크뤼세가 말레이 반도를 가리키는 것은 거의 틀림이 없다. 중국에 대해서는, (인도 북쪽에) 티나(시나의 수도, 長安)라는 큰 내륙 도시가 있어 여기에서 세레스(중국)의 양모, 실, 직물 등을 박트라(박트리아, 大夏)를 통해 육로로 바리가자(인도 서북부의 가장 중요한 항구, 브로치)까지 가져가, 그곳에서 다시 간게스(갠지스) 강을 거쳐 리뮈리케(인도 서남해안)로 운반한다는 기술이 있다. 이 티나 지방은 쉽게 도달할 수 없는 곳이라고도 적고 있다.

내륙 도시 티나는 진(秦) 제국(친, 치나)에서 유래한다. 항해지에서 말하는 실이 생사를 의미하고 직물이 견직물인 것은 새삼 지적할 필요도 없다. 그리스인이나 로마인은 중국인을 '세레스', 중국을 '세리카'라고 불렀는데 그것은 '세르', '세리콘', '세리쿰' 등으로 불린 비단에서 유래한 이름이다. 서방 사람들에게 중국은 '비단의 나라'였던 것이다.

로마의 지리학자 스트라본(기원전 64~기원후 23경)은 『지리학』이라는 책에서 제국 초기 로마인의 사치스런 성향 때문에 인도 무역이 비약적으로 활황을 맞은 데 대해 이렇게 썼다. "갈루스(이집트 총독 아엘리우스 가우스)가 이집트 지사였을 무렵 나는 그와 함께 슈에네와 에티오피아의 경계까지 가서, 이전 프톨레마이오스 왕조가 지배했을 당시는 극히 소수의 배가 인도 상품을 실어오는 데 그쳤지만 지금은 120척이 넘는 배가 뮈오스 호르모스[12]에서 인도로 항해하는 사실을 알았다." 그는 프톨레마이오스 왕조 시대에는 인도양으로 출발하는 배가 20척에도 미치지 못했다고 지적하고 있다.

2세기가 되면 로마 상인의 교역 활동이 동남아시아까지 미쳤다. 『후한서(後漢書)』 서역전(西域傳)·대진국전(大秦國傳) 권78은 로마 제국(大秦國) 오현제(五賢帝) 최후의 황제 마르쿠스 아우렐리우스 안토니우스(安敦)의 사자가 당시 한(漢) 제국에 종속된 베트남의 일남군

---

[12] 기원전 3세기경 프톨레마이오스 왕조 시기에 건설된 홍해 연안의 항구로, 로마가 아프리카와 인도, 나아가 중국과 교역하는 데 중요한 역할을 했다. 4세기 무렵 로마가 붕괴 위기에 처하면서 인도와의 무역이 단절되자 항구는 기능을 상실했다. 현재 홍해 연안의 항구도시 엘 코세이르에서 북쪽으로 8킬로미터 떨어진 곳에 위치했다고 추정된다.

(日南郡, 오늘날의 유에를 중심으로 하는 지역)에 상아, 코뿔소 뿔, 바다거북 껍데기 등을 가져왔다는 사실을 전하며 로마인이 먼 바다를 건너온 이유를 다음과 같이 추측하고 있다.

첫째, 안식(安息, 아르사케스 조[朝]의 음역), 천축(天竺, 인도)과의 해상 교시(交市, 무역)가 10배의 이익을 낳았기 때문이다. 둘째, 로마 황제는 한나라에 사절(상인)을 파견하려 했지만 파르티아가 생사, 견직물을 독점하기 위해 로마 제국의 사절이 한나라로 가는 것을 막았기 때문이다.

즉 지중해 연안, 서아시아, 인도를 연결하는 해상 무역이 막대한 이익을 가져다준다는 사실이 알려지자 파르티아의 중간 수탈을 피하기 위해 직접 한나라와 교역할 것을 요구했다는 것이다. 『후한서』는 일남군에 온 로마 사절의 공물이 동남아시아 상인이 일반적으로 가져오는 상품과 별 차이가 없지만 이는 일남군의 보고가 틀린 탓일지도 모른다고 기록하고 있다.

6. 인도 상인이 개척한 벵골 만

▌크라 지협에서 타이 만으로 가는 경로

지중해, 홍해, 페르시아 만, 아라비아 해에 이어 개척된 바다가 벵골 만이다. 갠지스 문명이 키운 벵골 만은 세일론 섬을 서쪽 끝으로 하여 크라 지협을 거쳐 타이 만, 남중국해로 이어진다. '아시아의 다도해'라고도 불리는 남중국해는 칼리만탄('망고의 나라'라는 의미, 보르네오) 섬을 중심으로 많은 섬들이 산재해 있는 비교적 항해하기 쉬운 해역이다.

벵골 만과 주변 해역은 갠지스 문명과의 교역을 통해 개척되었다. 남중국해와 벵골 만(동서 약 1,600킬로미터, 남북 약 2,000킬로미터), 안다만 해(서사시『라마야나』에 등장하는 원숭이 형상의 영웅 '하누만'에서 유래)를 잇는 해역은 인도 상인의 교역 무대였다. 베트남을 제외하고 동남아시아의 문자는 그란다 문자라는 남인도 문자를 바탕에 깔고 있는데, '자와(보리, 곡물의 의미)', '수마트라(큰 바다의 섬, 중간 등의 의미)', '자카르타(승리의 요새라는 의미)', '미얀마(강한 사람이란 의미)'와 같이 인도 산스크리트어가 동남아시아 지명에 많이 사용되고 있는 것은 그 까닭이다.

인도 상인에게 커다란 장벽이 된 것은 약 800킬로미터나 계속되는 말라카 해협이었다. 특히 서쪽의 원패덤 제방에서 싱가포르 해협에 이르는 약 400킬로미터의 구간은 해로가 좁고 얕은 여울이 계속되어 항해하기 힘든 곳이었다. 밀물과 썰물로 인한 강한 조류가 배의 운항을 방해하고, 갑자기 덮치는 소나기와 스콜도 돌풍을 동반하는 경우가 많았다. 강한 바람과 조류가 사운드웨이브(물결 모양의 모래톱)를 만들고 수심의 변화도 심했다. 또 말라카 해협을 경계로 몬순(계절풍)의 풍향이 바뀌기 때문에 범선은 해협에서 바람을 기다려야 했고, 좁은 수로에서 날뛰는 해적이 상인의 화물을 호시탐탐 노리고 있었다. 어민들에게 해협은 보물선의 통로와도 같은 것으로, 해적질이 중요한 부업이 된 것은 예나 지금이나 마찬가지이다.

막대한 재산을 바다에 투자한 상인들에게는 안전이 최우선이었다. 그래서 말레이 반도에서 가장 폭이 좁은 크라 지협(폭 40킬로미터)에서 일단 상품을 내려 육로를 통해 타이 만으로 나르는 것이 주요 교역로가 되었다. 참고로 크라는 '바다거북'이란 의미이다. 인도 상인이 캄보디아와 베트남 남부로 다수 이주하여 프놈, 참파 등을 건설한 이유는 그 지역이 크라 지협과 타이 만의 연장선상에 위치했기 때문이다.

프놈과 스리비자야

인도 상인은 각지에서 오는 물자를 입수하기 위해 큰 강 하구 언저리에 교역 거점과 거류지를 건설했다. 하구의 교역 거점은 항시(港市, Port City)로 성장하여 지배 영역을 확대했다. 동남아시아 국가의 대부분은 네트워크에 의존해 유지되는 항시국가(港市國家)들이었다.

2세기에 중부 베트남에 건설된 참족의 참파(林邑)와 남부 베트남에 건설된 크메르인의 프놈(扶南)에서는 인도에서 이주한 상인이 큰 힘을 갖고 있었다. 중국의 역사서(『梁書』諸夷傳 扶南國 편)에는 부남(프놈)의 범만(范蔓) 왕이 큰 배를 건조해 주변 10여개 나라를 공략했다는 기록이 남아있다. 강태(康泰)의 『오시외국전(吳時外國傳)』(『太平御覽』券769, 舟部2)에 따르면 부남의 큰 배는 길이 12길(1길은 1.8미터), 넓이 6척에 100명이 탈 수 있었다. 50명씩 대열을 지어 노와 삿대를 사용하여 구호에 맞춰 배를 저었다. 지금도 경제 동맥으로 기능하고 있는 메콩 강과 메남(차오프라야) 강에는 많은 배가 오가고 있는데, 그러한 상황은 고대에도 마찬가지였다.

인도 상인의 활동으로 인도양과 벵골 만이 연결되자 로마 상인도 네트워크를 따라 동남아시아에 이르렀다. 1944년 프랑스 조사대가 발굴한 프놈 왕국 수도 프놈의 외항 오케오의 유적에서는 로마 안토니우스 피우스 황제(재위 138~161) 시대의 금화와 간다라 양식의 인도 불상, 전한(前漢) 시대의 거울 등이 출토되었다.

말라카 해협 주변에 있던 말레이인 도시들은 7세기에 수마트라 섬의 팔렘방('강이 합치는 곳'이라는 의미)을 중심으로 연합하여 스리비자야 왕국을 세웠다. 전성기의 스리비자야는 건너편 반도 지역에도 세력을 뻗쳐 말라카 해협을 지배하에 두고 남중국해, 벵골 만, 인도양, 자와 해를 연결하는 대규모 교역 네트워크를 구축했다.

8세기에는 사일렌드라 왕조(8세기 중엽~9세기 전반)가 자와 섬 북부로 진출하여 몰루카 제도(말루쿠를 영어식으로 읽은 것, 왕의 복수형 물루쿠에서 유래)까지 영향력을 확대했다. 사일렌드라 왕조의 번영은 자와 섬 중부에 세워진 대승 불교 사리탑 보로부두르 유적을 통해서도 알 수 있다.

▌ 중국 승려 법현(法顯)의 항해가 전하는 동남아시아 바다

5세기 초 인도에서 동남아시아 해역으로 항해하여 고생 끝에 중국으로 돌아간 인물로 법현(337경~423경)이 있다. 법현은 중국에 들여온 불경 중 계율을 기록한 것이 적음을 한탄했다. 그리하여 60세가 넘는 나이에 인도 행을 결심했다. 그는 사하(沙河), 실크로드, 파미르 고원을 답파하는 5년간의 긴 여로 끝에 중부 인도에 다다랐다. 그 중 사하에 대해서 법현은 "하늘에는 나는 새도 보이지 않고 땅에는 달리는 짐승도 없다. 주위를 살펴 (드넓은 사막 한가운데서) 길을 찾으려 해도 오직 죽은 자가 남긴 뼈를 표식삼아 나아갈 수밖에 없다"고 증언하고 있다. 60세를 넘긴 나이에 인도로 가는 것은 당시로서는 상상을 초월하는 대단한 일이었다. 법현은 6년간 인도에서 지낸 뒤 3년이나 되는 기나긴 항해를 거쳐 413년 겨우 청주(靑州, 山東省 靑島의 동쪽)로 귀환했다. 14년에 걸쳐 30여 국을 전전한 대여행이었다.

법현의 항해는 인도 상인이 개척한 벵골 만 교역로를 따라가는 것이었다. 그는 갠지스 강을 내려가 인도의 담파(膽波, 참파)국을 경유하여 다마이제(多摩梨帝, 탐랄립티)국(지금의 탐루크)에 이르렀다. 법현이 들린 탐랄립티와 참파는 벵골 지방의 중심 항구였다. 2세기 말 벵골인이 베트남 남부로 이주하여 참파(林邑)를 건설했는데 그 지명은 '담파'에서 유래한다.

벵골 만을 오가는 것은 비교적 쉬운 일이었다. 법현은 상업 도시 탐랄립티에서 상선을 타고 겨울이 시작되는 무렵 불기 시작하는 동북 계절풍을 이용하여 14일간 항해한 뒤 무사히 세일론 섬에 도착했다. '보물의 섬(라트나 두비파)'이라고도 했던 세일론 섬은 사파이어나 루비와 같은 보석과 바다 보물의 산지로 알려져 있었다. 그래서 각지에서 여러 가지 언어를 구사하는 상인들이 모여들었다. '히팔루스의 바람'을 이용하면 페르시아 만, 아라비아 반도 등지에서 세일론 섬에 쉽게 도달할 수 있었다.

법현은 2년간 세일론 섬에 머물렀다. 그는 세일론 왕이 있는 도성(都城)에 대해 "그 성 안에는 거사(居士), 장자(長者), 살부(薩簿) 상인들이 많다. 집들은 아름답고(嚴麗), 도로도 잘 정돈되어 있다"고 기록하고 있다(나가사와 가즈토시[長澤和俊] 번역『법현전』). 살부 상인(薩玉, 薩保라고도 한다. 사르타바하)은 일반적으로는 '상주(商主)', '대상(隊商)'의 의미이지만, 중국의 역사학자 원장(文江)은 중국어의 경우 특수한 의미를 가진 말이나 중국어에 없는 말을 번역할 때를 제외하고는 음역을 하지 않는다고 하며 '살부'를 남아라비아의 사바 상인으로 해석했다. 만약 그렇다면 아덴, 소코트라 섬[13]과 세일론 섬(스리랑카)을 연결하는 교역로가 5세기에 성립해 있었던 것이 된다.

법현은 5,000명의 승려가 있는 무외산(無畏山) 불전의 옥상(玉像) 앞에서 "상인이 (중국) 진(晉)나라의 흰 비단 부채를 갖고 공양하는 모습을 보고 무심결에 비탄에 젖어 눈물을 흘렸다"고 기록하고 있다. 사원 공양에 중국제 비단 부채가 사용되었다는 사실은 중국과 세일론 섬 사이에 교역이 이루어지고 있었음을 말해준다.

---

13) '아프리카의 뿔' 근처에 위치한 예멘에 속한 섬으로, 고대부터 용혈(龍血)의 산지로 유명했다.

법현은 411년 7, 8월 무렵 200여 명이 승선한 큰 배를 타고 세일론 섬을 출발해 동쪽으로 향했다. 그 간의 사정에 대해 법현은 "산스크리트어 경전(梵本)을 구한 뒤 곧바로 상인의 대선에 승선했다. (그 배의 선원은) 약 200여 명이었다. 항해에는 많은 위험이 따르기 때문에 파손에 대비해 1척의 작은 배를 배 뒤편에 매달아 놓았다"고 적고 있다 (나가사와 가즈토시, 『법현전』). 200명이나 되는 선원을 태운 큰 배가 교역에 사용되었던 것이다.

8세기 후반에서 9세기 초의 것으로 여겨지는 자와 섬 보로부두르 유적의 불전 벽화에는 아우트리거(outrigger, 현외 장치)를 단 거대한 선박이 그려져 있어, 동남아시아 해역에서 법현이 이야기한 것과 같은 '대선'이 실제로 항해에 사용되고 있었음을 알 수 있다. 하지만 배가 격렬한 풍랑을 견딜 수 있을 만큼 견고하지 않아 항상 파손의 위험을 안고 있었다.

법현의 항해는 그다지 행운이 따르지 않았다. 출항 이틀 만에 폭풍우를 만나 배는 누수(漏水)에 시달리며 벵골 만을 배회했다. 침몰을 피하기 위해 배에 실었던 무거운 화물을 차례차례 바다로 내던지고 상인들은 앞을 다투어 작은 배로 갈아탔다. 13일 동안의 표류 끝에 배는 벵골 만 남동부의 니코바르 제도('19개의 섬들로 구성되었다'는 의미)의 한 섬에 겨우 도착할 수 있었다. 그곳에서 배를 수리한 뒤 90일을 항해하여 법현은 야파제(耶婆堤, 야바디파)에 도착했다.

법현은 니코바르 제도에서 야파제에 이르는 항해에 대해 "해상에는 해적이 많아 그들을 만나면 누구도 무사하지 못하다. 대해는 넓디넓어 동서를 알 수 없다. 단지 해와 달 그리고 별을 보고 갈 뿐이다. 비가 오면 바람에 떠밀려 항해하고, 지표로 삼을만한 것도 없다. (중략) 하늘이 맑으면 겨우 동서를 알고 바른 (방향으로) 나아간다"고 이야기하고 있다(나가사와 가즈토시, 『법현전』). 90일간의 불안에 찬 항해였다.

법현이 도착한 야파제가 자와 섬인지 수마트라 섬인지에 대해서는 여러 의견이 있지만 수마트라 섬 팔렘방이라는 설이 유력하다. 벵골만과의 위치에서 보아도 수마트라 섬이라고 생각하는 편이 타당할 것이다. 법현은 야파제에 대해 "이 나라는 바른 길에서 벗어나 바라몬이 성행하고, 불법은 보잘 것이 없다"고 말했다.

법현은 야파제(야바디파)에 5개월 동안 머문 뒤 50일분의 식량을 적재하고 200명이 탄 배에 다시 승선해 412년 4월 16일 중국 광저우(廣州)를 향해 출항했다. 법현은 배 안에서 들은 다음과 같은 상인의 말을 기록으로 남기고 있다. "갈 때는 언제나 50일 만에 광저우에 도착한다. 지금 50일이 이미 지난 상태이다. 다른 곳으로 가고 있는 것은 아닐까"(나가사와 가즈토시, 『법현전』). 수마트라 섬에서 광저우에 이르는 항로가 매우 일반화되어 있고 50여일이나 걸리는 긴 항해였음을 알 수 있다.

7. 바다와 관계가 적었던 황하 문명

▌'신선의 바다'로 여겨졌던 황해

황하 중류 유역에서 성장한 황하 문명은 내륙 문명으로, 4대 문명 가운데 '바다'와 가장 관계가 적었던 문명이다. 하류에 대량의 황토가 퇴적되어 빈번한 범람을 동반하면서 수로가 자주 바뀐 것이 황하 문명을 바다에서 멀어지게 한 이유였다.

발해와 황해를 나누는 묘도(廟島)군도를 따라 산동 반도와 요동 반도를 연결하는 항로는 일찍부터 열려 있었지만 황해는 거의 미지의 해역이나 다름없었다. 중화세계를 처음으로 통일한 진시황(재위 기원전 259~기원전 210)과 발해, 황해와의 관계는 그런 사실을 잘 말해주고 있다.

중국에서 가장 오래된 지리서『산해경(山海經)』의 '해내북경(海內北經)'은 "봉래산(蓬萊山)은 바다 위에 있다. 대인(大人)의 시(市, 신기루)는 바다에 있다"라고 하여 신선이 사는 황해의 섬 '봉래산'과 '대인의 시'에 대해 쓰고 있다. 산동 반도와 요동 반도를 연결하는 선의 북쪽에 위치한 발해는 전국시대(기원전 403~기원전 221)의 연(燕)과 제(齊)의 영지와 접해 있었는데 때때로 신기루(蜃氣樓)가 멀리 보였다. 신기루는 "신선이 사는 환상의 마을"로 여겨졌다. 고대 중국에서는 '신(蜃)'이라는 거대한 대합조개가 뿜어낸 숨('氣'라고 쓴다)으로 해상에 거대한 누각(건물)이 보이게 된다고 하여 '신기루'라고 했다. 해상에 떠오른 환상의 도시를 '해시(海市)' 또는 '해시신루(海市蜃樓)'라고도 불렀다.

신기루는 차가운 해수면에 접하면서 밀도가 높은 찬 공기층이 생겨, 그 위의 따뜻하고 밀도가 낮은 층과의 사이에 밀도 차이로 인한 빛의 굴절률 차이가 발생하면서 지상의 물체가 공중에 떠있게 보이거나 먼 곳의 물체가 가까이 보이는 현상이다. 굴절률의 차이로 말미암아 빛이 굴절되어 일그러지거나, 길어지거나, 공중에 떠 있는 것처럼 보이는 등 웅장한 허상(虛像)이 나타났다. 그야말로 빛의 마술이다.

산동 지방의 봉래현(蓬萊縣)은 신기루의 명소로, 산동 반도와 요동 반도를 잇는 묘도군도의 환영을 이따금씩 볼 수 있었다. 불로불사의 영산 '봉래산' 전설이 생겨난 유래이다.『몽계필담(夢溪筆談)』은 산동 반도의 중심 항 등주(登州, 봉래) 앞바다에 때때로 구름이 몰려와 궁실, 망루, 인물, 마차 등을 볼 수 있다고 하며 그것을 '해시(海市)'라고 기록하고 있다. 신기루는 이탈리아의 메시나 해협이 세계적으로 유명한데 일본에서도 봄이 되면 후지(富士) 만에서 볼 수 있다.

홀연히 해면에 떠올랐다 잠시 후 꿈처럼 사라져버리는 도시의 모습은 신선의 이미지와 꼭 닮았다. 간혹 작은 배를 타고 바다로 나아가 신기루 마을을 찾아 헤매는 사람도 있었으나 아무리 저어도 환상의 마을은 멀어져만 갈뿐 드넓은 바다는 끝이 보이지 않았다.

그런 가운데 "환상의 마을에 갔다 왔다"거나 "고생 끝에 신선이 되는 약을 손에 넣었다"고 떠벌리는 사람들이 전국시대의 연이나 제에 나타났다. '방사(方士)'라고 불리는 사람들이 그들이다. 방사는 고대 샤먼(주술사)에서 기원하는 특수한 능력을 가진 인간으로 신선이 되기 위한 여러 가지 주술을 다루는 전문 기술자로 자칭했다. 하지만 그것은 본인의 말일뿐 실제로는 권력자나 부자에게 빌붙어 사는 사기꾼에 다름없었다.

▌황해에서 불사의 세계를 구했던 진시황

고대 중국의 권력자는 '불사(不死)'에 대한 염원을 강하게 갖고 있었다. 중화세계를 최초로 통일한 진시황이 대표적이다.

진시황은 천하를 통일한 뒤 스스로 신이 되고자 각지에서 신선이 되는 선약(仙藥)을 구했다. 겨우 13세의 나이에 진(秦)국의 왕이 된 정(政)은 국력의 충실과 군비 확대에 주력하여 즉위 17년 만에 '전국 7웅'의 하나였던 한(韓)을 멸망시킨 뒤 6국을 차례로 정복했다. 정은 즉위한 지 26년 만에 39세의 나이로 천하를 통일했다.

권력의 자리에 오른 정은 신하에게 자신은 '폭난(暴難)'을 응징하기 위해 병사를 일으켜 6국의 왕들을 차례로 쓰러뜨리고 천하의 안녕을 가져왔기에 이참에 자신의 칭호를 바꾸지 않으면 성취한 위업을 후세에 전할 수 없다고 하며 그에 걸맞은 칭호를 검토할 것을 명령했다. 주(周)나라 시대 이후 지배자의 칭호는 '왕'이었다. '王'은 '往'과 같은 의미로 백성이 덕을 흠모하여 모여드는 지배자라는 의미였다. 당시의 설명에 의하면 모든 천체(天體)가 주변을 맴도는 북극성 가까이의 장엄한 궁전에 천제(天帝)가 있고, 왕은 그 천제로부터 선택된 덕 있는 대리인으로서 사회와 자연을 지배했다.

천제의 궁전을 '자미(紫微)'라고 불렀다. 자색을 띠고 희미하게 보인다는 정도의 의미이다. 주왕(周王)의 권위가 약해져 춘추전국시대가 되자 각지의 군주는 스스로를 왕이라 칭하기 시작했다. 그 결과 왕호의 가치가 떨어졌다. 정이 새로운 칭호를 요구한 이유도 바로 여기에 있다. 정은 '황제'라고 칭할 것을 결정하고 최초의 황제 시황제(始皇帝)가 되었다. '황제'의 글자 뜻은 '임금 중에 임금(최고신의 上帝 혹은 天帝)'이라는 의미이다. 진시황은 스스로 '신'이 되어 천하를 지배하려 했으나 신이 되려면 그에 어울리는 불사의 신체가 겸비되어야 했다. 진시황은 선약을 절실하게 찾았다. 진시황의 욕망은 머지않아 신선의 바다 동해(東海, 즉 황해)에 떠있는 신기루와 연결된다.

진시황은 천하를 통일한 다음해부터 전국 각지를 순행했다. 순행은 제사를 목적으로 한 것이었지만 권력을 과시하기 위해서이기도 했다. 자신이야말로 '대세계의 지배자'라는 사실을 천하에 알리는 순행이었다.

즉위한 지 2년째의 순행에서 진시황은 큰 바다를 보았다. 지표의 70퍼센트는 바다이다. 그러나 천하의 패자가 된 진시황이라 할지라도 바다를 접할 기회는 의외로 적었던 것이다. 햇빛에 반짝이며 끝없이 이어지는 바다를 보고 진시황은 자신이 자라온 세계와는 다른 거대한 세계의 존재를 실감했다. 이 바다 너머에는 무엇이 있을까?

진시황은 내륙에 있던 수도를 출발해 산동 지방의 명산 태산(泰山)에 가서 천제를 모시는 '봉선(封禪)'이라는 제사를 성대하게 치른 뒤 산동 반도 각지를 돌아다녔다. 진시황은 산동 반도 남쪽에 붙은 낭사(琅邪)를 매우 마음에 들어 했다. 황토 고원의 누런 대지에 익숙한 진시황은 모든 강물이 흘러드는 드넓은 바다에 푹 빠지고 말았다.

진시황은 낭사 교외의 대락산(大樂山)에 바다를 조망하는 '낭사대(琅邪臺)'를 만들고 장기 체재를 결심했다. 먼 수평선 너머까지 계속되는 바다는 진시황으로 하여금 불사의 별세계가 존재하고 있음을 확신케 했다. 또 바다는 격렬한 전쟁의 피로를 푸는 최적의 장소이기도 했다. 바다에서 불사의 세계를 확신한 진시황은 3개월 동안 낭사에 머물렀다.

낭사를 황제에 걸맞은 호사스런 도시로 만들기 위해 진시황은 12년 동안 조세를 면제하고 3만호를 낭사로 이주시켰다. 해변의 한촌은 단숨에 번화한 도시의 모습으로 바뀌었다.

▌신선의 섬에 파견된 서복(徐福)

낭사를 뒤로 하고 황색 대지가 끝없이 이어지는 내륙의 수도로 돌아온 뒤에도 푸르고 넓은 바다는 진시황의 머리에서 떠나지 않았다. 진시황은 다음 해와 9년 뒤에 다시 낭사를 찾았다.

낭사에 체재하고 있을 무렵 진시황 앞에 나타난 인물이 1,000세를 훨씬 넘겼다고 소문이 자자한 약장수 노인 안기생(安期生)이었다. 전한(前漢)의 유향(劉向)이 쓴 『열선전(列仙傳)』에 따르면 안기생이 알현을 청해 삼일 밤낮 진시황과 이야기를 나누었다고 한다. 진시황은 그의 말에 흥미를 보여 많은 재물을 주었지만 안기생은 하사받은 보화를 부향(阜鄕)의 거처에 남긴 채 홀연히 자취를 감추었다. 그가 머물렀던 곳에는 붉은 구슬로 만든 신발 한 켤레와 "몇 년이 지난 뒤 이 노인을 찾아 봉래산으로 와주길 바란다"는 내용의 편지가 남겨져 있었다고 한다.

그러자 진시황은 서복을 비롯한 여러 방사를 수백 명의 수행원과 함께 봉래산으로 파견했다. 불노불사의 약을 찾도록 한 것이다. 하지

만 풍랑이 거세져 일행은 봉래산에 도착할 수 없었다. 부향의 해변 10
여 곳에는 안기생을 위한 사당이 세워졌다. 안기생이 어떤 인물인지
알 수 없고 서복과의 관계도 모른다. 한몫 챙기려는 방사들이 서로 짜
고 벌인 일이었을 가능성도 배제할 수 없다.

방사 서복은 진시황을 알현해 대략 다음과 같이 진언했다. "바다 저
편에는 봉래, 방장(方丈), 영주(瀛州)라는 신선이 사는 세 산이 있어 그
곳에 가면 불로초를 구할 수 있습니다. 목욕재계하여 몸을 청결히 한
뒤 동남동녀(童男童女)를 데리고 세 산을 찾고자 하는데 어떠하신지
요?"

불사를 염원하는 진시황이 이 말에 흥미를 갖지 않을 리가 없었다.
서복의 의도는 적중했다. 진시황은 서복에게 많은 재물을 내리고 수
천 명의 동남동녀를 데리고 삼신산에 갈 것을 명했다.

'방장'은 신선이 사는 동방절해(東方絶海) 한가운데의 섬으로 '방호
(方壺)'라고도 불렀다. 또 동해에 있는 신선의 섬 '영주'는 후일 일본을
가리키는 호칭이 되었다. 예를 들어 '동영(東瀛)'이라고 하면 일본을
의미한다.

수도로 돌아온 뒤로도 '불로초'가 진시황의 머리를 떠난 적은 없었
다. 그는 이듬해 다시 낭사를 찾았다. 그러나 서복의 선단은 빈손으로
되돌아왔다. "삼신산은 멀리 보이기만 할뿐 도착할 수 없었습니다."
"큰 상어가 방해를 했습니다." "가도 가도 환상의 섬은 멀어질 따름이
었습니다." 이미 큰돈을 손에 넣은 서복은 교묘하게 말을 둘러댔다.
하지만 처음부터가 신기루 같은 이야기였다. 환상을 좇는 일은 누구
에게나 불가능한 일이다. 그런 와중에 서복은 진시황 앞에서 홀연히
모습을 감추었다.

일설에 의하면 서복은 일본으로 가서 살았다고 한다. 일본에서 서
복은 일본을 방문한 최초의 중국인으로 전해지는데, 와카야마(和歌山)

현 구마노(熊野)에는 그의 묘가 만들어져 있다. 헤이안(平安) 시대의 승려 관보(寬輔)는 봉래산이 후지산을 가리킨다고 말했다. 그 외에도 구마노나 아쓰타(熱田) 등의 영산(靈山), 선경(仙境)을 '봉래'라고 부르는 경우가 있다.

2장
뱃사람 신드바드의 시대
– 유라시아 바다의 일체화

제2장 뱃사람 신드바드의 시대
– 유라시아 바다의 일체화

1. 고대 지중해세계의 붕괴와 이슬람 제국

이슬람의 바다로 변한 지중해

'바다세계' 최초의 커다란 전환은 8세기 후반에 찾아왔다. 이슬람 상인들이 페르시아 만에서 중국 남부에 이르는 직항 항로를 개발한 것이다. 유라시아 남부의 동서를 잇는 직항 항로가 열린 것은 유라시아 바다 역사의 분수령이 되었다. '다우'라는 범선을 조종하는 선원들이 지중해세계, 서아시아, 인도, 동남아시아, 중국을 다양한 항로로 연결하여 유라시아세계의 바다를 서로 긴밀하게 이어준 것이다. 거대한 상업권이 형성된 이면에는 모로코에서 인더스 강 유역까지 세 개의 대륙에 걸친 영역을 지배한 이슬람 제국의 존재가 있었다. 지중해에서 남중국해까지의 대해역이 이슬람 상선에 의해 하나가 된 시대를 '아시아 제1차 대항해시대'라고 부르도록 하자.

바다세계의 새로운 파고는 7세기 중엽 이후 아라비아 반도를 기점으로 한 '이슬람의 충격'에서 비롯되었다. 이를 '대정복운동'이라고 한다. 단봉낙타를 탄 아랍인의 질풍노도와 같은 정복 활동이 7세기 중엽부터 1세기 동안 지속된 결과 광대한 이슬람세계가 탄생했다. 로마

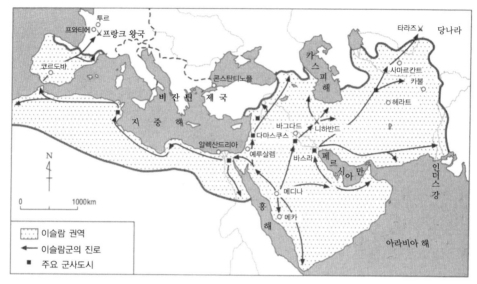

그림 2-1 이슬람 세력의 지중해 진출

제국과 페르시아 제국이 대립하던 시대가 끝나고 지중해세계는 남쪽의 이슬람세계와 북쪽의 크리스트교세계로 양분되었다. 이전 로마 제국이 지배했던 영역은 둘로 나뉘어 다시는 본래의 모습으로 되돌아가지 않았다.

10세기 초부터 190년 동안 지중해 중앙의 시칠리아 섬을 이슬람교도들이 지배하였다. 지중해도 '이슬람의 바다'로 변한 것이다. 지중해 동부 해안의 시리아와 팔레스티나뿐만 아니라 서쪽 출구 지브롤터 해협과 이베리아 반도도 이슬람의 지배하에 들어갔다.

지브롤터 해협이라는 호칭 자체가 모로코의 지배자 타리크가 해협의 아프리카 쪽에 위치한 거대한 석회암 산(높이 425미터)을 점령하여 이베리아 반도 정복의 발판을 놓았던 사실에서 유래한다. '자발 알 타리크(타리크 산)'라는 발음이 '지브롤터'가 된 것이다.

참고로 이슬람교도들은 길이 약 64킬로미터, 폭 13~40킬로미터의 이 해협을 바벨 자카(좁은 입구의 문)라고 불렀다. 1704년에 해협에 면한 돌산 일대를 스페인으로부터 빼앗아 지중해 함대의 거점으로 삼은 영국인들은 해협을 '더 거트(The gut, 좁은 수로)'라고 했다.

벨기에의 역사가 앙리 피렌느(Henri Pirenne, 1862~1935)가 "마호메트 없이는 샤를마뉴도 없다"는 유명한 말을 남긴 것처럼 지중해의 이슬람화는 알프스 이북을 중심으로 한 서유럽세계가 형성되는 동인이 되기도 했다. 이슬람의 지중해 지배가 크리스트교세계의 중심을 북쪽으로 몰아낸 것이다. 이러한 상황은 다우(Dau, 마스트가 2개인 범선), 카라벨(Karavelle, 경쾌한 범선), 펠루케(Feluke, 돛과 노를 병용하는 소형 범선), 카벨(Kabel, 영어의 케이블), 아르제날(Arsenal, 병기창, 본래는 '공장'의 의미), 아드미랄(Admiral, 제독), 마가진(Magazin, 창고), 아발(Aval, 어음 보증), 하바리(Havarie, 해손), 리스코(Risko, 위험), 섹크(Scheck, 수표), 센살(Sensal, 중개인), 타리프(Tarif, 관세), 트라픽(Trafik, 상점), 제히네(Zechine, 이탈리아 금화) 등과 같은 항해와 상업에 관련된 아랍어가 유럽세계에 널리 퍼진 점에서도 알 수 있다.

이슬람 제국은 이슬람 법, 아랍어, 디나르 금화, 디르함 은화 등을 매개로 서투르키스탄, 서아시아, 이집트, 마그레브 지방(북아프리카), 이베리아 반도의 여러 네트워크를 느슨하게 구조화하여 아프리카와 유라시아에 걸친 거대한 영역을 정치·경제·종교·문화적 복합체로 변화시켰다. 지금도 이 거대 영역은 이슬람권에 속한다. 한때는 지중해도 이슬람권에 편입되었던 것이다.

▌ 유라시아 규모의 이슬람 교역권 출현

아바스 제국(750~1258)[14] 시대 이슬람교로 개종한 비아랍인(마왈리)을 흡수하면서 도시들이 팽창했고, 도시와 도시를 연결하는 길이 바그다드를 중심으로 하는 바리드(역참제도)를 통해 조직되었다. 아바스 제국의 경계 지역에는 내륙부의 경역(境域) 도시와 임해부의 항시가 발달하여 주변 지역과 활발하게 교역했다. 제국 내부와 주변부는 마치 하나의 단위처럼 작동하여, 아프리카와 유라시아의 육지와 바다는 이슬람 상인들의 경제 활동의 '무대'가 되었다.

알 지바르의 우체역장이자 지리학자로, 9세기 후반 제15대 칼리프 무타미드(재위 870~892)를 섬긴 이븐 쿠르다지바(820경~912경)는 『제도로(諸道路) 및 제왕국지(諸王國志)』에서 이슬람 교역권에서 활동하는 라다니트 유대인15)에 대해 다음과 같이 기술하고 있다.

"라다니트 유대인은 아랍어, 페르시아어, 로마어, 프랑스어, 에스파냐어, 슬라브어를 구사한다. 그들은 동에서 서로, 서에서 동으로 여행한다. 그들은 프랑크족이 사는 나라에서 배를 출발해 (이집트의) 파라마를 향해 항해한다. 그들은 파라마에서 상품을 낙타 등에 옮겨 실어 육로로 쿠르무즈(아카바 만에 면한 항구)로 향한다. 그곳에서 그들은 동방의 여러 바다를 건너 메디나와 메카로 통하는 항구들과 신드(인더스 강 유역), 힌드(인도), 시나로 간다. 그들 중에 어떤 사람은 콘스탄티노플로 가서 로마인에게 상품을 팔고, 또 어떤 사람은 프랑크 왕이 사는 곳을 찾아 상품을 처분한다. 때로 유대상인은 프랑크족이 사는 지방에서 배를 타고 서방의 바다를 횡단하여 (시리아의) 안티오키아에 이르러, 그곳에서 바그다드를 경유해 오만, 신드, 힌드, 시나로 간다. 이러한

14) 750년에 아불 아바스(Abu'l Abbās)가 우마이야 왕조를 무너뜨리고 세운 아바스 왕조를 말한다. 이라크를 중심으로 서아시아를 지배하였으며 동서 문화가 융합된 이슬람 문화의 황금기를 이룩하였다. 1258년에 훌라구가 이끄는 몽골군에 의해 멸망했다.

15) '라다니트'란 길을 잘 안다는 의미로, 로마 제국 이후 장거리 교역에 종사한 유대인들을 부르던 별칭이었다.

여행은 육로로도 가능하다. 에스파냐에서 온 상인은 모로코로 가서 이집트를 횡단한 뒤 (시리아의) 다마스쿠스를 경유하여 (페르시아의) 파루스, 키르만, 신드, 시나로 간다. 그들은 간혹 로마의 배후를 우회하여 슬라브족이 사는 지방을 여행하고 (카스피 해 북방의) 하자르 족의 수도에 도착한 뒤, 카스피 해를 횡단해 (암 강 유역의) 발흐로 가서 그곳에서 육로로 트란스옥사니아(서투르키스탄)을 경유해 시나로 간다."

9세기 후반이 되면 시칠리아 섬과 크레타 섬을 비롯하여 지중해의 3분의 2가 넘는 해역이 이슬람 제국의 지배하에 들어가, 지중해는 '이슬람의 바다'가 된다. 인도양에서는 페르시아 만의 바스라와 시라프를 거점으로 하여 삼각돛을 단 다우와 몬순(계절풍)을 이용한 교역이 단연 활기를 띠기 시작했다. 동아프리카에서 '잔지'라고 불리는 흑인 노예와 상아, 향료를 들여온 것 외에도 인도나 동남아시아와의 교역이 일상화되어 말라카 해협을 넘어 장장 7,000킬로미터나 떨어진 중국 남부의 광저우에 이르는 항로가 정기화되었다.

2. 동서로 뻗어가는 다우

다우와 정위도(定緯度) 항법

높은 마스트와 거대한 삼각돛을 구비한 '다우'는 갑판에 구멍을 뚫어 야자나무 섬유를 꼬아 합친 끈으로 꿰매 묶어, 틈새에 타르와 섬유 등을 채워 넣은 뒤 침수와 부식 방지를 위해 고래 기름과 역청(아스팔트)을 칠한 봉합선이었다. 이 배가 아프리카 동부에서 중국 남부에 이르는 해역을 연결했다. 쇠못을 전혀 쓰지 않은 것이 다우의 특색이었다. 거대한 삼각돛을 단 배는 역풍을 맞아도 지그재그로 전진할 수 있었다. 보조르그 이븐 샤흐리야르의 『인도의 불가사의』에는 예멘에서 출항한 다우(아마도 시라프 선)의 길이가 50지라(약 29~35미터)라고 되어 있다. 그다지 큰 배가 아니었음을 알 수 있다. 배의 재료가 야자나무인 관계로 다우선의 길이는 일반적으로 15~20미터 전후였다.

다우가 이슬람세계에서 오랫동안 사용된 이유로 야마다 겐타로(山田憲太郎)는 ①배가 유연해 높은 파도가 치는 인도양 서남부에서 모래 사장에 떠밀려 올라가더라도 선체가 깨지는 일이 없었던 점, ②철을 정련하는 기술이 발달하지 못해 다우의 재료인 야자나무나 고래 기름에 비해 쇠못이 더 비쌌던 점, ③항해 기술과 기상 관측 수준이 낮아 값싼 소형선을 여럿 사용하는 편이 경제적이었던 점, ④인도양에서는 소형선으로도 충분히 항해가 가능했던 점 등을 들었다(『향료의 길(香料の道)』, 中公新書).

다우는 위도를 측정하여 항해하는 정위도 항법을 이용했다. 일반적으로 북극성을 대상으로 하여 관측판 정중앙에서 손가락 폭 정도의 매듭을 여러 개 단 줄을 당기는 '카마르'라고 하는 간단한 관측기를 사용했다. 즉, 줄을 손잡이에 맞춰 잡아당겨 상부의 북극성과 하부의 수평선이 겹치는 위치로 관측판을 이동시켜 줄의 길이를 '이스바'(손가락 폭, 약 1.5도)와 '자암'(이스바의 8분의 1) 등으로 재어 위도를 계산했다. 목적지 항구의 위도까지 배를 이동시켜 나중에는 그 위도를 따라 운행하면 되었다. 육지로 둘러싸여 몬순을 최대한 이용할 수 있는 인도양에서는 위도만 맞으면 목적지까지 도착할 수 있었다.

그림 2-2
오늘날의 다우선

▌ 여러 해역이 뒤섞인 다우의 바다

이슬람 지리학자들이 잔지의 바다, 인도의 바다, 에티오피아의 바다 등으로 부른 인도양에서는 다우가 동아프리카 연안부의 상아, 금, 흑인 노예(잔지) 등을 페르시아 만으로 실어 날랐다. 또 페르시아 만에서 인도, 동남아시아를 경유해 중국 광저우에 이르는 항로도 정기적으로 이용되었다. 이 항로는 편도 1년, 왕복 2년이 걸리는 거리였다. 이븐 쿠르다지바는 "홍해에서 동쪽 끝에 있는 와크와크(왜국)까지 전장 4,500파라사크[16](2만 8,080킬로미터)에 이른다"고 추정했는데, 알야쿠비는 유라시아 남쪽의 광대한 해역을 7개로 나누었다.

알야쿠비가 나눈 7개의 해역은 ①해역이 좁고 진주 양식장이 많은 파르스 해(페르시아 만), ②해수면이 넓어 별자리에 의존해 위도를 확인하면서 항해해야 하는 랄위 해(아리비아 해), ③보석과 다이아몬드의 산지 세일론(스리랑카)이 있는 하르칸드 해(벵골 만), ④해수면이 좁고 강풍이 불어 항해하기 힘든 카라 해(말라카 해협), ⑤해역이 넓

---

[16] 이란어에서 차용한 말로, 말이 빠른 걸음으로 1시간 동안 가는 거리에 상당한다.

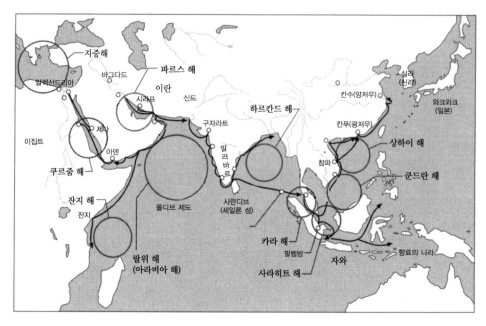

그림 2-3 이슬람 상인이 항해한 주요 해역

고 진귀한 바다 보물을 많이 산출되는 사라히트 해(남중국해 남부),
⑥해상에서 자주 비를 만나게 되는 쿤드란 해(남사 제도 이북의 남중
국해), ⑦중국의 바다라고도 할 수 있는 상하이 해(漲海의 음역, 통킹
만) 등이었다. 이러한 해역들을 관통하는 대항로가 정착된 것이다.

뱃사람 신드바드가 이야기하는 인도양 교역권

『아라비안나이트』에 수록된 '신드바드의 모험이야기'에는 몇 번이
나 조난을 당해 재산을 잃은 신드바드가 어려움 속에서도 불굴의 정
신으로 항해에 성공하여 많은 부를 축적하는 이야기가 나온다. 아바
스 제국 시대에는 다우를 이용한 모험적인 항해가 활발하게 이루어지
고 있었다. 신드바드의 모험담은 그러한 상황을 반영한 것이었다. 알

라의 가호를 믿고 미지의 바다에 용감하게 도전하는 신드바드 이야기는 『로빈슨 크루소』와 『걸리버 여행기』 등과 함께 해양 모험 소설의 모델이 되었다. 참고로 신드바드라는 이름은 '신드(인도 북서부 지방)의 여행자'라는 뜻이다.

아바스 제국이 가장 번성했던 제5대 칼리프 하룬 알 라시드(재위 786~809) 시대의 모험 상인 신드바드는 모두 일곱 차례에 걸친 투기적 항해에 성공하여 대부호가 되었다. 모든 재산을 항해에 걸고 용기와 운과 지혜로 대성공을 거둔 것이다.

아버지의 유산을 탕진한 주인공 신드바드는 "가난보다는 무덤이 낫다"는 각오로 투기적인 항해에 도전했다. 알라에 대한 강한 신앙심이 정신적 지주가 되었다.

신드바드는 수중에 얼마 남지 않은 재산을 경매에 올려 그 돈으로 바그다드 시장에서 상품을 구입한 뒤 바스라에서 여러 상인들과 함께 다우에 올랐다. 재산을 모두 배에 싣고 인생을 알라의 뜻에 맡긴 것이다. 모든 것은 알라의 의지이다. 신드바드는 조난을 당해 몇 번이나 재산을 몽땅 잃었지만 그때마다 다시 일어나 부를 쌓아갔다. 이러한 모험을 반복하면서 그는 '보물의 바다' 인도양에서 거부를 축적했다. 한 예를 들면 두 번째 항해에서 신드바드는 길을 잘못 들어 종려나무보다 굵은 검은 색깔의 뱀이 돌아다니는 다이아몬드 골짜기로 들어가게 되었다. 그는 절망하지 않고 보자기에 많은 다이아몬드를 채워 넣은 뒤 다음과 같은 방법으로 깊은 골짜기에서 탈출했다.

다이아몬드가 퇴적된 깊은 골짜기로 내려갈 수 없었던 상인들은 큰 양고기를 던져 다이아몬드를 고기에 달라붙게 해서는 그것을 로크라고 하는 커다란 새로 하여금 둥지로 옮기게 해서 다이아몬드를 손에 넣었다. 이 이야기를 떠올린 신드바드는 터번을

풀어 고기 덩어리에 자신의 몸을 묶어 구사일생으로 탈출에 성공한다. 신드바드는 단숨에 큰 부자가 되었다. 위험의 이면에는 평범한 일상생활에서는 상상할 수도 없는 부자가 될 기회가 숨어있었던 것이다.

신드바드 이야기에는 뱃사람들이 체험한 많은 모험담과 각색된 소문 등이 교묘하게 뒤섞여 있다. 예를 들면 마르코 폴로의 『동방견문록』에 나오는 모게다쇼 섬(마다가스카르 섬과 소말리아에 대한 기술이 섞여있다)의 대목에는 섬 주민들이 '루크'라고 부르는 날개 양쪽 폭이 약 45미터나 되는 괴조(怪鳥) 그리폰에 관한 기술이 있다. 이 새는 "코끼리 한 마리를 발톱으로 낚아챈 채 가볍게 하늘을 날아오를 수 있다"고 되어 있다. 또 남인도의 무티필리 왕국에 관한 이야기에는 골짜기 밑으로 큰 고기 덩어리를 던져 커다란 새로 하여금 갖고 올라오게 하는 방법으로 다이아몬드를 채취하는 일화가 나온다. 사실 여부는 알 수 없지만 바다세계에서 유포되던 이런 이야기들에 근거해서 신드바드의 모험담은 씌어졌을 것이다.

신드바드는 대형 다우 한 척을 사들이고 페르시아인 선장과 흑인 노예 선원을 고용해 다섯 번째 항해에 나섰다. 항해에 나선 신드바드는 한 섬에서 로크 새의 새끼를 잡아먹었고, 그 탓에 배는 어미 새의 공격을 받아 침몰하고 만다. 하지만 표착한 곳에서 진주를 채취한 신드바드는 큰 재산을 얻었다.

여섯 번째 항해에서 신드바드의 배는 미지의 해역에서 난파를 당했다. 한 번 들어가면 다시는 밖으로 나올 수 없는 무서운 포구로 흘러든 것이다. "해안은 난파된 배의 파편과 온갖 종류의 부유물로 가득 차 있었다. 우리가 내린 해변에는 바다에 빠뜨린 엄청난 양의 화물, 상품, 온갖 물건 등이 널려있었다." 마르코 폴로의 『동방견문록』에는 벵골 만의 안다만 해에 조류가 빨라 한 번 흘러들면 범선이 빠져나오지 못하는 섬이 존재한다는 기록이 있다. 신드바드의 난파 이야기도 그러한 섬을 상정해 만들어진 것인지도 모른다.

신드바드는 해변에 널린 많은 귀중한 상품들을 지켜보며 식량도 탈출 방법도 없는 상황에 안타까워했다. 그러나 포기를 모르는 신드바드는 값비싼 향목(香木)으로 뗏목을 만들어 많은 양의 용연향(龍涎香)과 보석을 싣고 포구를 탈출해 사란디브(세일론 섬)에 도착했다.

신드바드는 사란디브 왕을 알현해 이슬람 제국의 칼리프 하룬 알라시드에 관해 진언했다. 그는 칼리프 앞으로 보내는 사란디브 왕의 친서와 함께 높이 10여 센티미터, 두께 손가락 하나 굵기의 루비 그릇에 담긴 진주, 앉으면 모든 병이 낫는다는 큰 뱀의 가죽으로 만든 깔개, 땅콩만한 크기의 최상품 장뇌(樟腦) 200알, 길이가 6미터나 되는 상아 2개, 보석으로 치장한 사란디브 미녀를 선물로 받아 귀국길에 올랐다. 신드바드는 친서와 선물을 칼리프에게 전했다.

일곱 번째 항해는 신드바드가 칼리프의 답신을 지니고 다시 사란디브로 향하는 여정이었다. 2개월의 항해 끝에 목적지에 도착한 신드바드는 칼리프의 답례품인 자홍색 비로드 침대 하나, 쿠파와 알렉산드리아의 자수를 놓은 고급 의복 100벌, 바그다드 산 의류 50벌, 옥수(玉髓)로 만든 그릇, 최상품 아라비아 말 한 쌍을 사란디브 왕에게 전달했다. 신드바드가 마지막 두 번의 항해에서 찾은 사란디브는 인도양 교역권의 동쪽 끝에 위치한 교역 중심지였다.

█ 왕복 2년간의 중국 여행

페르시아 만과 중국을 직접 연결하는 다우 항로에 관해서는 당나라 덕종(德宗) 연간(779~805)에 가탐(賈耽)이 집필한 『황화사달기(皇華四

達記)』의 기술이 가장 오래된 것이다. 이슬람 상인에게 전해들은 이야기에 기초해 집필된 이 책은 현존하지 않지만, 그 일부가 『구당서(舊唐書)』 권43하 지리지(地理志)에 '광저우에서 해이(海夷)로 통하는 길'로 인용되어 있어 항해의 개요를 알 수 있다. 그것에 따르면 광저우에서 바그다드로 가는 데는 90여일이 걸렸다고 한다.

851년에 이슬람 상인이 쓴 『시나 인도 이야기』는 페르시아 만에서 광저우까지 순풍을 만나면 120일(기항지에 정박한 날짜는 제외)이 걸린다고 적고 있다. 참고로 페르시아 만에서 인도 서해안까지 1개월, 벵골 만을 경유해 말라카 해협까지 1개월, 말라카 해협에서 광저우까지 2개월이 소요되었다고 한다. 그러나 실제로는 몬순(계절풍)의 풍향이 바뀌는 말라카 해협에서 장기간 바람을 기다려야 했기 때문에 왕복 2년이나 걸리는 기나긴 항해였다.

이슬람 상인이 오간 동아프리카에서 동아시아에 이르는 해역에 대해서 이븐 쿠르다지바는 홍해에서 동쪽 끝의 와크와크(왜국)까지 전장 2만 8,080킬로미터에 이른다고 기술하고 있다.

3. 차이나 드림과 황금의 나라 '와크와크'

▌중국의 부를 향해 쇄도한 이슬람 상인

『시나 인도 이야기』에 의하면 당나라 말기 황소(黃巢)의 반란군이 광저우를 점령했을 때 12만 명의 이슬람교도, 유대교도, 크리스트교도, 조로아스터교도가 살해되었다고 한다. 이러한 것으로 보아 당시 상당한 수의 이슬람 상인이 주강(珠江) 삼각주 북단에 위치한 당나라 최대의 무역항 광저우에 거주하고 있었음을 알 수 있다. 『시나 인도

이야기』는 광저우에 모스크가 세워지고 이슬람교도의 '번장(蕃長)'이 재판권을 가진 자치 거주 지구(蕃坊)가 설치된 것을 아래와 같이 이야기하고 있다. "상인 술레이만은 이렇게 말했다. 상인들이 모여드는 칸푸[17](광저우) 마을에는 이슬람교도가 한 사람 있는데, 시나의 우두머리가 이 인물에게 이슬람교도들 사이에서 일어난 분쟁을 재단하는 권한을 부여했다. 이는 시나 황제의 뜻에 따른 조치였다. 이 인물이 축제 때 이슬람교도의 예배를 지휘하고, 금요일 예배의 설교를 하고, 술탄을 위한 기도를 올린다. 이라크 상인들도 진실하고 신의 계율과 이슬람법에 입각한 그의 재단과 행위에 대해서 그 권한을 조금도 부정하지 않는다."(藤本勝次 譯,『시나 인도 이야기(シナ・インド物語)』)

많은 이슬람 상인이 중국으로 간 목적은 중국인의 숙련된 기술로 생산된 견직물과 공예품을 사들여, 이슬람과 중국의 두 교역권 간의 가격 차이를 이용해 막대한 이익을 챙기기 위해서였다. 차이나 드림이 많은 이슬람 상인을 광저우로 모여들게 한 것이다. 예를 들면 이븐 하우칼(10세기, 생몰년은 알 수 없음)이 바스라에서 만난 한 시라프 상인은 선주 또는 선장으로 생애의 대부분을 다우 위에서 지내며 중국 무역에 관여했는데, 은퇴 시 100만 디나르[18]에 이르는 재산이 수중에 남았다고 한다. 또 그의 아들 밑에서 교역 일에 종사하는 4명의 하인 중 1명은 20년 전 중국에서 50만 디나르나 되는 상품을 갖고 돌아온 적이 있다고 말했다고 한다.

---

[17] Khanfu. 廣府의 음역.

[18] 디나르는 이슬람권의 여러 지역에서 오래전부터 사용되던 금화로 근대 시기에는 금 4.5그램 정도였다. 현재는 알제리, 바레인, 요르단, 이라크, 튀니지 등과 동유럽의 몇 나라가 사용하고 있다.

이슬람세계에 전해진 황금의 나라 와크와크(왜국)

대운하를 낀 수륙 교통의 요충지로서 당 제국 최대의 상업 도시였던 양저우(揚州)에도 이슬람교도와 페르시아 상인 등의 거주 지구가 있었다. 마지막 견당사(遣唐使)[19]선을 타고 당으로 건너간 엔닌(圓仁, 794~864)의 일기나, 760년 전신공(田神功)의 군대가 양저우를 점령했을 때 수천 명의 페르시아 상인이 살해당했다는 역사서의 기록은 그러한 상황을 말해주고 있다. 소금을 팔아 대부호가 된 상인이 많이 살았던 양저우는 황해 교역권과도 연결되어 있었다. 황해에서 활약하고 있던 사람들은 신라 상인이었다. 그런 이유로 신라 상인에 관한 정보가 양저우의 이슬람 상인을 통해 이슬람세계로도 전해졌다.

이븐 쿠르다지바는 신라에 대해 이렇게 적었다. "시나 끄트머리에 있는 칸수(양저우)의 건너편에 실라(신라)라고 하는 산이 많고 여러 공국(公國)으로 나누어진 나라가 있어 풍부한 금을 산출한다. 이 나라로 간 무슬림은 그 땅에서 여러 편의를 제공받아 그곳에 정착한다. 그러나 이 나라 너머가 어떻게 되어 있는지는 알 수 없다." 쿠르다지바가 기술한 바에 따르면 이슬람 상인이 신라에 건너가 정주한 것으로 되어 있다.

『시나 인도 이야기』에는 다음과 같은 기술도 있다. "(중국과) 바다를 사이에 두고 접하고 있는 곳에는 실라의 섬들이 있다. 그 주민들은 색이 희다. 그들은 시나 황제와 공물을 교환하는데 시나 황제와 공물을 주고받지 않으면 하늘이 그들에게 비를 내려주지 않는다고 믿고

---

[19] 견당사는 고대 일본의 여러 정권이 당에 파견한 조공 사절로 630년에서 894년에 이르는 200여 년 동안 총 19차례 파견되었다. 그 중 두 차례는 실패했고, 한 번은 이전 견당사들의 귀국을 돕기 위한 것이었으며, 또 당나라 사절들의 귀국을 호송하기 위한 파견도 세 차례 있었으므로 실제 정식 견당사의 횟수는 13번이라고 할 수 있다.

있다. 우리 동료 가운데 그들에 대해 정보를 전해주는 자도 이 섬에 간 적이 있는 사람은 없다. 이 섬에는 흰 독수리가 산다." 2개의 사료 사이에는 모순이 있지만 그것은 신라에 대해서 애매한 정보밖에 얻을 수 없었기 때문이라고 생각된다.

이븐 쿠르다지바는 왜국(일본)에 대해서도 이렇게 적고 있다. "(중국의) 동쪽에 와크와크라는 땅이 있다. 이 땅에는 황금이 풍부해 주민들은 개 사슬이나 원숭이 목줄을 황금으로 만들고 황금(실)로 짠 옷을 가져와 판다. 또 와크와크에서는 양질의 흑단(黑檀)을 구할 수 있다." 와크와크는 왜국을 가리킨다. 견당사 일행이나 유학승, 유학생 등이 체재비로 쓰기 위해 무쓰(陸奧)에서 채굴된 사금[20]을 지니고 당으로 건너간 것이 금이 많이 나지 않는 당나라 사람들의 주목을 받아 황금의 나라 와크와크라는 이야기가 생겨났다. 당시의 일본인은 알 길이 없었을 테지만 헤이안(平安) 시대에 이미 이슬람세계에서 황금의 나라 왜국(와크와크)이 소개되었던 것이다. 와크와크 전설은 나중 지팡구 전설의 원형이 된다.

---

[20] 무쓰는 일본의 동북쪽 지방을 가리키는 옛 명칭으로 특히 8세기에 사금이 나면서 중요시되었다. 무쓰의 사금은 고대 일본 정권의 무역 결제대금으로 주로 쓰였고, 일본과 교역하는 상인들은 이 금을 목적으로 한 경우가 많았다.

3장
중국이 '바다의 제국'이었던 시대
– 유라시아 바다의 전성기

제3장 중국이 '바다의 제국'이었던 시대 – 유라시아 바다의 전성기

1. 정크와 도자의 길

정크 교역권의 확대

이슬람 상인의 시대에 이어 정크를 탄 중국 상인이 동남아시아에서 남인도에 이르는 대교역권을 형성하는 시대가 찾아왔다. 이슬람 교역권과 중국 교역권으로 유라시아 해역이 둘로 나뉜 것이다. 이 시기의 정점에 위치하는 것이 몽골 제국 시대였다. 서아시아와 동아시아가 모두 몽골 제국에 편입되면서 유라시아의 해상 교역이 눈에 띄게 활발해진 것이다. 교역이 선에서 면으로 바뀌는 이 시대를 '아시아 제2차 대항해시대'라고 할 수 있다.

10세기에서 15세기 초는 '육지의 제국' 중국이 '바다의 제국'으로 변신하여 해역세계로 적극적으로 진출한 시기였다. 정크를 탄 중국 상인은 이슬람 교역권과 공존하면서 동남아시아와 인도양 해역에 거대한 상권을 형성했다. 15세기 중반까지 중국은 세계 최대의 조선(造船)국이었다. '바다의 제국' 중국은 명나라 초기에 해금(海禁)정책이 실시되어 민간인의 해외 무역이 금지될 때까지 약 5세기 동안 지속되었다. 일본에서는 감합(勘合) 무역21)으로 알려진, 무역에 대한 국가 통제로

'바다의 제국' 시대가 종말을 고했다. 정치가 바다 시대를 억눌러 버린 것이다. 남송(南宋, 1127~1279) 시대 중화세계는 북방 민족의 강한 압박에 시달리고 있었다. 금(金, 1115~1234)이 회하(淮河) 이북의 광대한 토지를 점령하고 남송을 신하로 삼자 100만 명 이상의 중국인이 난민이 되어 남하했다. 그 결과 강남(江南) 개발이 급속하게 진행되어 월인(越人)이 거주하는 푸젠(福建)과 광둥(廣東)이 본격적으로 중국화되고, 해양민(海洋民)이었던 월인의 해외 무역이 진전을 보였다.

중국 상인들은 외양선 정크를 건조하여 동남아시아와 인도 주변 해역에서 상업 활동을 벌여나갔고, 이때 나침반도 항해에 사용되었다. 북방민의 압박이 중국인의 해역세계로의 진출을 촉진시킨 것이다. 남인도의 퀼론이 서쪽의 다우 교역권과 동쪽의 정크 교역권을 연결하는 항구가 되고, 중국 상인은 동쪽 해역의 무역을 담당하게 되었다.

그림 3-1
13세기 송나라 정크
(출전: Wikipedia)

---

21) 1401년에서 1549년까지 명나라와 일본 사이에 이루어진 무역을 말한다. 감합이란 명이 조공관계에 있는 나라에 무역을 허락하는 증명서로 제공한 것인데, 감합부에 선박의 수와 인원, 물량 등을 기록해 두고 사절이 제출하는 증명서와 대조했다. 당시 일본은 무로마치 막부 시기였다.

도자의 길의 중심 삼불제(三仏齊)와 고림(故臨)

동남아시아 해역에 진출한 정크는 이미 말라카 해협을 중심으로 동남아시아에 커다란 교역 네트워크를 갖고 있던 삼불제(7~14세기경, 스리비자야의 한자 표기)를 중계 거점으로 이용했다. 1178년에 주거비(周去非)가 집필한『영외대답(嶺外代答)』은 삼불제가 수마트라 섬의 팔렘방을 중심으로 말라카 해협을 지배하는 교역의 중심으로 기능하고 있는 데 대해 다음과 같이 기술했다. "삼불제국(國)은 남해 중앙에 있는 수로의 요충이다. 동쪽의 자와국(國)에서 서쪽의 대식(大食, 이슬람 국가들), 대진(大秦, 바그다드 부근)에 이르기까지 이곳을 경유하지 않으면 중국으로 들어올 수 없다."

『영외대답』에는 아래와 같은 기술도 보인다. "삼불제국에 이르면 광저우로 가는 사람은 둔문(屯門)으로 들어가고 취안저우(泉州)로 가는 사람은 갑자문(甲子門)으로 들어간다." "(삼불제에서 중국까지는) 바람을 타고 항해해 20일이면 광저우에 이른다. 취안저우는 순풍으로 한 달 남짓 걸린다."

남송의『제번지(諸蕃志)』삼불제 조(條)에는 삼불제가 바닷길의 '목'에 해당하는 말라카 해협을 지배하고 있는 것에 대해 이렇게 적고 있다. "삼불제국은 바다로 둘러싸여 여러 외국 선박의 왕래를 관장하는 목에 해당한다. 예전에는 쇠밧줄을 둘러쳐 도둑(배의 침입)에 대비했다. 밧줄은 기계 장치를 이용해 조종하는데 상선이 도착하면 줄을 느슨하게 풀었다. 근래에는 (해적이 습격하는 일이 없어) 조용하기 때문에 철거하여 사용하지 않은 채 물가에 높이 쌓아놓고 있다. (중략) 혹시 상선이 입항하지 않고 그냥 지나치려 하면 곧바로 배를 내어 생사를 건 싸움을 벌인다. 그래서 여러 나라의 선박이 몰려드는 것이다"(藤善真澄 역,『諸蕃志』).

『제번지』에는 또 남송과 삼불제의 교역에 대한 아래와 같은 기술이 있다. "(삼불제는) 취안저우의 정남방에 위치한다. (취안저우를) 겨울철에 출발하여 순풍을 타고 한달 남짓 걸려 능아문(凌牙門, 싱가포르)에 도착한 뒤 짐의 3분의 1 정도를 처분하고 드디어 삼불제국으로 들어간다. 그곳에는 포(蒲, 아랍인의 이름 앞에 붙는 Abu의 음역)라는 성을 가진 사람이 많다. 주위 수 십리에 벽돌을 쌓아 성벽을 만들었다. 국왕은 배를 타고 왕래한다."(藤善真澄 역, 『諸蕃志』에서 일부 고침). 이로써 이슬람 상인이 많이 거주하고 있었음을 알 수 있다. 항구에 집적된 물품에 대해 "모두 대식 지방에서 나는 것"이라고 적고 있는 것으로 보아 삼불제에 이슬람세계의 상품이 많이 모여들었다는 사실을 알 수 있다.

남인도의 퀼론 항은 정크 교역권과 다우 교역권이 교차하는 중요한 항구로서 동서에서 들여온 화물을 그곳에서 교환했다. 『제번지』의 고림(퀼론)국 조는 "취안저우에서 출발한 배는 40여 일이 걸려 남리국(藍里國, 수마트라 섬 북단의 라무니)에 도착하여 그곳에서 겨울을 난다. 다음해에 (순풍을 기다려) 다시 출발하면 1개월 만에 도착한다. (중략) 교역에는 금전과 은전을 사용하는데 은전 12개가 금전 하나의 가치와 같다. (중략) 매년 삼불제 (중략) 등의 나라에서 배를 준비해서 간다. (중략) 고림국 내에는 대식(아라비아)인이 많이 살고 있다"고 적고 있다.(藤善真澄 역, 『諸蕃志』. 일부 고침)

이 시대에는 송자(宋磁)라고 불리는 다양한 종류의 도자기(china)가 비단을 대신하여 중국을 대표하는 상품이 되었다. 송자는 동전과 함께 대량으로 수출되었다. 송전(宋錢)이라고 불린 동전은 일본과 마찬가지로 동남아시아 각지에서도 통화로 유통되었다.

11세기가 되면 다우를 이용한 이슬람 상인의 활약으로 인해 인도양 교역권도 더욱 안정된 구조를 갖게 되었다. 페르시아 만, 홍해, 아라비아 반도, 아프리카 동쪽 연안, 인도, 동남아시아를 잇는 교역이 활발해지면서, 남중국해를 중심으로 남인도까지 교역 범위를 확대한 정크 교역권과 공존했다. 한편 지중해에서는 이집트의 카리미 상인과 이탈리아 상인의 활약이 두드러져 베네치아와 제노바 등이 성장기에 접어들었다. 남중국해와 인도양을 연결하는 거대 상업권의 주요 상품이 도자기였다는 사실에서 정크 교역로를 '도자의 길(세라믹 로드)'이라고도 한다.

2. 원나라의 번성과 마르코 폴로의 항해

▌신안 침몰선이 말해주는 것

몽골이 유라시아 육지와 바다 네트워크를 한꺼번에 지배한 원나라(元, 1271~1368) 시대의 해상 교역은 푸젠의 취안저우(자이툰)을 중심으로 이루어졌다. 항로는 동남아시아와 인도를 경유해 페르시아 만까지 직접 연결되었다. '바다의 제국' 중국의 최고 전성기였다. 강남의 곡물이 해로를 통해 제국의 수도 대도(大都, 北京)로 대량으로 수송되었다. 바닷길이 대도와 바로 연결된 것이다. 발해로 흘러드는 백하(白河)와 혜통하(惠通河)라는 갑문식(閘門式) 운하를 통해 강남에서 동중국해, 황해, 발해를 잇는 항로가 대도와 이어졌다. 몽골의 중국 지배 거점인 대도는 중앙아시아의 대초원뿐만 아니라 바다세계와도 연결되어 있었던 것이다. 일본에서는 원이 일본을 침략한 사실을 먼저 떠올리기 십상이지만, 상업을 중시한 원나라 시대는 동아시아 해역의 교역이 그 어느 때보다 활기를 띠었던 시대였다.

한반도 서남부 신안 앞바다에서 인양된 침몰선은 그러한 원나라 시대의 교역 상황을 잘 말해주고 있다. 1323년경 원의 경원(慶元, 寧波)을 출발한 길이 28미터, 최대 폭 약 10미터의 상선이 표류하여 한국 신안 앞바다에서 침몰했다.[22] 1976년 어선의 그물에 짐의 일부가 걸려 올라와 침몰선의 존재가 알려지게 되었다. 그 결과 일본과 원 사이의 무역이 생각보다 활발하게 진행되고 있었음이 밝혀졌다.

발견된 목간(木簡)에 의하면 이 배는 1319년에 화재로 소실된 교토(京都)의 임제종(臨濟宗) 총본산 동복사(東福寺)를 재건할 비용을 마련하기 위해 말사(末寺)인 하카타(博多) 승천사(承天寺)의 주지와 하카타에 거주하는 중국 상인들이 마련한 무역선이었다. 배에는 중국인, 일본인, 고려인 선원이 타고 있었다. 적재된 상품은 1만 수천 점의 중국 도자기, 중국 동전 800만 개(약 28톤), 자단나무, 검은 후추 등이며, 일본에서 팔 목적이었다고 한다. 도자기와 동전은 동남아시아와의 정크 교역에서 주력 상품이었는데, 일본과의 무역에서도 마찬가지였다는 사실이 밝혀졌다.

▌약진하는 국제 항시 자이툰(취안저우)

자이툰은 원의 정크 교역의 중심 항구이자 몽골 제국 최대의 국제항이었다. 이슬람계 상인이 주도권을 쥐고 여러 민족들이 혼재하는 자이툰에는 1만 명이 넘는 이슬람교도가 살았으며, 6~7개의 모스크(淸眞寺)가 있었다. 그 외에 2개의 힌두교 사원과 3개의 가톨릭 수도원도 세워져 있었다. 말하자면 현재의 싱가포르와 같은 국제적인 분

---

22) 신안 침몰선에 관한 공식 기록에 따르면, 배는 최대 길이 약 34미터, 최대 폭 약 11미터, 무게 약 200톤의 당시로서는 매우 큰 범선이었다. 형태로 보아 취안저우에서 건조된 것으로 추정된다. 배는 중국 닝보에서 일본 하카타로 가는 도중에 폭풍을 만나 경로를 이탈해 신안 앞바다에서 침몰한 것으로 보인다.

위기를 갖고 있었던 것이다.

1342년부터 1346년까지 대사교(大司敎)를 지낸 뒤 1353년에 해로를 통해 아비뇽으로 귀환한 조반니 마리놀리 수도사는 자이툰에 대해 "믿을 수 없을 만큼 큰 도시로 매우 아름답다. 호화롭고 훌륭한 3개의 프란체스코회 수도원, 목욕탕, 수많은 상관이 있다"고 말했다.

마르코 폴로(1254~1324년)도 자이툰을 막대한 양의 후추가 들어오는 세계 최대의 항구 중 하나라고 하면서 이렇게 말했다.[23] "이곳은 해항도시로 사치품, 값비싼 보석, 알이 매우 큰 진주 등을 가득 실은 인도해의 배가 끊임없이 들어오는 항구이다. 또 이곳에는 주변에 펼쳐져 있는 만지[24] 각지의 상인들도 모여든다. 한마디로 이 해항에서 각종 상품, 보석, 진주가 성황리에 거래되는 모습을 보면 단지 경탄할 수밖에 없다. 이 해항도시에 집적된 상품은 여기서 만지 전역으로 실려가 판매된다. 크리스트교 국가에 팔기 위해 알렉산드리아나 그 외의 항구에 후추를 실은 배 1척이 들어온다고 하면, 이곳 자이툰에는 그 100배에 해당하는 배가 입항한다. 무역액으로 말하면 자이툰은 확실히 세계 최대를 자랑하는 2대 해항 중 하나라고 단언할 수 있다."(愛宕松男 역, 『東方見聞録』)

1345년 41세의 나이에 자이툰을 방문한 모로코의 여행가 이븐 바투타(1304~1377년경)도 도시의 국제성에 감탄하고 있다.[25] 항구에는 100척이나 되는 대형 정크와 무수한 소형 정크가 정박해 있었고, 부근에 이슬람교도의 거주지가 있어 가지(gazi, 신앙의 전사)와 모스크 관리

---

23) 이하, 『동방견문록』에서의 인용문은 김호동 역주, 『마르코 폴로의 동방견문록』(사계절, 2000)을 참조하여 번역했다.

24) 蠻子. 중국 남부 지역.

25) 이하, 이븐 바투타 여행기에서의 인용문은 정수일 역주, 『이븐 바투타 여행기 1·2』(창작과비평사, 2001)를 참조하여 번역했다.

자 그리고 세관장(提擧市舶)과 친분이 있는 부유한 이슬람 상인들이 살고 있었다. 또 인도에 머물 때 돈을 빌린 적이 있는 타브리즈(일 칸국의 수도)의 상인도 거주하고 있다고 이븐 바투타는 전하고 있다.

참고로 해외 무역이 비약적으로 늘어난 이 시대에는 선원들 사이에서 '동양'과 '서양'이라는 호칭이 사용되기 시작했다. 1304년에 집필된 『남해지(南海志)』는 광저우－브루나이 섬 서해안－순다 해협을 경계선으로 하여 브루나이와 자바 및 그 동쪽 해역을 '동양'으로, 자바 섬 서해안에서 인도양에 이르는 해역을 '서양'으로 구분하고 있다. 동양과 서양은 원래 '동양 침로(針路)', '서양 침로'라는 의미로, 항로에 면한 나라들을 가리켰지만 머지않아 일정한 해역을 의미하게 된 것이다. 여러 책을 종합해보면 원나라 시기에는 말라카 해협을 경계로 남중국해와 자바 해 부근 해역을 '동양', 그 서쪽의 인도양 해역을 '서양'이라고 부른 것 같다.

▌아시아를 대표하는 범선이 된 정크

마르코 폴로의 『동방견문록』에 나오는 기술을 발췌해보면 정크는 대략 다음과 같은 외항선이었다.

배의 자재는 소나무 혹은 전나무.
갑판은 1층으로, 그 위에 보통 60개의 선실이 있다. 선실은 상인 한 사람이 쾌적하게 생활할 수 있도록 되어 있었다.
방향키는 1개. 마스트는 4개로, 자유롭게 펴거나 접을 수 있는 2개의 보조 마스트를 갖추고 있었다.
노는 1개당 4명이 저었다.
대형선은 13개의 선창으로 구분해 비상사태에 대비했다.

선체를 견고하게 만들기 위해 두꺼운 판자를 이중으로 둘러쌌다. 잘게 자른 마(麻)에 석회와 수지를 섞어서 선체에 발라 침수를 방지했다.

적재량은 유럽의 배를 능가했다. 보통 후추 5,000상자(籠), 많을 경우 6,000상자를 적재할 수 있었다.

대형선에는 선원 150~300명과 많은 상인이 탔고, 후추 1,000상자 이상을 적재할 수 있는 소형선 2척이 뒤따랐다.

대형선은 비상시에 대비하여 10척 정도의 거룻배를 적재했다.

1년간 항해하면 수리하고, 4년이 지나면 폐기처분했다.

정크선의 선수는 평탄하고 용골이 지나가는 선저도 평평하다. 격벽을 질러 여러 선창으로 나뉘어 있는 정크는 높은 선미루를 가진 중국 고유의 범선이다. 마스트는 일반적으로 3개였다. 마스트마다 거친 목면으로 만든 네모난 세로돛을 대나무나 부목으로 단단히 붙들어 맨 것이 특징이었다.

모로코 출신의 여행가 이븐 바투타는 캘리컷[26]에 체재하고 있을 무렵 13척의 시나선(정크)이 입항하는 모습을 목격하고 다음과 같이 기록했다. "시나의 배는 3종류로 가장 큰 배를 '정크', 중형을 '자우', 소형을 '카캄'이라고 한다. 주로 자이툰(취안저우)이나 쉰 칼란, 즉 쉬눗 쉰(광저우) 등지에서 건조된다. 배에는 갑판이 4개 있고 상인을 위한 선실이 있다. 그 안에는 작은 방과 살림도구가 있으며 열쇠를 채울 수 있게 되어있다. 선실에 틀어박혀 있으면 다른 사람들 눈에 띄지 않은 채 목적지까지 가는 것도 가능하다. 대형선에는 1,000명이 탄다. 선원

---

26) 인도 서남부 말라바르 연안의 케랄라 주의 항구도시이다. 인도에서 두 번째로 큰 광역도시권이며, 옛날부터 향신료 산지 및 거래로 유명했다. 코지코드라고도 부른다.

600명과 전투원 400명으로, 전투원 가운데는 총수와 방패수, 궁수 등이 있다. 각 대선에는 3척의 작은 배가 뒤따르는데, 이 3척의 배는 모선에 비해 그 '절반'이나 '3분의 1' 혹은 '4분의 1'의 크기이다"(前嶋信次 역, 『三大陸周遊記』). 초대형 정크가 이슬람세계와의 교역에서 사용되었다는 사실을 알 수 있다.

1317년경 페르시아 만 호르무즈를 출항하여 광저우까지 항해한 프란체스코파 수도사 오도릭은 선원과 상인을 합쳐 족히 700명이 넘는 사람들과 함께 승선한 사실을 기록으로 남겼다. 이러한 예는 이븐 바투타의 이야기를 방증하고 있다. 대형 정크가 동서 해역을 연결했던 것이다.

중국 상인 가운데는 거부를 자랑하며 각지에 상선을 파견하는 사람도 있었다. 이븐 바투타는 "선주의 대리는 왕후와 비슷한 존재로, 상륙할 때는 사수(射手)와 흑인 등이 창, 검, 북, 피리, 나팔 등을 갖고 선도한다. 또 숙소 문 양측에 긴 창을 세워둔다. 시나 사람 중에는 많은 배를 가진 사람이 있어 대리인을 여러 외국으로 파견한다. 세계에서 시나 사람만큼 많은 재보를 가진 사람은 없다"(前嶋信次 역, 『三大陸周遊記』)라고 그 부유함을 지적하고 있다.

쿠빌라이 칸(재위 1260~1294)을 17년간 섬겼던 마르코 폴로는 1290년 자이툰 항을 출발했다. 마르코 폴로가 탄 배는 일 칸국의 아르군 칸(재위 1284~1291)에게 시집가는 17세의 딸을 배웅하기 위해 구성된 14척의 선단 가운데 한 척이었다. 그 중에는 4개의 마스트에 12장의 돛을 올리고 250명이나 되는 선원이 탄 거대한 목조선도 있었다. 중국에는 이 배가 1,000톤이 넘었을 것이라고 추정하는 학자도 있다. 15세기 중엽까지 중국은 세계 굴지의 조선 대국이었으며, 자이툰은 외항선의 건조지로도 널리 알려져 있었다. 『원사(元史)』 세조본기(世祖本紀)에는 1281년 2월 푸젠성 좌승(左丞) 포수경(蒲壽庚)이 해선 200척을 건조하라는 명을 받고 50척을 완성했으나 백성들의 고충을 감안해 건조를 중지했다는 기술이 있다.

마르코 폴로가 방문한 아시아 바다

원과 이슬람세계 사이의 활발한 교류와 교역을 엿볼 수 있는 것이 '청화(靑花)'자기이다. 청화자기는 딱딱한 중국 도자기의 표면에 이슬람세계가 애호하는 페르시아 산 코발트 염료를 사용하여 페르시아 도기 기법으로 모양을 그린 것으로 원대에 크게 유행했다. 청화자기는 일본에서도 매우 익숙한 것이지만 본래는 서아시아를 겨냥한 수출 상품이었다. 명(明, 1368~1644)이 해금정책을 펴 이슬람세계와의 무역이 쇠퇴하고 코발트 염료도 들어오지 않게 되자 결국 청화자기는 자취를 감췄다. 단 예외적으로 정화(鄭和) 함대가 인도양을 항해한 시대에는 양질의 코발트를 구할 수 있어서 질 좋은 청화자기가 생산되었다. 나중에는 청화자기를 대신해 도자기에 빨간색 모양을 그려 넣는 기법(赤繪)이 유행했다.

마르코 폴로가 승선한 원나라의 정크 선단은 1290년 취안저우를 출항하여 2년 반에 걸쳐 유라시아 남부를 항해해 1293년 2월경 페르시아 만 호르무즈에 입항했다. 하지만 그때는 불행하게도 코가친 공주의 결혼 상대인 일 칸국의 아르군 칸이 이미 세상을 떠난 뒤였다. 어쨌건 임무를 마친 마르코 폴로는 고향 베네치아로 가는 귀로에 올랐다.

마르코 폴로가 탔던 정크 선단이 호르무즈로 가기까지의 항로는 다음과 같았다. 타이완 해협에 면한 자이툰을 출항한 뒤 중국 연해를 남하하여 해남도(海南島) 앞바다를 통과해 베트남 중부 참파에 이르렀다. 참파는 취안저우에서 서남서 방향으로 약 2,400킬로미터 떨어진 곳에 있는 베트남 중부의 부유한 대국이었다.

그 뒤 선단은 싱가포르 해협의 빈탄 섬을 경유하여 말라카 해협으로 들어갔다. 말라카 해협에 들어서면 해협을 따라 기다란 수마트라 섬이 끝도 없이 계속된다. 마르코 폴로는 수마트라 섬을 주위 약 3,200킬로미터의 8개의 왕국으로 이루어진 '작은 자바 섬'이라고 기록하며 이렇게 이야기했다. "이 섬에는 값비싼 향신료, 침향(沈香), 소목(蘇木), 흑단 외에 각종 향료가 풍부하여 부를 얻기에 더할 나위 없이 좋은 곳이지만 거리가 멀고 항해하기 어려워 이러한 부는 유럽으로 건너가지 못하고 오로지 만지나 카타이의 여러 지방으로만 전해진다"(愛宕松男 역, 『東方見聞錄』). 이를 통해 수마트라 섬이 '만지와 카타이', 즉 중국 무역권에 속해 있었음을 알 수 있다. 그는 수마트라 섬 페를렉국(國)의 일부 주민이 이슬람으로 개종했다는 사실도 언급하고 있다.

마르코 폴로는 말라카 해협에서 나아가지 못하고 수마트라 섬의 사마트라 왕국에서 5개월간 체류했다. 몬순이 불기 시작하는 것을 기다린 것이다. 이윽고 선단은 말라카 해협을 통과하여 벵골 만으로 들어가 니코바르 제도와 안다만 제도를 거쳐 벵골 만을 횡단한 뒤 세일론 섬에 도달했다. 세일론 섬은 양질의 소목, 루비, 사파이어, 황옥(黃玉), 자수정, 석류석 등의 보석류가 풍부하게 산출되는 '보석의 섬'으로 인도양 교역의 중심이었다.

선단은 그 뒤 인도 반도 주변 해역으로 진입했다. 인도 동해안의 대(大)마아바르('통로, 나루터'의 의미, 코로만델 지방) 지방에 대해 마르코 폴로는 양질의 큰 진주가 나는 곳이라고 설명하고 있다. 또 이 지방의 5개 왕국에는 말이 없기 때문에 호르무즈, 자팔, 시에르, 아덴 등지의 이슬람 상인이 매년 수천 마리의 말을 들여왔고, 왕은 징수한 세금 가운데 많은 부분을 말 구입에 할애했다고 전하고 있다. 인도 지방에서는 말을 관리하는 데 익숙하지 못해 많은 말이 죽었다. 한해가 지나면 각 왕이 보유하는 말의 수가 100마리 정도로 감소했기 때문에 보급이 필요했던 것이다.

그 뒤 선단은 인도 반도를 우회했다. 인도 반도 남부의 코일룸(故臨, 아라비아어로 쿠람, 현재의 퀼론)은 중국 상인의 서쪽 거점이었다. 이슬람 상업권과 중국 상업권을 연결하는 중계항으로서 정크와 다우가 화물을 옮겨 싣는 곳이었다. 코일룸에는 많은 이슬람 상인이 거주하고 있었다. 마르코 폴로는 코일룸에 대해 "이 나라에는 만지, 아라비아, 근동 각지에서 상인들이 모여들어 무역이 활발하게 이루어지고 있다. 그들은 각자 자국의 산물을 배에 잔뜩 싣고 와서 이 왕국의 상품을 사들여 되돌아간다"고 서술했다.

인도 서해안의 멜리바르(말라바르) 지방은 후추의 산지로 세계적으로 알려져, 각지에서 상선이 몰려들었다. 마르코 폴로는 이곳의 후추가 동서에 걸쳐 넓은 판로를 갖고 있는 점에 대해 이렇게 말했다. "외국 상인이 이 땅의 산물을 구입하기 위해 상선을 타고 올 때 대체로 어떤 것을 싣고 오는가 하면 구리와 금으로 짠 직물, 호박단(琥珀緞)[27], 금, 은, 정향(丁香), 감송향(甘松香)과 같은 이 나라에 없는 상품들이다. 그 중에서도 구리는 배 바닥에 깔아 배를 안정시키는 역할도 한다. 이러한 상품은 모두 이 나라의 토산품과 교역된다. 각지에서, 예를 들면 대(大)만지국과 같은 나라에서 다수의 상선이 내항한다. 그리고 상인들은 누구라도 이 땅에서 사들인 상품을 각지에 되파는데, 아덴으로 가져간 상품을 다시 알렉산드리아로 운반하는 것은 그 한 예이다"(愛宕松男 역, 『東方見聞錄』). 대만지국은 중국을 말한다.

이어서 선단은 인도 서북부까지 연안을 따라 북상했다. 마르코 폴로는 면포의 산지인 캄바에트 왕국(캄베)에 관해 "이 왕국은 교역이 활발

---

[27] 비단의 일종.

하고, 양질의 쪽(藍)이 풍부하다. 질긴 마포나 목면포도 대량으로 생산되어 각 지역과 왕국에 수출되고 있다. 상인들은 배에 싣고 온 자국 상품을 이 땅에서 나는 산물, 특히 금, 은, 동, 아연화(亞鉛華)와 교환해간다. 그들은 자국의 산물을 들여와서 이 왕국에서 산출되는 상품 중 이익이 많이 날 것으로 보이는 물품을 구입해 돌아간다"라고 말하고 있다.

이러한 항로를 더듬어간 선단은 1293년 2월경 페르시아 만 호르무즈에 도착했다. 마르코 폴로의 기나긴 여정이 끝난 것이다. 참고로 마르코 폴로가 탔던 선단의 항로는 후일 정화 함대의 항로와 기본적으로 겹친다. 마르코 폴로는 타브리즈에서 약 9개월간 체류한 뒤 아르메니아, 흑해 연안의 트레비존드, 콘스탄티노플을 거쳐 1295년 베네치아로 귀환했다. 마르코 폴로는 그 후 제노바와의 전쟁에 참가하여 포로가 되어 수감된다. 마르코 폴로가 옥중에서 말한 재미있고 신기한 아시아 체험담을 피사의 문필가 루스티켈로가 기록하여 『동방견문록』(원제는 『세계의 기술』)을 완성했다. 1298년부터 다음해에 걸친 일이었다. 마르코 폴로는 1324년 세상을 떠났다.

3. 정화의 남해원정

▌ '바다의 제국'의 종언과 대함대

약 90년간 계속되었던 원 제국이 멸망하자 중국은 명나라에 의해 전통적인 중화 제국으로 회귀했다. 빈농 출신으로 명나라를 건설한 홍무제(洪武帝, 재위 1368~1398, 朱元璋)는 화북 평원과 장강(長江) 중하류 평원의 접점에 위치한 금릉(金陵, 南京)을 수도로 삼고 전통 사회를 부활시켰다. 그러나 제3대 영락제(永樂帝, 재위 1402~1424)의 시기가 되면 몽골고원의 입구에 해당하는 베이징으로 천도하여, 베이징과 난징이라는 2개의 도시를 축으로 중화세계가 재편되었다.

주원장은 바다세계에 대해서 민간 상인의 해외 무역을 완전히 금지하는 해금정책을 취했다. 명나라를 세울 때 경쟁 상대였던 장사성(張士誠)의 잔당이 당시 연해 지역을 유린하고 있던 왜구 세력과 결탁하는 것을 우려했기 때문이었다. 연해 요충지에 위소(衛所)[28]를 설치하여 상인들의 무역 활동을 단속했다. 이러한 정치적 결단으로 인해 몽골 제국 시대에 남인도와 페르시아 만까지 이르렀던 중국 상인의 거대한 상업권은 급속하게 축소될 수밖에 없었다.

그러나 중국은 15세기 중엽까지 세계 최대의 조선국으로서 해양(오션) 제국이 될 수 있는 힘을 계속 보유하고 있었다. 그러한 점은 영락제가 6회에 걸쳐 인도양에 파견한 2만 7,800여 명으로 구성된 정화 함대의 남해원정을 통해서 알 수 있다.

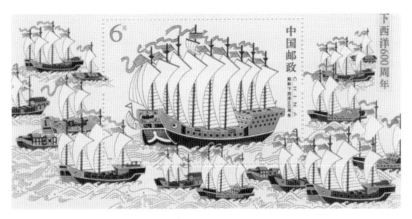

그림 3-2 원정 600주년 기념우표에 표현된 정화함대

---

28) 중국 명나라의 하위 병제(兵制)로, 중앙에 오군도독부(五軍都督府)를 두고, 지방에 도지휘사사(都指揮使司)를 두었으며, 다시 그 아래에 위(衛), 천호소(千戶所), 백호소(百戶所)를 두었다.

1405년 일본의 아시카가 요시미쓰(足利義滿)는 교토의 북산제(北山第)에서 명의 사절을 접견하여 금인(金印)과 감합부(勘合符) 100도(道)를 수령하고 명 제국의 책봉체제(册封體制) 아래로 들어갔다. 같은 해 정화(1371~1434?)는 영락제의 명을 받아 보선(宝船, 西洋宝船, 西洋大船이라고도 한다)이라고 하는 대형 정크 62척과 승조원 2만 7,800여 명을 이끌고 제1차 남해원정에 나섰다. '보선'이라 불리는 거대 정크는 길이 44장(丈, 150미터), 폭 18장(62미터)으로 당시로서는 상상을 초월하는 크기의 배였다. 대형선만으로 함대를 편성하면 항해가 불가능했기 때문에 100척 정도의 작은 배를 더해 모두 200척 정도의 선단을 조직한 것으로 추측된다. 명나라는 세계에서 으뜸가는 조선 대국이었던 것이다.

그러나 정화의 보선은 현측에 대포를 적재한 나중의 유럽 군함과는 달랐다. 선체를 충돌시키거나 배를 접근시켜 적선으로 건너가 전투를 벌이는 전통적인 함선이었다. 2만 7,800여 명으로 조직된 함대는 외교, 교역, 함선 조종, 전투 등 다양한 역할을 수행할 수 있도록 복잡하게 구성되어 있었다. 우선 중추에 자리 잡았던 것은 정사태감(正使太監), 감승(監丞), 소감(小監), 내감(內監), 환관(宦官, 황제의 종복)을 중심으로 하는 사절단이었다. 그 외에 외교를 담당하는 몇 명의 홍려사서반(鴻臚寺序班)과 교유(敎諭), 천체와 기후를 관측하는 음양관(陰陽官)과 음양생(陰陽生), 의사, 화장(火長, 항해사), 조타수, 닻을 다루는 반정수(班碇手), 돛을 올리고 내리는 승조원, 수리와 보수를 도맡아 하는 목수, 병사, 적재 화물의 관리를 담당하는 관리, 통역 일을 하는 통사(通事), 무역 실무를 담당하는 매변(買弁), 기록을 담당하는 서산수(書算手) 등으로 구성되어 있었다.

정화 함대에 관한 기록은 환관의 대두를 경계한 관리의 손에 의해 소각되어 현재 남은 것이 거의 없다. 단 명나라 말기인 1621년에 편찬된 모원의(茅元儀)의 『무비지(武備志)』에 정화 함대가 항해에 사용한

'해도'가 수록되어 있다.

정화 함대가 남긴 거대한 족적

정화 함대가 사용한 해도를 보면 동남아시아·벵골 만과 인도양에서는 전혀 다른 항법이 채택되고 있었음을 알 수 있다. 전자의 해역에서는 나침반과 육지 경관에 의거하는 중국의 전통적인 항법을 사용했고 후자의 경우는 이슬람의 천체 항법을 이용했다. 유라시아 남부의 광대한 해역에서 두 개의 커다란 바다세계가 결합되어 있었음을 정화 함대가 이용한 '해도'를 통해서도 알 수 있다. 정화 함대는 오랜 바다의 역사 속에서 축적된 항로와 해도에 관한 지식을 이용하는 것만으로 충분했다. 새로운 항로를 개척할 필요도 없었고 그러한 의도도 갖고 있지 않았다.

함대를 파견한 이유에 대해서는 여러 가지 설이 존재하지만 밝혀진 것은 없다. 그 가운데 중요한 것을 살펴보면 정난(靖難)의 변으로 행방불명이 된 전 황제 건문제(建文帝)를 추적하기 위해서였다는 설, 명 제국에 마지막까지 저항한 장사성의 잔존 해군을 활용하기 위해서였다는 설(왜구 세력 등과 결부되는 것을 막기 위해), 당시 명나라 원정을 시도하고 있던 티무르(1336~1405) 군에 맞서 해상 동맹을 결성하기 위해서였다는 설, 제국의 세력을 과시하여 조공을 촉진시키기 위해서였다는 설 등이 있다. 주로 국위 선양과 국영 무역이라는 동기에서 비롯된 원정이라고 보는 것이 타당할 것이다. 이러한 목적의 항해라면 기존 항로를 활용하는 편이 더 나은 것은 물론이다.

정화 함대는 제3차 원정까지 매우 짧은 간격으로 연속적인 항해를 반복했다. 제1차(1405~1407), 제2차(1407~1409), 제3차(1409~1411)와 같이 원정은 중단 없이 계속되었다. 모든 원정의 목적지는 후추 산지로 유명한 인도 서해안의 중심 무역항 캘리컷(古里)이었다.

원 제국 이래 캘리컷은 인도양 무역권의 중심 항구로 널리 알려져 있었다. 원나라 말기에 왕대연(王大淵)은 『도이지략(島夷志略)』(1340년경)에서 캘리컷을 '거해(巨海)의 요충'이라고 했다. 후일 바스쿠 다 가마(1469~1524)가 이슬람세계의 물길 안내인 이븐 마지드를 앞세워 입항한 곳도 캘리컷이었다. 정화는 첫 번째 항해 때 캘리컷에 기념비를 세웠다고 전해진다. 함대가 캘리컷에서 입수한 것은 후추, 아라비아산 유향(乳香), 산호, 진주 등이었다.

전환점이 된 항해는 제4차(1413~1415) 원정이었다. 목적지가 페르시아 만 입구의 호르무즈로 바뀐 것이다. 이 원정에는 이슬람교도 마환(馬歡)과 서안(西安)에 있는 이슬람 사원의 장교(掌敎) 하산 등이 아랍어와 페르시아어 통역관으로 참가했다. 항로는 서쪽으로 25일간 연장되어 호르무즈까지 늘어났다. 호르무즈는 캘리컷에 매년 대량의 군마를 실어 보내는 항구였기 때문에 노선을 늘리는 것은 그다지 어려운 일이 아니었다.

이 원정에서는 향유(香油)고래의 내분비물을 원료로 하여 만드는 진귀한 향료 용연향(龍涎香)을 입수하기 위해, 19개의 환초군(環礁群)과 약 2,000개가 넘는 산호초로 이루어진 인도양 상의 아름다운 산호 제도 몰디브에 분견대를 파견했다. 남인도 남서부에 남북으로 퍼져 있는 몰디브 제도는 말라야람어의 말라('약간 높은'이라는 뜻)와 지바('섬들'이라는 뜻)의 합성어이다. 현재는 215개의 섬에 이슬람교도가 살고 있다.

제5차 원정(1417~1419) 때는 분견대가 몰디브 제도에서 동아프리카의 모가디슈와 브라와 등지로 가서 기린, 타조, 사자, 얼룩말과 같은 진귀한 동물을 구해 중국으로 들여왔다. 이때 흑인 사절도 동반했다. 당시의 문헌은 그러한 동물들을 "산과 바다에 숨어있는 영물(靈物),

모래 속 깊은 곳에 사는 위대한 보물(偉寶)" 등으로 기록하고 있다. 바다 건너편에서 온 동물은 많은 사람들을 놀라게 했다.

제6자(1421~1422) 원정의 복적은 제5차 원정 시 중국으로 초대한 호르무즈 등 16개 나라의 사절들을 귀국시키는 것이었다. 이 원정에 대해서는 기록이 거의 남아 있지 않다. 새롭게 천도한 베이징의 궁전이 벼락으로 소실되는 비상 상황 속에서 이루어진 항해이기도 했다. 1424년 영락제가 서거하자 천도에 따른 재정난의 이유도 거들어 막대한 비용이 드는 원정은 중지되었다. 환관을 중심으로 한 원정에 대해 반발하는 관료도 있었다. 전통적인 농업 제국으로 회귀하기를 원하는 명은 바다의 제국이 되는 것을 바라지 않았던 것이다.

정화는 함대의 지휘관 자리에서 내려와 난징의 수비 대장으로 임명되었다. 물론 함대도 해산되었다. 그러나 제5대 황제 선덕제(宣德帝) 시대에 마지막 원정(1431~1433)이 이루어졌다. 60세를 넘긴 정화는 보선 61척, 승조원 2만 7,550명을 이끌고 페르시아 만 입구의 호르무즈 항으로 가 50일간 체류했다. 이때 분견대가 아라비아 반도와 아프리카 동해안 각지를 돌았고, 사절의 일부는 처음으로 이슬람교의 성지 메카를 방문했다고 한다. 정화는 원정 도중 인도 서해안의 캘리컷에서 세상을 떠났다는 설도 있고, 1434년에 귀국한 뒤 사망했다는 이야기도 있지만 자세한 것은 확실치 않다. 하지만 그의 파란만장한 인생에 돌연 종지부가 찍힌 것은 분명하다.

정화의 항해를 마지막으로 '바다세계'에서 중국의 후퇴는 결정적인 것이 되었다. 그의 죽음과 함께 송나라 이후 지속되었던 바다의 제국 시대가 막을 내린 것이다.

4장
바이킹과 북방 해역 개척
– 북쪽부터 개척된 해양세계

제4장 바이킹과 북방 해역 개척
– 북쪽부터 개척된 해양세계

1. 바이킹세계의 확대

바이킹과 '북쪽의 지중해' 발트 해

이슬람 상인이 남쪽 해역에서 활약하던 8세기에서 11세기까지의 시기, 북쪽의 넓은 해역을 개척한 것은 바이킹이었다. '바이킹 시대'에 북대서양, 북해와 러시아의 여러 강을 아우르는 일대 교역권이 만들어지고, 17~18세기에는 러시아가 시베리아의 여러 하천과 북태평양, 오호츠크 해를 개척해갔다.

스칸디나비아 반도 남쪽 발트 해 주변에 거주하는 바이킹은 한랭기후 하에서 농업과 어업에 종사하고 있었다. 그러나 그들은 교역과 식민으로 생계를 보조하지 않으면 살아가기 힘든 상황이었다. 푸른 눈을 하고 금발 머리에 키가 큰 바이킹은 빙하가 침식하여 생긴 '피오르'[29]라고 하는 좁고 깊은 후미에 살고 있었기 때문에 북구어로 '후미'를 의미하는 vik에서 '바이킹'이라는 말이 유래했다. '후미에서 온 사람들' 정도의 의미이다. 거주 지역에 따라 그들을 노르웨이인, 데인인,[30]

---

[29] 峽灣이라고도 한다. 빙하 침식으로 해안가에 만들어진 좁고 깊은 후미. 스칸디나비아를 비롯한 북유럽과 그린란드 같은 곳에 많이 보인다.

스웨덴인으로 구분해 불렀다.

바이킹이 주로 활동한 해역은 북방의 '지중해'라고 할 수 있는 발트 해였다. '발트'는 라틴어 '바르테우스(띠)'에서 유래한 것으로 '띠처럼 에워싼 바다'라는 의미이다. 발트 해 가장 안쪽에 위치한 것이 겨울에 결빙하는 보스니아 만이다.

발트 해에서 북해로 가기 위해서는 출구에 유틀란트 반도가 가로막고 있어 3개의 좁고 지나기 어려운 해협을 통과해야만 했다. 해협에는 많은 섬들이 늘어서 있어 항로를 정하기 힘들고, 좁은 수로와 곳곳에 자리한 얕은 여울, 동쪽에서 서쪽으로 흐르는 조류, 빈번하게 발생하는 안개 등이 항해를 가로막았다. 3개의 해협 중 많은 배가 이용한 스칸디나비아 쪽의 외레순 해협(셀란 섬과 스칸디나비아 반도 사이에 위치, 가장 좁은 부분은 5킬로미터)은 1429년부터 1857년까지 5세기 동안 덴마크의 관리 하에 있었다.

▌바이킹이 조종한 롱쉽과 크나르

발트 해 주변에는 배를 만드는 데 필요한 오크 목재, 마스트용 스칸디나비아 소나무, 돛천과 밧줄의 재료인 마(麻)나 아마(亞麻) 등이 풍부해 선박 건조가 활발했다. 바이킹도 길이 20미터에서 30미터, 폭 6미터, 무게 20톤 정도의 몸집이 가볍고 흘수선이 얕은 전투용 선박 롱쉽[31]을 만들어 바다와 강을 자유자재로 항해했다. 바이킹의 배는 오

---

30) 바이킹 시대에 스칸디나비아 남부에 살았던 북게르만인의 일파. 9~11세기에 영국과 아일랜드를 공격하기도 했으며, 10세기에 덴마크 왕국을 세웠다. 오늘날 덴마크인을 가리키는 용어이기도 하다.

31) long ship. 바이킹의 배처럼 길이가 길고 폭이 좁으며 흘수선이 얕은 배를 통칭하여 '롱쉽'이라 하고, 14세기의 캐러벨 선과 같이 대양 항해에 적합하게 가운데 폭이 넓고 흘수선이 깊은 배를 '라운드 쉽(round ship)'이라고 한다.

그림 4-1
고스타트 바이킹
선(오슬로,
바이킹박물관)

크나무를 선재로 하여 용골에서 좌우로 늑재(肋材)를 내달고 마치 지붕기와를 쌓는 것처럼 외판을 겹쳐 붙였다.

바이킹은 북쪽 바다의 강한 파도를 이기기 위해 선수와 선미를 극단적으로 치켜 올린 가늘고 긴 배를 사용했다. 선수에 용머리 등의 장식을 달고 현측에는 적, 흑, 백색으로 채색한 방패를 늘어세웠다. 1개의 마스트에 같은 색으로 칠한 가로돛을 달고 빠르게 나아갔다. 배는 사각 가로돛을 갖추고 있었지만 보통은 15개에서 20개의 노를 저어 전진했다. 나중이 되면 60개의 노를 갖추고 60명에서 150명이 타는 대형선도 출현하게 된다. 교역에 이용된 것은 '크나르(Knarr)'라고 불리는 대형선이었다.

바이킹은 주신(主神) 오딘의 마음을 달래고 그 보호를 받기 위해 노예와 죄수를 산 채로 제물로 바쳤다. 배를 진수할 때에는 많은 사람의 피가 흘렀다고 한다. 오늘날 배의 진수식이나 명명식(命名式)에 붉은 포도주를 사용하는 것은 피 대신 레드 와인을 사용하게 되었기 때문이라고 한다.

바이킹의 배는 관습적으로 키를 우현에 달았다. 켈트인은 '오른쪽'을 길운, '왼쪽'을 악운이라고 여겼는데 이런 생각은 바이킹의 경우도 마찬가지였던 것 같다. 노는 블레이드[32] 부분이 길어 선저보다 깊은 위치에서 물을 저을 수 있었다. 참고로 오늘날 배의 우현을 영어로 스타보드(starboard), 좌현을 포트(port, '항구'의 의미)라고 부르는데, 이는 예전에 배를 맬 때 키에 손상이 가지 않도록 좌현을 접안시킨 데에서 비롯한다. 스타보드란 말은 키를 달아놓은 현인 스티어보드(steerboard, '키를 조종하는 현'이라는 의미)에서 유래한다. 배의 조종을 책임지는 선장은 당연히 키가 있는 우현에 있어야 했기에 선장실은 스타보드에 설치했다. 여객선에서 좌현보다 우현을 더 좋은 자리라고 여기는 이유는 그 때문이다.

▌ 최초로 아메리카 대륙에 도착하다

북쪽의 거친 바다에서 단련된 바이킹의 항해 기술은 해도를 사용하지 않고도 노르웨이에서 아이슬란드까지 단 9일 만에 주파할 수 있을 정도로 매우 뛰어났다. 야간에 배가 침로에서 벗어나면 배에서 기르던 매나 까마귀를 날려 보내 새가 날아간 방향으로 육지 위치를 확인했다고 한다.

바이킹은 발트 해와 스칸디나비아 반도를 중심으로 3개의 항로를 개척했다. 발트 해에서 동쪽으로 향하는 것이 오스토베크(동 항로), 북해 서쪽을 항해하는 것이 베스터베크(서 항로), 스칸디나비아 반도 북쪽으로 올라가 그린란드에 이르는 것이 노레베크(북 항로)이다. 노르웨이는 그 중 하나인 북 항로에 면한 땅이라는 의미이다.

10세기가 되면 노르웨이인은 아이슬란드와 그린란드에서 아메리카 대륙 북부로까지 항로를 늘려갔다. 바이킹의 지도자 레이프 에릭손은 그린란드 남서부에 식민지를 개척했다. 대서양과 북극해 사이에 가로

---

32) 물을 젓는 넓적한 부분.

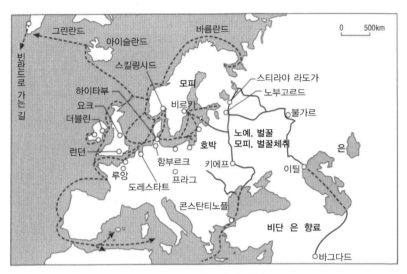

그림 4-2 바이킹의 세계

놓인 세계에서 가장 큰 섬인 그린란드는 토지 전체의 85퍼센트가 빙하로 덮여 있지만, 에릭손은 이 섬을 '녹색 섬'이라고 이름 짓고 식민을 촉진했다. 에릭손은 또 그린란드에서 남쪽으로 진출해 북아메리카의 체사피크 만 부근에 도달했다. 그는 겨울에도 풀이 자라는 그 땅을 '빈란드(포도의 땅)'라고 불렀다.[33] 최초로 대서양을 횡단해 아메리카 대륙에 도달한 사람은 바이킹이었다.

유럽을 뒤흔든 바이킹

바이킹의 일파인 데인인과 노르웨이인의 침략 때문에 골치를 썩인

---

33) '빈란드'는 오늘날의 캐나다 뉴펀들랜드로 여겨지고 있다. 바이킹이 이곳에 온 것은 사실이지만 실제로 상륙하여 정착했는지는 확실치 않다. 현재 뉴펀들랜드의 북쪽 끝 랑스 오메도즈에는 바이킹의 정착촌을 복원한 기념공원이 있고 '세계문화유산'으로 등록되어 있지만, 학자들은 이 유적지가 레이프 에릭손 시대에 만들어진 것인지에 대해 회의적이다.

곳은 강력한 통치자가 없었던 서프랑크 왕국(현재의 프랑스)이었다. 서프랑크의 카페 왕조(987~1328)는 노르웨이 계 바이킹 지도자 로로(860경~933)가 진출한 지역을 영토로 인정하여 노르망디 공국을 세우게 하고 그 대가로 바이킹의 침략을 막도록 했다. 프랑스 북부의 낙농지대 노르망디 지방이 바로 그곳이다. 이 지역은 한랭한 기후로 인해 포도 재배가 불가능하여 포도주는 생산되지 않지만 바이킹이 고향에서 이식한 사과로 만든 '칼바도스'라는 브랜디로 널리 알려져 있다.

1066년 노르망디 공 윌리엄(1027경~1087)은 군선 700척을 포함한 3,000척의 배를 거느리고 폭이 32킬로미터에 불과한 도버 해협(프랑스어로는 칼레 해협) 건너편의 잉글랜드를 공략해 노르만 왕조(1066~1154)를 세웠다. 영국에서는 이를 흔히 '노르만 정복'이라고 한다. 백년전쟁(1339~1453)으로 영국과 프랑스가 서로 다른 나라가 될 때까지 영국의 공용어는 프랑스어였다. 예를 들어 영어의 beef(쇠고기), mutton(양고기), pork(돼지고기) 등은 프랑스어에서 유래한 말이다. 살아있는 소를 영어로는 ox, 프랑스어로는 boeuf라고 하는데 이것만 보아도 그 유래를 짐작할 수 있다.

999년 지브롤터 해협을 넘어 이슬람교도의 용병으로 활약하고 있던 프랑스 바이킹의 후예는 시칠리아 섬을 점령하고 머지않아 남이탈리아까지 영토를 확대했다. 이것이 바로 양시칠리아 왕국이다.

2. 러시아 건국과 한자 동맹의 대두

▎호박(琥珀)의 길을 되살린 이슬람 교역권

발트 해 가장 안쪽 지역에 거주하던 스웨덴인은 주로 러시아의 하천을 이용하여 이슬람세계와 교역했다. 러시아의 원형은 스웨덴 계 바이킹에 의해 만들어졌다.

러시아에는 모스크바('늪과 연못이 많은 강'의 의미) 북서쪽에 있는 표고 약 340미터의 발다이 고지(高地)를 분수령으로 하여 남쪽의 흑해 와 카스피 해, 북쪽의 발트 해를 향해 큰 강들이 흐르고 있다.34) 바이 킹은 강과 강을 연수육로(連水陸路, portage)로 연결하여 러시아를 '강 의 나라'로 만들었다. 강은 러시아의 '고속도로'로, 북쪽의 삼림지대와 남쪽의 스텝지대를 잇는 연결고리이기도 했다. 러시아의 주요 도시 키예프, 노브고로드, 모스크바, 볼고그라드, 아스트라한은 모두 큰 강 유역에 위치한다.

하천을 이용한 러시아의 교역은 이미 고대부터 시작되었다. 그 증 거가 '호박'이다. 호박송의 수지가 화석이 되어 생기는 호박은 정전기 를 일으키기 쉬워 신비한 돌로 숭배의 대상이 되었다. 호박의 세계적 인 산지가 발트 해의 에스토니아 지방이었다. 바다가 거칠어지면 해 저에 퇴적된 호박송의 수지 화석이 해변으로 떠올랐다. 호박을 운반 하는 '호박의 길'로 유명한 것은 로마 제국에 이르는 수송로이다. 약 20센티미터나 되는 거대한 호박으로 만든 아시리아 왕의 부조상이 출 토되고 히타이트의 태양신 조각이 리투아니아에서 발굴되는 사실로 보아 러시아의 볼가 강도 오래전부터 '호박의 길'로 이용되었음을 알 수 있다.

러시아의 '강길'이 다시 되살아난 이유는 아바스 제국(750~1258)의 이슬람 교역 네트워크와 러시아의 '강길'이 연결되었기 때문이다. 이 슬람세계도 비단을 널리 생산하게 되면서 러시아 삼림에서 얻는 모피

---

34) 발다이 고지는 '발다이 구릉 지대'라고도 하며, 상트페테르부르크와 모스크 바 사이에 위치한다. 볼다 강, 서드비나 강, 로바티 강 등 유럽권 러시아의 주요 강들이 발원하며 수많은 호수들이 있다.

가 중요한 상품이 된 것이다. 발트 해 안쪽에 살던 스웨덴 계 바이킹은 카스피 해로 흘러드는 볼가 강을 이용하여 러시아에서 거둬들인 막대한 양의 모피를 이슬람세계로 운반해 은과 교환했다.

바이킹이 남긴 약 20만 개에 이르는 대량의 은화가 러시아와 발트 해 주변 각지에서 출토되고 있는데, 그 절반은 이슬람세계와의 모피 무역에서 중심 역할을 했던 발트 해의 고트란트 섬에서 출토된 것이다. 『도설(圖說) 바이킹의 역사』(Bertil Almgren 편저)는 은화에 관해 다음과 같이 말한다. "출토된 은화가 교역을 통해 섬으로 유입된 은화의 총량을 나타내는 것은 물론 아니다. 총량을 추정하기는 어렵지만 만약 교역을 통해 유입된 1,000개의 은화 중 한 개만 출토되었다고 치면(이는 너무 낙관적인 계산이지만), 교역이 가장 활발했던 1세기 반 동안 고트란트 사람은 1억 개 이상의 은화를 손에 넣었다고 볼 수 있다."

이슬람세계에서 들어온 은화는 대부분 실크로드의 중심이었던 '서투르키스탄'의 사만 왕조가 발행한 은화였다. 러시아의 '강길'을 통해 스웨덴 계 바이킹이 실크로드 상인과 연결되었음을 알 수 있다.

9세기 중엽 이븐 쿠르다지바는 발트 해와 흑해, 카스피 해를 연결하는 네트워크가 활발하게 된 상황에 대해 이렇게 이야기했다. "루시인은 슬라브인이 사는 아주 먼 곳으로부터 로마인의 바다(흑해)를 건너 콘스탄티노플로 온다. 그리고 이 땅에서 그들의 상품인 비버 가죽과 도검을 판다. 혹은 그들은 슬라브인의 강, 즉 돈 강(볼가 강을 잘못 표기한 것으로 보임-원저자 주)을 거슬러 올라가 하자르인의 중심 도시로 향한다. 그곳에서 그들은 작은 배로 갈아타고 주르잔에서 바그다드로 운반한다. 바그다드에서는 슬라브인 환관이 그들을 위해 통역한다." '루시(루스)'는 슬라브인이 바이킹에게 붙인 이름으로 '배를 젓는 사람'이라는 의미이다. 이것이 '러시아'의 어원이 되었다.

10세기가 되면 초원 지대에 터키 계 유목인이 나타나 바이킹의 교역을 방해했다. 그 결과 이슬람 네트워크와 러시아 삼림 지대는 서로 분리되고 키예프 공국이 들어섰다.

█ 한자 상인이 교역에서 사용한 코그(cog)선

몽골 제국이 유라시아를 제패했던 13~14세기, 몽골 제국의 네트워크와 연결된 지중해, 북해, 발트 해의 교역은 모두 활성화되었다. 몽골 제국에 편입된 러시아와 인접해 있는 발트 해, 북해, 북대서양에도 교역의 파고가 밀려들었다.

발트 해로 흘러드는 트라베 강 하구에서 20킬로미터를 거슬러 올라가면 바케니츠 강과 합류한다. 1158년 무렵 강이 합류하는 지점 중앙 부분에 만들어진 섬을 중심으로 부동항 뤼베크가 건설되고, 상인 조합이 성장했다. 북해로 흘러나가는 엘베 강 하구의 함부르크는 16세기경까지 뤼베크의 외항으로 북해로 가는 관문 역할을 했으나, 얼마 가지 않아 뤼베크를 능가하는 성장을 보여 한자 동맹의 중심 도시가 되었다. 함부르크는 지금도 독일 최대의 항만 도시이다.

13세기 후반에는 플랑드르 지방의 조이데르 해에서 핀란드 만에 이르는 지역의 100개 이상의 상업 도시를 연결하는 한자 동맹이 설립되었다. 한자는 '동료'라는 의미이다. 한자 동맹의 최전성기에는 함부르크, 뤼베크, 브레멘, 리가, 단치히(현재의 그단스크) 등의 도시를 중심으로 하여 모피 집산지인 러시아의 노브고로드, 청어 집산지인 노르웨이의 베르겐, 양모 집산지인 런던 등지에 한자 동맹의 상관이 건설되었고, 도버 해협과 대서양 연안의 브르타뉴 및 포르투갈의 염전을 잇는 항로가 개척되었다.

발트 해의 청어를 독점한 한자 상인은 그것을 염장 처리해 유럽 각지로 내보냈다. 동맹 규칙에 따르면, 11월 11일 이후에는 일반 상선의

그림 4-3 한자 상인의
코그선(그림 福迫一馬)

항해가 금지되고 크리스마스용 청어와 말린 대구를 수송하는 일만 가
능했다. 한자 상인은 청어, 동유럽의 곡물과 플랑드르 지방의 모직물
을 중개하는 무역에도 종사했고 또 노브고로드의 모피 무역을 독점했
다. 한자 상인은 러시아와의 무역에서 모피, 꿀뿐만 아니라 카스피 해
와 볼가 강을 경유해 들어온 서아시아와 중국 등지의 산물도 구입했
다. 몽골 제국의 네트워크는 지중해 교역은 물론 러시아를 경유하여
발트 해 및 북해의 교역도 활성화시킨 것이다.

한자 동맹이 상품 수송에 이용한 배는 길이 30미터, 폭 9미터의 흘
수선이 깊고 무게가 약 100톤에서 200톤가량 나가는 코그선으로, 큰
선창을 갖고 있었다. 코그선은 똑바로 뻗은 선수 꼬리, 1개의 마스트,
큰 사각돛, 선미의 작은 선루, 선미 중앙의 키를 갖추고 있는 것이 특
징이었다. 코그선은 지중해 교역에서도 사용되어 제노바나 베네치아
에도 입항했다. 14~15세기가 되면 지중해 해역의 배도 선미 중앙에 키
를 갖춘 코그선의 구조를 도입한다.

3. 개척되는 해달의 바다

표트르와 바다세계로의 야망

러시아를 유럽의 강국으로 만들어 바다세계로 웅비하고자 한 사람이 표트르 1세(재위 1682~1725)였다. 10살의 나이에 제위에 오른 표트르는 외국인 가정교사와 거류지 외국인으로부터 서구의 기술과 군사, 해사(海事) 등에 관해 배우고, 해양 국가 네덜란드와 영국에 대한 동경과 강한 호기심을 키워나갔다. 그는 유럽시찰단에 신분을 감춘 채 몰래 참가해 영국과 네덜란드를 방문했다. 네덜란드에서는 직접 잔담 조선소의 직인이 되어 조선 기술을 익히기도 했다.

표트르 1세는 스웨덴과의 전쟁(북방전쟁 1700~1721)에서 승리해 발트 해의 패권을 확립하자, 1703년 발트 해로 흘러드는 레나 강 하구에 신도시 상트페테르부르크를 건설했다. 러시아를 바다세계와 연결시킨 것이다. 표트르 1세는 상트페테르부르크에 항해 학교를 개설하고 1715년에는 상급 기관인 해군아카데미를 창설했다. 수도를 모스크바에서 핀란드 만에 면한 상트페테르부르크로 이전한 것이 1712년이었던 점으로 보아 표트르 1세가 천도 당초부터 해외 진출을 꿈꾸고 있었음을 짐작할 수 있다. 그러나 현실은 그리 만만치 않았다. 1723년 표트르 1세는 해군대장 윌스터에게 2척의 함선을 맡겨 마다가스카르 섬을 점령하고 무굴 제국(1526~1858)으로 항해할 것을 명령했으나, 허술한 배는 출항하자마자 폭풍을 만나 발이 묶이고 말았다.

북해의 개척자 베링

표트르 1세는 죽기 3주일 전, 20년간 러시아 해군에서 근무한 덴마크

출신의 '고용 외국인' 베링(1681~1741)에게 아시아 해역을 탐험하도록 지시했다. 탐험대에게 주어진 임무는 캄차카에서 1척 내지 2척의 범선을 건조해 시베리아 동방의 바다를 항해하고 아시아 대륙과 아메리카 대륙이 만나는 해역을 탐사해 지도를 작성하는 일이었다. 아시아와 아메리카가 서로 연결되어 있는지가 아직 불명확했던 시대였다.

마차 33대에 대포, 탄환, 돛, 삭구(索具), 닻, 쇠사슬, 못 그리고 현지에서 조달할 수 없는 물품을 싣고 50인의 대원과 함께 1725년에 수도 상트페테르부르크를 출발한 베링은 9,000킬로미터에 이르는 험로를 지나 1726년 10월 야쿠츠크를 경유하여 오랜 고생 끝에 오호츠크 항에 도착했다. 그 뒤 탐험대는 1728년 3월 오호츠크 해를 건너 캄차카 반도의 항구 니지니 캄차크(현재의 페트로파블롭스크 캄차키)에 도착했다. 상트페테르부르크를 출발한 지 실로 3년 이상의 세월이 지난 뒤였다. 시베리아를 횡단하는 힘든 여정 속에서 베링은 다니엘 디포의 소설 『로빈슨 크루소』를 읽으며 힘을 얻었다고 한다. 당시 상트페테르부르크에서는 『로빈슨 크루소』의 불굴의 정신이 탐험가의 본보기로 여겨졌던 것이다.

베링은 니지니 캄차크에서 약 2개월에 걸쳐 길이 60피트(약 18미터)의 탐험선 성 가브리엘호를 건조했다. 7월 13일 베링과 40인의 승무원은 범선 성 가브리엘호에 1년분의 식량을 싣고 캄차카 강 하구에서 북동쪽을 향해 출발했다. 베링은 현재의 세인트로렌스 강을 발견한 후 나중에 베링 해로 불리게 되는 광대한 해역을 항해했으나, 아시아의 해안선이 북위 67도 18분 이남에서는 아메리카 대륙과 연결되어 있지 않다는 사실만 확인했을 뿐 임무를 달성하지는 못했다.

1733년 베링을 대장으로 600명 정도로 구성된 대규모 탐험대가 다시 조직되었다. 베링의 두 번째 탐험이었다. 탐험 목적은 아메리카 대륙의 해안 발견, 북아메리카 항로 개발, 영토 확장, 항구 확보, 금은 획득 등이었다. 1741년 7월 오호츠크 항에서 건조된 약 80피트(약 24 미터)의 배 2척으로 북아메리카 항로 개척을 목적으로 한 탐험이 시작되었다. 탐험은 고난의 연속이었다. 베링은 극한(極寒)의 섬에서 60세의 나이로 인생을 마감했다. 그 섬은 후일 '베링 섬'이 되었고, 섬을 포함한 열도는 코만도르스키(러시아어로 '대장, 지휘관'의 의미) 제도로 불리게 되었다. 베링 해나 베링 해협 등은 모두 베링을 기념한 명칭이다.

▌해달 모피가 연 북태평양

베링이 생을 마감한 섬은 우연하게도 해달의 대규모 번식지였다. 성 표트르호에 타고 있던 독일인 군의(軍醫)이자 박물학자 스텔라는 해달의 생태를 기록하고 식량으로 포획한 해달의 모피 800장을 갖고 다음 해 1742년 8월 오호츠크로 귀환했다. 스텔라가 베링 섬에서 가져온 대량의 해달 모피는 항해 비용을 모두 제하고도 남을 만큼 고가의 가격으로 팔렸다.

해달 모피는 검은담비로 만든 것보다 품질이 뛰어났다. 해달이 대량으로 분포하는 해역이 발견되자 러시아의 모피 상인들은 광분했다. '골드러시'가 아니라 '부드러운 황금' 러시가 도래한 것이다. 하지만 해달에게는 수난의 시대가 시작되었다. 1740년대 이후 거친 남자들이 짙은 안개가 끼고 강풍이 부는 해역으로 몰려들어 해달 사냥이 급증했다. 사냥터는 장대한 알류샨 열도에서 알라스카, 캐나다로 옮겨갔다.

거친 베링 해에서의 수렵에 익숙하지 않았던 러시아인은, 카약이라는 가죽배를 타고 바다를 드나드는 알류샨 열도의 '바다 사냥꾼' 알류트인을 혹사시켜 해달 모피를 획득하는 데 열을 올렸다. 알류트인의 아내와 아이들을 인질로 잡아 수렵을 강요하는 일도 빈번하게 일어났다. 얼마 가지 않아 많은 모피 상인들이 모여들어 담배, 값싼 일용품, 카약에 사용하는 가죽 등과 해달 모피를 교환했다. 거의 공짜나 다름 없는 가격이었다.

해달은 물개, 강치, 바다사자처럼 지느러미와 다리가 있는 동물이 아니라 족제빗과 식육 동물이다. 족제비나 수달과 비슷한 종류라고 생각하면 된다. 약 100만 년 전부터 바다에서 사는 족제비 혹은 수달인 셈이다. 수달이 긴 꼬리를 유연하게 흔들며 헤엄치는 데 비해 해달은 물갈퀴가 있는 뒷발로 나아간다.

해달은 몸길이 1~1.2미터, 체중 22~45킬로그램(수달은 몸길이 64~82센티미터, 체중 5.5~17킬로그램)의 그다지 크지 않은 몸집의 바다 동물이다. 극한 지대에 사는 동물이나 물고기는 추위로부터 몸을 보호하기 위해 모두 두꺼운 피하지방을 갖고 있다. 그러나 원래 육상 동물이었던 해달은 추운 바다에서 생식하는 동물이라고는 생각할 수 없을 정도로 피하지방층이 얇다. 그러나 실은 바로 여기에 해달 모피가 유럽의 부인들을 매료시킨 비밀이 있다. 해달 모피는 부드러운 털이 촘촘하게 나 있어 어느 방향으로도 나부끼는 최고의 품질을 갖고 있었던 것이다.

해달이 극한의 바다에서 37도의 체온을 유지하며 살아가기 위해서는 모피 속에 단열(斷熱)을 위한 공기를 많이 품고 있어야 했는데, 촘촘하게 들어선 털이 그 역할을 했다. 해달이 털을 다듬는 것은 멋을 부리기 위한 행동이 아니라 끊임없이 단열용 공기를 모피 속에 주입시키기 위해서이다. 단열재 역할을 하는 공기를 항상 품고 있는 해달 모피는 오랜 시간에 걸쳐 보온이 가능한 밀도가 높은 털가죽이다.

해달 한 마리의 모피는 대략 8억에서 10억 올의 털로 되어 있다고 추정된다. 그 밀도는 1제곱센티미터 당 10만 올에서 14만 올로, 세상에서 그보다 더 밀도가 높은 모피 생물은 존재하지 않는다.

해달은 숲속에 숨어 사는 검은담비 등과는 달리 해조가 무성한 해역에서 수백 마리에서 1,000마리 정도가 무리지어 생활한다. 거친 바다라는 조건을 제외하면 해날은 매우 포획하기 쉽고, 운 좋게 무리를 만나면 단번에 많은 모피를 얻을 수 있다. 그야말로 식은 죽 먹기이다. 영국인, 미국인, 스페인인도 해달 모피를 구하기 위해 차례로 북태평양 사냥터로 몰려들었다. 새로운 모피 상인이 계속해서 해달 사냥에 가담해 엄청난 기세로 해달을 살육했다. 그 결과 17세기에는 수십만 마리가 있었다고 추정되는 북태평양의 해달은 급속하게 개체수가 줄어들었다. 그런 한편 러시아의 국고로는 막대한 부가 흘러들어 갔다. 100년 동안 30만 마리의 해달이 포획된 것으로 추정된다.

5장
대항해시대와 대서양 개척
- 대양 시대의 개막

제5장 대항해시대와 대서양 개척
– 대양 시대의 개막

1. 몽골 네트워크가 준비한 대항해시대

대양 시대의 개막

바다가 지구 여러 지역을 연결하는 거대한 네트워크의 장이 되어 인류 사회를 크게 변화시키는 계기가 된 것이 이른바 '대항해시대'였다. 1492년 콜럼버스(1451~1506)가 대서양 항로를 개척함으로써 대서양이 새로운 활동 무대가 되어 대양 시대가 시작되었다. 콜럼버스는 단지 '지팡구의 황금'이라는 환상에 사로잡혀 있었을 뿐 자신의 항해가 인류사를 크게 바꿔 놓을 것이라고는 상상도 하지 못했다. 그러나 역사가 흔히 그런 것처럼 앞으로 일어날 변화를 예측하기란 힘들다. 하나의 조그만 사건이 생각지도 못한 연쇄를 불러일으켜 새로운 조류가 형성되는 일은 자주 있었고 지금도 그렇다.

생각해보면 지표의 70퍼센트는 해양으로, 조류·풍향·암초·해적 등과 같은 수많은 장애가 존재함에도 불구하고 바다는 대량 물자를 수송하는 데 매우 유리하다. 하지만 '대항해시대'에 이르기까지 해양은 지중해와 같은 내해나 유라시아 연변에 위치하는 육지 주변의 해역 정도가 개발되었을 뿐이었다. 규칙적인 계절풍을 이용하여 이른 시기부터 항해가 빈번했던 북인도양은 예외적인 대양이었다.

역사학자 필립 커틴(Philip Curtin)의 주장에 의하면 '대항해시대'를 가져온 것은 선박 설계상의 혁명이 아니라 세계 각지의 풍계의 발견이었다고 한다. 바람이 없으면 범선이 움직일 수 없는 점을 고려하면 커틴의 지적은 옳다고 할 수 있다. 위도에 따라 달라지는 대서양, 남인도양, 태평양의 풍계가 지구 규모로 밝혀짐으로써 대양 시대가 시작된 것이다. 위도 20도 부근 해역에서는 동쪽에서 강한 무역풍이 항상 불고, 적도 부근 북반구에서는 북동쪽 바람이, 남반구에서는 남동쪽 바람이, 또 위도 40도 이상의 고위도 지역에서는 '노호하는 40도대(roaring forties)'라고 불리는 것처럼 서쪽에서 강한 바람이 불어온다는 사실이 서서히 밝혀져 갔다.

이러한 풍계에 대한 이해는 '히팔루스의 바람'을 발견함으로써 북인도양이 안정된 교역로가 된 것과 같은 변화를 대서양, 남인도양, 태평양에 가져왔다. 대양의 본격적인 개척을 가능하게 한 것은 몽골 제국의 거대한 네트워크를 이용한 교역을 통해 지중해에 축적된 막대한 부와 항해 기술이었다. 대서양에 접하고 있는 지정학적 우위도 유럽에게 행운으로 작용했다.

제노바와 베네치아의 번영

제노바와 베네치아는 비잔틴 제국으로부터 동지중해의 지배권을 빼앗아 지중해 해역과 유라시아 전역에 걸쳐있던 몽골 제국의 육상 및 해상 네트워크를 서로 연결함으로써 번영의 시대를 열었다.

칭기즈칸(재위 1206~1227)이 몽골고원을 통일하기 직전인 1204년, 베네치아 군선에 타고 있던 제4차 십자군은 비잔틴 제국의 내분을 이용하여 콘스탄티노플을 함락시키고 라틴 제국(1204~1261)을 건설했다. 전쟁 중 기사 4,500명, 이를 따르는 병사 9,000명, 보병 2만 명을 수송하기로 계약한 베네치아는 새로운 제국의 실질적인 지배자가 되어 구 비잔틴 제국 내의 각 항구에 기항할 수 있는 권리와 무역권을 손에 넣었다. 현재 베네치아의 산마르코 사원을 장식하고 있는 거대한 청동제 말 조각은 콘스탄티노플에서 전리품으로 가져온 것이다.

콘스탄티노플이 함락되자 베네치아 상선은 흑해에서 자유롭게 항해할 권리를 획득하여 크림 반도의 솔다이어(스다크)에서 교역을 시작했다. 또 크레타 섬을 중계항으로 흑해와 이집트를 연결하는 항로를 확보해 알렉산드리아에 온 이슬람 상인들로부터 대량의 향신료를 구입했다. 베네치아는 곡물이나 목재와 같은 화물을 운반하는 라운드 쉽(100~250톤 크기의 범선)으로 구성된 선단을 조직하여 지중해 무역을 장악했다.

베네치아와 경쟁 관계에 있던 제노바는 처음에는 베네치아에 뒤졌지만 소아시아에 있던 비잔틴 제국의 망명 정권을 도와, 1261년 망명 정권의 미카엘 8세(재위 1261~1282)가 콘스탄티노플을 탈환하자 단숨에 세력을 만회했다. 제노바는 에게 해의 히오스 섬에 거점을 두고 콘스탄티노플 건너편의 페라에 상업 식민지를 만들었다. 그리고 크림 반도의 카파(현재의 테오도지아 근교, 1266~1475 사이에 존속)에 상관을 건설할 권리를 획득하고, 아조프 해 안쪽에 위치한 돈 강 하구의 타나(1272~1343 사이에 존속)에도 식민도시를 건설했다. 제노바인들은 카파와 타나를 거점으로 하여 서아시아, 인도, 중국과 교역했다. 이탈리아의 파스타는 중국의 면에서 기원하는 것으로, 이 시기 내륙 아시아를 여행하던 이탈리아 상인들이 휴대용 보존 식품으로 들여온 것이라고 한다.

베네치아는 이집트의 맘루크 왕조(1250~1517)와 활발하게 교역하여 홍해를 경유해 들어온 향신료를 알렉산드리아에서 구입했다. 마르코 폴로는 『동방견문록』에서 인도 서해안의 마아바르 왕국에서 나는 최고 품질의 향신료가 대형 범선에 실려 홍해 입구의 아덴이나 알렉산드리아로 운반되었다고 기술하고 있다.

▎ '삼각돛을 단 요새' 라운드 쉽

13, 14세기 무렵 지중해를 오갔던 상선은 가로 폭이 넓고 선수와 선미가 둥근 모양이었기 때문에 '둥근 배'라는 의미로 '라운드 쉽'이라고 불린다. 배는 2개의 마스트에 세로돛인 라틴세일(커다란 삼각돛)을 달고, 노는 중앙에 설치하지 않고 배 가장자리 부분에 달았다. 이슬람 선박 다우에서 영향을 받았다고 여겨지는 라틴세일은 역풍 속에서도 지그재그로 전진할 수 있었지만 조작이 힘들었다. 라운드 쉽에는 거대한 돛을 다루는 선원들과 쾌속 군선 갈레 선의 공격에 대비하여 병사들도 타고 있었다. 선원과 병사들이 거주하는 선수에는 거대한 선수루(船首樓, forecastle)가, 타수와 선장이 머무는 구역에는 선미루(船尾樓, sterncastle)가 있었다. 배는 요새와 같은 모습을 하고 있었다.

1291년 모로코 해군이 괴멸되자 이탈리아 상인은 서지중해에서 대서양으로 항로를 확장했다. 그러나 1453년 흑해의 입구인 보스포루스 해협을 지키는 콘스탄티노플이 메흐메트 2세(재위 1541~1481) 휘하의 오스만 제국에게 함락되면서 비잔틴 제국이 멸망했다. 1475년 크림 반도 동남 해안에 있는 제노바의 식민도시 카파가 점령되자 흑해는 '오스만의 바다'로 변했다. 동지중해 상권을 상실한 제노바는 이베리아 반도와 대서양으로 활로를 모색하게 된다.

▌지중해에 축적된 거대한 에너지

'대항해시대'에 필요한 기술적 · 경제적 조건은 동해의 약 3배 크기인 지중해에서 만들어졌다. 대항해시대의 전제가 되는 현상을 열거하면 다음과 같다.

1. 역풍 속에서도 나아갈 수 있는 이슬람세계의 다우 삼각돛이 지중해 해역에 전해져 종래의 가로돛과 합쳐진 결과 마스트가 1개에서 3개로 바뀌었다.
2. 중국에서 전래된 나침반을 개량해 나침반을 이용한 항해가 흔해지고, 해도가 발달했다. 나침반은 1302년 아말피의 플라비오 지오자[35]가 발명했다는 설도 있는데 그것이 보급되는 데는 아말피[36]가 일정 정도 역할을 했다고 추측된다.
3. 천체 고도를 측정하는 아스트롤라베(측천의)가 이슬람세계로부터 전해졌다. 15세기 중엽 레기오몬타누스가 한 개의 막대

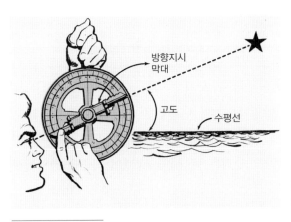

방향지시
막대

고도

수평선

그림 5-1
아스트롤라베와 사용법
(Wikipedia 자료에서
재편집)

---

35) Flavio Gioja. 이탈리아인 항해자이자 발명가. 바늘이 달려있는 항해용 나침반을 발명했다고 여겨지고 있다.
36) 아말피는 이탈리아 남서부에 위치하는 항구도시로 9세기에서 13세기까지 지중해 교역의 중심도시였다. 유네스코 세계문화유산에 등재되어 있다.

기에 움직이는 막대기를 직각으로 연결한 간단한 측천의, 즉 '야곱의 지팡이'를 만들었다.

4. 아시아에서 화약이 전해져 철포나 대포가 무기로서 실용화되었다.

5. 유라시아 규모의 교역으로 인해 이탈리아 여러 도시에 막대한 자본이 축적되었다.

6. 제노바가 흑해 북쪽 연안에 건설한 식민도시를 오스만제국에게 빼앗김으로써 이탈리아 상인들은 새로운 시장을 개척해야 했다.

7. 모로코 해군이 괴멸되어 이탈리아 상인은 대서양과 교역할 수 있게 되었다.

몽골 제국의 거대한 네트워크를 통해 유입된 동방의 기술과 부가 새로운 시대를 여는 원동력이 되었던 것이다. 역설적이게도 칭기즈칸이 말을 타고 이룩한 몽골 제국이 대초원의 시대에서 대양 시대로의 전환과 유럽의 발흥을 초래했다.

'해도' 덕분에 항로의 안전도 확보할 수 있었다. '해도' 작성에 크게 기여한 것은 배의 위치를 정확하게 파악할 수 있는 나침반이었다. 14세기 이탈리아 남부에 있는 항구 도시 아말피의 지오자가 자침을 넣은 케이스(bussola)를 발명함으로써 나침반은 단숨에 실용화되었다. 아말피는 강력한 해군을 가진 공화국으로 알려지고, 16세기에 이르기까지 아말피 항해법이라고 불리는 해상운송 방법이 지중해 전역에서 통용될 정도였다.

이탈리아 선원들은 항해를 할 때 나침반과 함께 방위와 항구 배치를 기록한 '포르토라노(portolano)'라고 하는 해도를 사용했다. 포르토라노는 원둘레를 32방위로 나뉘어, 풍위와 방향을 표시하는 선을 그린 뒤 그 위에 실제 항해에서 확인한 수치에 입각하여 항구를 기입한 해도이다. 항구는 중요도에 따라 붉은색 혹은 검정색으로 구분해 표시했다.

지중해에서 발달한 항해 방법은 곧이어 이베리아 반도로 전해져 대양 개척으로 이어졌다. 유라시아 서단에 위치한 소국 포르투갈 남부의 알가르베(아라비아어로 '서부'라는 의미) 지방에서 대항해시대가 시작된다.

2. 엔히크 항해왕자와 아프리카 연안 항로 개발

아프리카 서해안 탐험을 추진한 캐러벨선

인구 100만 명 정도의 소국 포르투갈은 거친 토지가 대부분이었기 때문에 농업에 이용할 수 있는 땅은 국토면적의 7~8퍼센트에 지나지 않았다. 따라서 영토를 확대할 필요가 있었다. 포르투갈은 1415년 라고스에 함대 2,000척, 육해 병사 합계 5만 명을 집결시켜 300킬로미터 떨어진 곳에 위치한 모로코의 도시 세우타를 공략했다. 인구 100만 명의 소국이 거국적으로 영토 확대를 꾀한 것이다. 전쟁의 목적은 세우타에 집적된 사하라 사막 이남의 금과 곡물의 획득 그리고 해적 소탕이었다. 세우타는 사하라사막을 종단하여 황금 산지인 수단 서부지역과 교역하는 중심지였다.

세우타 공략은 일시적으로 성공했지만 모로코 전역을 지배하려는 작전은 허망하게 좌절했다. 게다가 이슬람 상인의 교역로도 세우타에서 떨어져 있어 공략은 실패로 끝났다. 이에 국왕 주앙 1세(재위 1385~1433)의 셋째 아들인 엔히크 '항해왕자'(1394~1460)는 당시 아프리카 내륙부에 존재한다고 믿었던 강력한 크리스트교국 성 요한의 나라(프레스터 존의 나라)와 제휴하여 모로코와의 싸움을 재편하고, 바닷길을 통해 수단 서부와의 황금 거래를 촉진할 목적으로 아프리카 서해안 탐험 사업에 뛰어들었다.

엔히크는 포르투갈 최남단 상비센테 곶 가까이의 사그레스에 천문대를 만들고, 항해 도구와 해도 작성을 목적으로 한 항해사 양성학교(Vila do Infante)를 설립해 이슬람교도와 유대인 등을 초빙하여 항해사를 양성하고 선박을 건조했다. 태양의 운행을 일 년 내내 관찰하는 천문대는 배 위치를 측정할 때 사용하는 정확한 항해력(航海曆)을 작성하기 위해 필요했다. 항해력을 기반으로 태양의 고도를 측정하여 배 위치를 확정짓는 일이 가능하게 된 것이다.

1415년 이후 엔히크 항해왕자는 탐험 사업을 지속적으로 추진했다. 1440년 무렵이 되면 25톤 정도의 '바르카'라는 저속 횡범식(橫帆式) 배를 대신하여 3개의 마스트에, 즉 전부 마스트(fore mast)에 사각돛을, 주 마스트와 후부 마스트에 라틴세일(커다란 삼각돛)을 단 100톤 규모의 외양선 '캐러벨'이 개발되어 탐험 사업은 단숨에 진척을 보이기 시작했다. 전부 마스트의 사각돛은 바람이 어떤 각도에서 불어오더라도 문제가 없도록 마스트 주변을 회전할 수 있게 만들었다. 캐러벨선은 지그재그 항법으로 바람을 거슬러 전진할 수 있었다. 일설에 의하면 캐러벨은 당시 포르투갈 근해에서 사용되고 있던 삼각돛을 단 이슬람 어선을 개량한 것이라고 한다.

북동쪽에서 무역풍이 불어올 뿐만 아니라 카나리아 해류가 남하하는 아프리카 연안 항해는 말 그대로 '갈 때는 좋지만 돌아올 때는 공포에 찬' 여정이었다. 카나리아 해류를 타면 간단히 남하할 수 있었지만 북쪽에서 불어오는 강풍을 헤치며 모로코 앞바다를 지나 돌아오는 일은 난제 중의 난제였다. 삼각돛을 이용해 바람을 타고 항해할 수 있었던 캐러벨선이 그 문제를 해결한 것이다. 캐러벨선은 소형이었기 때문에 흘수선이 얕아 암초의 위치나 수심을 파악하기 어려운 연안 항해에 적합했다.

　탐험에서 심리적 장애가 된 곳은 카나리아 군도에서 남쪽으로 약 240킬로미터 떨어진 보자도르 곶이었다. 보자도르 곶에서 적도에 걸친 해역은 "해수가 수지(樹脂)처럼 끓고 있는 바다이다", "수심이 1브라자(약 30센티미터)로 매우 낮고 해류도 빨라 한 번 그곳에 들어서면 두 번 다시 되돌아나오지 못 한다", "뿔이 하나 달린 괴물이 득실거린다"는 등의 온갖 소문이 전해지고 있었다. 그러한 심리적 장애를 극복한 사람이 에아네스[37]였다. 에아네스는 처음에는 보자도르 곶을 넘지 못하고 일단 되돌아 왔지만, 왕자로부터 질책을 받고 겁이 많은 자신을 부끄러워하며 다시 도전해 결국 그곳을 넘어 항해하는 데 성공했다(1434년).

　1441년에는 곤살베스와 트리스탕[38]이 이끄는 함대가 아프리카 서해안의 흑인을 포로로 잡아 귀환했다. 노예무역의 실질적인 개시라고 할 수 있다. 그로부터 10년 뒤에는 황금이 나는 기니까지 항해가 가능하게 되었다. 새롭게 개발된 보자도르 곶 이남의 항해는 엔히크의 허가를 받아야 했고, 무역으로 얻은 이익의 5분의 1을 엔히크에게 의무

---

[37] Gil Eanes. 15세기 포르투갈의 항해사이자 탐험가. 라고스 태생으로 항해항자 엔히크의 가신으로 추정되며 1433년 엔히크의 탐험항해에 참가했다. 보자도르 곶을 넘었을 뿐 아니라 아프리카 서안 탐험을 위해 많은 항해를 수행했다.

[38] Antão Gonçalves와 Nuno Tristão. 15세기 포르투갈의 항해사이자 탐험가들로, 엔히크의 명령으로 아프리카 서부 연안을 탐험 중 현재 모로코 남부리오 데 오로 주변에서 사금을 채취하고 10명의 아프리카인 어부를 포획했다. 곤살레스는 이 아프리카인들을 노예로 데리고 귀환했고 트리스탕은 탐험을 계속해 남쪽으로 내려갔다. 트리스탕은 최초로 아프리카 서부 기니만에 도착한 유럽인으로 알려졌는데, 최근에는 이를 부정하는 견해도 있다.

적으로 바쳐야 했다. 탐험이 이익을 낳게 된 것이다.

1445년 탐험선은 베르데 곶에 다다랐다. 지브롤터 해협에서 베르데 곶에 이르는 해역은 말하자면 사하라 사막과 같은 매우 위험한 곳으로, 일 년 내내 끼는 짙은 안개가 항해를 방해하고 배가 정박할만한 장소도 부족했다.

1460년 엔히크 항해왕자는 67세의 나이로 화려한 생애를 마감했지만 당시 포르투갈선은 시에라리온까지 진출한 상태였다. 그 뒤 로포 곤살베스는 적도를 넘는 데 성공했다. 이로써 작열하는 적도가 인간을 새까맣게 태워버린다는 통설이 잘못되었다는 사실이 밝혀졌다.

▌ 대양용으로 개발된 캐럭선

탐험이 진행되면서 삼각돛의 라틴세일보다 많은 바람을 받을 수 있는 가로돛이 대양을 항해하는 데 더 유리하다는 사실이 밝혀졌다. 이후 한자 동맹이 북해와 대서양에서 사용하던 코그선의 가로돛을 도입해 주 마스트로 이용하게 되었다. 세 개의 마스트, 즉 거대한 가로돛을 단 중앙의 주 마스트, 선수에는 선수루와 작은 가로돛을 단 전부 마스트, 선미에는 선미루와 중간 크기의 라틴세일(삼각돛)을 단 후부 마스트가 있는 범선이 출현한 것이다. 보통 때는 강한 바람을 가로돛으로 받아 항해하고 역풍일 때는 선미에 있는 삼각돛을 이용했다. '캐럭(carrack)'이라고 불렸던 이 범선은 북유럽의 코그, 지중해의 라운드 쉽, 포르투갈의 캐러벨 등의 장점을 적절히 조합한 새로운 형태의 배였다. 캐럭은 아라비아어로 '상선'이란 뜻이다.

배의 모습을 보면 캐럭은 많은 화물을 실을 수 있도록 세로와 가로의 비율이 3대 1로 되어 있어 브랜디 잔처럼 가슴 부위가 부풀어 올라 있다. 대양을 항해하는 데 유리하도록 여러 가지 궁리를 짜낸 결과였다.

항해 사업은 엔히크 항해왕자가 죽은 뒤 '완전왕(完全王)' 주앙 2세 (재위 1481~1496)에 의해 계승되었다. 1488년 3척의 캐러벨선을 이끌고 항해하던 항해사 바르톨로메우 디아스(1450년 무렵~1500)는 항해 도중 강력한 태풍을 만나 조난하여 13일 동안 표류하다 우연히 아프리카 최남단에 있는 곶을 발견했다. 아프리카 최남단의 곶과 남아메리카 최남단의 혼 곶을 연결하는 해역은 '노호하는 40도대'라고 불릴 정도로 일 년 내내 바다가 거칠게 일어 항해하기 매우 힘든 곳이었다.

디아스는 자신이 발견한 곶을 폭풍 때문에 발견했다는 의미로 '폭풍의 곶(Cabo Tormentoso)'이라고 명명했지만 국왕 주앙 2세는 불길한 이름이라는 이유를 들어 그곳을 인도로 가는 입구라는 기대를 담아 '희망봉(Cabo da Boa Esperança)'으로 바꿔 부르도록 했다. 인도 항로가 개척됨으로써 인도양에서도 캐럭이 활약하는 시대가 열리게 되었다.

희망봉을 발견한 것과 거의 같은 시기, 주앙 2세는 이미 코빌량[39] 으로부터 보고를 받은 상태였기 때문에 아프리카 남단을 우회하는 경로가 '이슬람의 바다'로 연결된다는 사실을 확신하고 있었다. 코빌량은 아시아 무역을 조사하기 위해 이슬람 상인들의 교역로를 이용하여 인도와 아프리카 동해안의 이슬람 항구들을 시찰했다. 보고서에 의하면 희망봉에서 아프리카 동해안의 소파라(현재는 모잠비크의 항만)까지 북상하면 이슬람 상인의 교역권 내로 들어갈 수 있었다. 인도 항로 개발이 갑자기 눈앞의 현실로 다가오기 시작했다.

---

[39] Pero da Covilhã. 15세기 포르투갈의 외교관이자 탐험가. 15세기 말 세 차례에 걸쳐 주앙 2세의 지시로 지중해를 통해 홍해를 거쳐 인도에 이르는 경로를 탐색했다. da Covilhã은 포르투갈 중부의 도시 코빌량 출신이라는 의미이다.

3. 희망봉에서 아시아 바다로

아시아 항로를 개척한 바스쿠 다 가마

주앙 2세의 치적을 이어받은 포르투갈 국왕 마누엘 1세(재위 1495~1521)는 1497년 7월 8일 명문 귀족인 바스쿠 다 가마(1469년 무렵~1524)에게 인도로 항해할 것을 명했다. 가마가 이끈 것은 4척의 함선과 약 170명(147명이라고도 한다)으로 구성된 소규모 선단이었다. 선단은 기함 상가브리엘호(캐럭선, 120톤, 길이 25.6미터)를 비롯하여 베히우호(캐러벨선, 50톤), 상하파엘호(캐럭선, 100톤) 그리고 200톤 크기의 선형 불명의 식량 보급선으로 구성되어 있었다.

항해의 목적은 스페인보다 빨리 인도 서해안의 중심 무역항 캘리컷(지금의 코지코드)에 도착하는 것이었다. 마누엘 1세는 가마에게 아프리카 내륙부에 존재한다고 여겨지던 크리스트교국의 왕 프레스터 존과 인도 캘리컷의 왕 앞으로 보내는 친서를 지참하게 했다. 선단은 3개월여의 험난한 항해 끝에 희망봉 부근의 산타헬레나 만에 도착하여 더 이상 필요가 없게 된 식량 보급선을 소각했다.

몸집을 가볍게 한 선단은 6일에 걸쳐 희망봉을 우회한 뒤 아프리카 동해안의 이슬람 교역권을 전전하며 북상해 말린디 항에 도착했다. 그곳에서 선단은 운 좋게도 이븐 마지드를 고용했다. 그는 이슬람세계에서 정평이 난 유명한 항해 안내인이었다. 유능한 안내인 덕분에 선단은 1498년 5월 20일 인도 서해안의 캘리컷에 입항할 수 있었다. 엔히크 항해왕자가 아프리카 서해안 탐험을 개시한 이래 80여 년의 세월이 흐른 뒤였다.

캘리컷에 도착한 가마가 그곳의 지배자 자몰린에게 바친 선물은 천으로 만든 띠 12장, 진홍색 두건 4장, 모자 6개, 산호 팔찌 4줄, 용기에

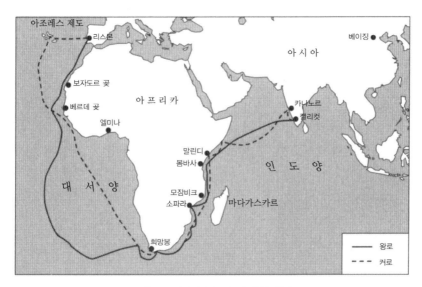

그림 5-2 바스쿠 다 가마의 항로

담은 보따리 6개, 설탕 1상자, 기름 2통, 벌꿀 2통이었다. 이런 선물은 인도양 해역에서 가장 가난한 상인이 바치는 것보다 더 보잘 것 없는 내용의 것이었기 때문에 자몰린은 가마가 자신을 국왕이 보낸 사절이라고 소개해도 믿으려 들지 않았다. 당시 포르투갈과 이슬람 상권 사이에는 커다란 경제적 격차가 있었던 것이다.

바스쿠 다 가마는 입항세도 내지 못했기 때문에 캘리컷에서 무역을 할 수 없었다. 이슬람 상인의 중상모략도 있고 하여 함대는 서둘러 캘리컷을 출항해 코친에서 후추를 구입한 뒤 귀로에 올랐다. 하지만 안내인이 없는 귀로는 고된 항해의 연속이었다. 약 3개월이나 걸려 겨우 말린디 항에 도착했지만 그 사이 30명의 승무원이 괴혈병으로 쓰러졌다. 그 뒤 인도양에서 배 한 척을 화재로 잃은 선단은 두 척의 배에 약 60명의 승무원을 나눠 싣고 1499년 9월 겨우 리스본 항으로 되돌아왔다.

가마의 항해는 2년 2개월에 걸친 여정이었다. 도중에 100명 이상이 목숨을 잃었다. 그러나 선단이 캘리컷에서 가져온 후추는 항해 비용의 약 60배가 되는 이익을 왕실에 가져다주었다. 독일의 지리학자 마르틴 베하임에 따르면 중세 말기 인도에서 유럽으로 후추를 들여올 경우 12명이나 되는 상인의 손을 거쳐야 했기 때문에 후추는 은과 동일한 가치를 갖고 있었다고 한다. 이런 점을 감안하면 중간 마진이 없는 후추가 막대한 이익을 낳는 것은 당연한 일이었다. 바스쿠 다 가마의 항해는 많은 유럽인들을 아시아로 향하게 만드는 계기가 된 역사적인 항해였다.

포르투갈 해양 제국의 출현

인도 무역이 큰 이익을 낳는다는 사실을 안 마누엘 1세는 왕호에 '에티오피아, 아라비아, 페르시아, 인도의 정복·항해·통상 왕'이라는 칭호를 덧붙이고 수지가 맞는 인도양 무역을 왕실 사업으로 만들었다. 1500년 마누엘 1세는 카브랄(1460년 경~1526)이 이끄는 13척으로 구성된 대선단을 인도로 파견했고 그 뒤에도 선단 파견을 계속했다.

대포로 무장한 포르투갈 선단은 인도양의 주요 항구를 공격하고 상선을 탈취함으로써 세력권을 형성하고자 했다. 본래 아시아 해역은 경무장을 한 많은 배들이 서로 경합하는 '평화의 바다'였다. 그러한 아시아 해역에 포르투갈은 대포를 장착한 무장 함선을 파견하여 이탈리아 상인들이 지중해에서 행하던 무역 방식을 그대로 도입했다. 각 항구에 상관과 요새를 만들고 무장 함선으로 상품을 수송하는 방식이 그것이다.

14세기 후반 유럽에서는 대포가 급속하게 보급되었다. 15세기가 되면서 전쟁의 규모가 커지자 뉘른베르크, 리옹, 안트베르펜 등지에서

대포가 대량으로 제조되었다. 16세기에는 대포가 소형화되어 배 가장
자리 부분에 장착하게 된다. 인도 항로를 지킬 목적으로 무장 선박을
아시아에 대거 파견한 포르투갈은 스페인과 함께 대포의 양대 시장이
되었다. 독일과 플랑드르 지방에서 만들어진 대포의 대부분이 두 나
라에 팔렸다. 포르투갈과 스페인은 범선과 대포를 이용하여 대양을
지배하려 들기 시작했다. 하지만 종교전쟁[40]과 네덜란드 독립전쟁이
격화된 16세기 말에서 17세기 초에 걸쳐 유럽 내에서 대포 수요가 크
게 늘자 포르투갈은 더 이상 인도양 해역을 무장 선박으로 지배하기
힘들게 되었다. 포르투갈이 아시아 해역에서 후퇴하게 되는 원인 중
하나이다.

포르투갈의 인도양 무역 체제를 정비한 사람은 부왕(副王) 알메이
다(1450~1510)였다. 1505년 국왕은 알메이다에게 30척의 배를 이끌고
인도에 3년 동안 주둔할 것을 명령했다. 알메이다에게 주어진 임무는
포르투갈 무역선을 보호하고 아시아 상선에게 '카르타스'라는 보호 증
서를 구입하게 하는 등 해역을 관리하는 일이었다.

알메이다는 대포로 무장한 배야말로 포르투갈의 힘의 원천이라고
생각했다. 육상 전투에서는 결코 강하지 못했던 포르투갈군은 바다에
서는 무적이었다. 그는 국왕에게 강력한 군함을 보유하는 것이야말로
포르투갈의 성공 비결이며 육상에 아무리 요새를 지어도 강력한 군대
가 없으면 무의미하다고 주장하며 함대를 확충할 것을 청원했다.

---

[40] 1517년 루터의 종교개혁 이후 종교와 정치가 결합되어 유럽을 휩쓸게 된
일련의 전쟁들, 1562~1598년의 위그노 전쟁, 1618~1648년의 30년 전쟁, 나아
가 30년 전쟁의 와중에 발발한 네덜란드 독립전쟁까지도 통칭하여 종교전
쟁이라고도 한다. 하지만 이 일련의 전쟁들은 종교 문제를 계기로 또는 종
교 문제를 내걸고 일어났지민 실제 내용 면에서는 근대로 접어드는 유럽
사회의 정치적 지형 재편과 근대국가 체제 성립의 과정으로 해석된다.
1648년 베스트팔렌 조약으로 모든 과정이 종결되었다고 본다.

이에 비해 제2대 인도 총독 알부케르케(1456~1515)는 '강력한 함대'만으로는 포르투갈의 세력을 유지할 수 없다고 생각했다. 그래서 그는 인도양에서 남중국해에 이르는 광대한 해역에 요새와 상관을 설치할 필요가 있다고 주장했다. 알부케르케는 1510년 인도 서해안의 고아 섬을 이슬람 세력으로부터 빼앗고, 그 다음해에는 포르투갈 함대보다 15배나 많은 병력을 가진 동남아시아의 교역 중심 말라카를 정복했다. 포르투갈인 토메 피레스가 "말라카를 지배하는 자는 베네치아의 숨통을 쥐게 된다"라고 말했듯이 말라카는 동남아시아 무역권의 중심이자 값비싼 향신료가 모여드는 일대 시장이었다.

포르투갈은 말라카를 점령한 해에 몰루카(향료) 제도에 선단을 파견하여 크로브(정향), 너트메그(육두구) 등의 독점을 시도했고, 타이와 무역하기 위해 차오프라야 강의 아유타야에도 배를 파견했다. 포르투갈은 무장 함대로 리스본 – 아프리카 서해안 – 희망봉 – 아프리카 동해안 – 모잠비크 해협 – 고아 – 말라카 – 몰루카 제도로 이어지는 향료의 길을 구축한 것이다. 포르투갈 세력은 페르시아 만 입구의 호르무즈와 면포의 주요 산지이자 인도양 무역의 거점인 서북 인도의 캄바야에도 상관을 설치하고 동아프리카 연안의 교역 도시를 점령하는 등 16세기 중엽에 이르러 절정기를 맞이했다.

포르투갈 왕실은 아시아 무역에서 무역선의 수를 최대한 억제하기 위해 대형선을 사용했다. 당시 향신료 수요의 총량이 적었기 때문이다. 16세기 초에는 대형 캐럭(나우)선이 건조되었고, 16세기 중엽이 되면 배에 적재하는 대포 숫자를 늘리기 위해 1,000톤가량의 갤리언선도 제조되기 시작했다.

4. 콜럼버스가 해독한 대서양 풍계

▎ 지팡구의 황금에 대한 오해

1476년 제노바 출신의 콜럼버스(1451~1506)가 승선한 배는 지브롤터 해협에서 영·불 연합 선단의 습격을 받고 상 비센테 곶에 표착했다. 이후 콜럼버스는 포르투갈의 수도 리스본에서 지도 제작에 종사했다. 1480년 무렵 그는 마데이라 섬의 장관의 딸인 펠리파 페레스트렐로와 결혼하여 대서양의 섬 마데이라로 이주했다. 그곳에서 그는 지구구형설(地球球形說)을 주장하는 피렌체의 토스카넬리(1397~1482)의 해도에 입각하여 대서양을 서쪽으로 항해해 황금의 섬 지팡구에 도달하는 구상을 다듬었다.

그는 마르코 폴로가 쓴『동방견문록』의 애독자로 '황금의 나라' 지팡구가 실재한다고 믿고 있었다. 콜럼버스는 누구보다 빨리 아시아로 가서 지팡구의 풍부한 황금을 손에 넣을 생각이었다.『동방견문록』에는 쿠빌라이 칸이 막대한 황금을 획득하기 위해 지팡구 원정을 시도했지만 실패로 끝났다고 적혀 있었다. 지팡구의 황금은 아직 아무도 손대지 않은 상태라고 그는 상상했던 것이다.

희망봉이 발견되자 콜럼버스는 자신의 항해 계획이 갈림길에 서 있다고 인식했다. 어서 빨리 지팡구에 도착하지 않으면 황금을 손에 넣는 계획은 수포로 돌아가고 말 것이다. 그래서 콜럼버스는 자신의 항해 구상을 포르투갈과 스페인의 왕에게 필사적으로 호소했다. 그러나 포르투갈 왕실은 위험도가 큰 콜럼버스의 계획을 거들떠보지도 않았다. 이슬람교도와의 전쟁(레콘키스타, 711~1492)으로 재정난에 허덕이던 스페인도 콜럼버스를 지원할 생각이 없었다. 스페인은 본래 대양 항로를 개척하는 활동에 별로 관심이 없었다.

이때 스페인 국왕에게 콜럼버스를 지원하도록 설득한 것은 왕실의 재무장관이던 제노바인 산탄헬과 제노바의 상인 길드였다. 스페인이 수행하는 전쟁을 재정적으로 뒷받침해온 제노바 상인 길드의 자금이 그라나다 함락으로 레콘키스타가 끝난 1492년에 콜럼버스를 대서양으로 나아가게 했던 것이다. 1492년 4월 17일 이사벨라 여왕과 콜럼버스 사이에 산타페 협약이 맺어졌다. 그것은 스페인의 두 왕이 콜럼버스에게 ①제독, 부왕의 지위, ②금, 은, 향료 교역에서 발생하는 이익의 10분의 1, ③획득한 각 토지마다 3명의 관리 추천권, ④교역에서 발생하는 소송의 재판권, ⑤교역 사업에 대해 8분의 1의 출자 권리를 주는 내용이었다.

북위 28도선을 따라간 콜럼버스의 행운의 항해

1492년 8월 3일 콜럼버스는 길이 약 26미터, 폭 약 8미터의 캐럭선 산타마리아호, 길이 약 23미터의 캐러벨선 핀타호, 길이 약 21미터의 캐러벨선 니나호를 이끌고 90명(120명이라는 설도 존재)의 선원과 함께 작은 어촌 팔로스 항을 출항하여 대서양으로 향했다. 콜럼버스가 기함 산타마리아호를 지휘하고, 탐험의 협력자이자 숙련된 항해사이기도 했던 팔로스 항 출신의 핀손 형제가 핀타호와 니나호를 각각 지휘했다.

산타마리아호에는 콜럼버스 외에도 선주, 항해장, 서기, 통역, 선원, 선원장, 의사, 목수, 도장공, 통을 제작하는 직인, 요리사 등 약 40명이 타고 있었다. 항해 방향은 나침반으로 측정했고 거리를 계측하는 데는 30분용 모래시계를 사용했다.

콜럼버스의 항해에서 가장 문제가 된 것은 미지의 해역을 항해하는 선원들의 공포심이었다. 불안에 떤 선원들이 반란을 일으키는 사태를 가장 우려했던 것이다. 콜럼버스의 『항해일지』를 보면 9월 9일의 항해에 대해 이렇게 적고 있다. "이날 (우리는) 하루 종일 15레구아(legua)[41]를 갔지만 나는 실제 항해 거리보다 적게 보고하기로 했다. 항해가 길어져 선원들이 불안해하거나 기력을 잃지 않도록 하기 위해서이다."

함대는 북위 28도선을 따라 정서향으로 나아갔다. 같은 위도 상에 칸의 나라와 '황금의 나라' 지팡구가 존재한다고 생각했기 때문이다. 콜럼버스는 북위 30도 부근에서 적도를 향해 부는 무역풍을 타고 순조롭게 항해를 계속해 9월 16일에는 사르가소 해역의 북단을 지났다. 사르가소 해역은 북대서양 한가운데에 위치하는 면적 약 500만 제곱킬로미터의 해역으로, 멕시코 만류와 앤틸리스 해류의 경계에 있기 때문에 해조류가 풍부하다. 사르가소 해역은 모자반을 비롯한 해조류가 서식하고 있어 배의 진로를 가로막는 등 항해하기 힘든 해역으로 널리 알려져 있었다. 참고로 '사르가소'란 포도의 방(房)이라는 의미인데 모자반이 포르투갈산 포도 방과 닮아 그렇게 불렸다.

선단은 이렇다 할 곤란에 처하지도 않고 69일간의 행복한 항해를 지속했다. 10월 12일 새벽녘 핀타호의 선원 로드리고 데 투리아테가 어두운 바다 속에서 섬을 발견했다. 선단은 아침 무렵에 바하마 제도의 과나하니 섬에 상륙했다.

북위 30도에서 35도 사이의 해역이 풍향이 불안정하고 항해하기 어려운 곳임을 감안하면 콜럼버스의 함대는 사르가소 해역과 항해하기 힘든 해역 사이의 좁은 공간을 지나간 셈이다. 행운의 여신이 도왔다

---

41) legua는 league를 말한다. 리그는 길이의 단위로 유럽과 라틴아메리카에서 오랫동안 사용되었다. 예를 들면 쥘 베른의 소설 『해저 2만리』에서 '리'는 리그를 의미한다. 나라마다 약간씩 차이는 있지만, 스페인의 경우 1리그는 3마일 정도에 해당했다.

고 할 수 있다. 콜럼버스도 그 점을 알고 있었던지 과나하니 섬을 '성스러운 구세주'라는 의미의 산살바도르라고 이름 지었다.

콜럼버스 선단을 성공으로 이끈 것은 강한 신앙심이었다. 신앙심에 뒷받침된 확신이 힘든 상황을 극복해 나가는 용기를 부여했던 것이다. 매일 아침 갑판을 깨끗이 치운 뒤 기도를 올렸고 일몰시에도 기도 시간을 마련해 신이 자신들과 함께 하고 있음을 확인했다. 30분마다 모래시계가 뒤집힐 때도 찬미가로 이를 알렸다고 한다. 강한 신앙심이야말로 콜럼버스 선단의 힘의 원천이었다.

▌카리브 해의 '지팡구'

콜럼버스는 드디어 '지팡구의 바다'에 도달했다는 생각에 흥분을 감추지 못했다. 잘못된 억측에 입각해 항해를 하고 있었지만, 오래된 지구관에 확신을 갖고 있었던 콜럼버스는 마지막까지 자신의 잘못을 인식하지 못했다.

콜럼버스는 산살바도르 섬에서 얻은 정보에 따라 카리브 해 최대의 섬 코르바(현 쿠바)에 이르렀다. 끝없이 계속되는 쿠바 섬의 해안선을 보고는 콜럼버스는 이곳이 칸이 지배하는 카타이(중국)에 틀림없다고 생각했다. 당연한 일이지만 해안선을 눈으로 판단하다 보면 때때로 지리적 오해를 낳는다.

선단은 쿠바 섬 북쪽 해안을 남동쪽으로 항해해 머지않아 작은 섬들이 산재하는 해역으로 진입했다. 콜럼버스는 지팡구 섬 가까이에 다가왔음을 예감했다. 만약 토스카넬리의 지도가 정확하다면 이 해역에 지팡구가 존재할 터였다. 콜럼버스는 현지인들이 '보이오'라고 부르는 커다란 섬에 '에스파뇰라(스페인의 섬)'라는 이름을 붙이고 스페인 국왕의 영지로 삼았다. 콜럼버스는 이 섬의 중앙 부분에 '시바오'라는 금광이 있어 대량의 금이 산출된다는 정보를 얻고는 '시바오'야말로 '지팡구'에 틀림없다고 판단했다. "드디어 황금의 섬에 도달한 것이다!"

참고로 세계에서 두 번째로 큰 면적을 가진 이 내해(동서 약 2,400킬로미터, 남북 640~1450킬로미터)는 카리브 해라고 불리는데, 이 이름은 콜럼버스 일행이 에스파뇰라 섬에서 '카니브'라는 포악한 식인 부족이 바다 저편에 산다는 이야기를 듣고 '카니브가 사는 바다'라고 부른 데서 유래한다.

산타마리아호는 크리스마스 날 밤에 암초에 걸려 항해가 불가능하게 되었다. 콜럼버스는 못쓰게 된 배를 해체하여 '나비타 요새'라는 목조 요새를 만들어 약 40명의 선원을 남게 한 뒤 에스파뇰라 섬을 탐색하도록 했다. 오늘날 세계에서 가장 유명한 배 가운데 하나인 산타마리아호는 에스파뇰라 섬에서 해체되어 식민자의 거처로 모습을 바꾼 것이다.

1493년 1월 4일 콜럼버스 선단은 귀로에 올랐다. 지금까지의 평온했던 항로와는 달리 귀로에서는 두 번의 강력한 태풍을 만나는 등 고난의 연속이었다. 아조레스 군도 앞바다에서 폭풍을 만나 콜럼버스가 탄 니나호가 포르투갈의 테조 강 하구까지 흘러들어가는 사고도 발생했다. 그런 이유로 콜럼버스는 리스본에서 포르투갈 국왕 주앙 2세를 알현한 뒤 1493년 3월 15일이 되어서야 겨우 스페인으로 귀환했다. 콜럼버스는 6명의 '보이오' 주민과 아름다운 자태를 뽐내는 앵무새 몇 마리를 대동하여 국왕이 있는 바르셀로나까지 개선 행진을 했다. 스페인 전체가 지팡구 발견 소식으로 들끓었다.

반년 후인 1493년 9월 25일, 카디스 항은 흥분과 활기로 가득 차 있었다. 황금의 땅 지팡구를 향해 기함 마리아갈란테호 이하 17척의 함선, 약 1,500명(일설에 따르면 1,200명)의 선원, 그리고 정착을 위한 밀, 포도 종자, 말, 가축 등을 실은 콜럼버스의 일대 선단이 출항한 것이다.

일확천금의 꿈은 반드시 실현될 것이라고 믿어 의심치 않았다. 에스파뇰라 섬에 잔류한 40명의 선원이 이미 황금의 땅으로 가는 길을 개척했을지도 모르기 때문이다. 그러나 실제는 40명 모두 주민에게 살해당했고 황금도 발견하지 못한 상태였다. 꿈은 급속히 시들어갔다. 그러나 거시적으로 보면 콜럼버스의 도전은 새로운 시대로의 파동을 불러일으켰다. 대서양을 경유해 '신대륙'에 이르는 경로가 개척되어 세계사에 새로운 장이 열린 것이다. 대양 시대의 시작이 바로 그것이다.

스페인과 포르투갈은 1494년 토르데시야스 조약을 체결하여 세계의 바다를 양분했다. 두 나라는 베르데 곶 군도 서쪽 약 1,350킬로미터의 자오선 동쪽을 포르투갈령, 서쪽을 스페인령으로 하는 데 합의해 로마 교황의 승인을 받았다. 이후 약 일세기에 걸쳐 양국은 항해와 식민지를 독점했다.

'신대륙' 저편에 있는 태평양

콜럼버스가 도달한 해역이 지팡구가 있는 해역이 아니라 새로운 대륙의 해역이라는 사실이 점차 밝혀져 갔다. 콜럼버스는 네 차례 항해했지만 그곳이 아시아 해역이라는 견해를 끝까지 고수했다. 그의 입장에서 보면 자신의 꿈과 노력을 헛되게 만들기 싫었을 것이다. 사람이 정체성을 상실한다는 것은 힘든 일이다.

콜럼버스를 대신해 '신대륙'의 존재를 밝힌 사람은 아메리고 베스푸치(1451~1512)였다. 포르투갈 국왕 마누엘 1세가 파견한 브라질 선단의 항해 안내인으로 얼마 안 가 선장이 된 이탈리아 출신의 아메리고 베스푸치는 콜럼버스가 발견한 '인도'가 유럽과 아시아 사이에 걸쳐있는 '신대륙', '신세계'에 틀림없다고 생각했다.

아메리고 베스푸치는 1503년부터 다음해에 걸쳐 피렌체의 지인 앞으로 보낸 두 통의 서한(항해기)에서 1501년에 이루어진 브라질 연안 남하 항해에 대한 견해를 밝혔다. 그는 상당한 문장가였기 때문에 두 통의 서한은 각지에서 평판을 불러일으켰다.

아메리고 베스푸치는 대륙이 크고 인간과 동물이 많이 살고 있는 점에 착목하여 그곳이 '새로운 대륙'에 틀림없다고 주장했다. 그의 보고 서한을 읽고 감명을 받은 독일인 지리학자 마르틴 발트제뮐러는 1507년에 출판한 『세계지리 입문(*Cosmographiae Introductio*)』에서 '신대륙'을 아메리고 베스푸치의 이름을 따 '아메리카'라고 명명했다. 당시는 대륙 이름을 여성형으로 부르는 습관이 있었기 때문에 '아메리고'를 여성형인 '아메리카'로 바꿔 부른 것이다. 발트제뮐러는 나중에 자신의 잘못을 알고 대륙을 콜럼버스가 발견한 '미지의 땅'으로 정정했지만 '아메리카'라는 대륙명은 이미 널리 보급된 상태였다.

1513년 9월 25일 스페인의 탐험가 발보아(1475년 무렵~1519)는 파나마 지협을 횡단한 후 높은 봉우리에 올라 끝없이 이어지는 망망대해를 바라보며 그것을 '남해'라고 불렀다.[42] 나중의 태평양이다. 그는 4척의 배를 이끌고 태평양 연안을 탐험할 계획을 세웠지만 탐험을 앞두고 1519년 반역죄로 처형당했다. 이러한 경위를 거쳐 콜럼버스가 발견한 땅이 '신대륙'이라는 설이 확고히 되어갔다.

▌포토시 은산과 갤리언선

16세기 후반 멕시코와 페루에서 대량의 은이 발견되었다. 채굴된

---

[42] 발보아는 카리브 해에서 남쪽으로 항해하던 중 원주민으로부터 '남쪽 바다' 이야기를 듣고 육지에 올라 파나마 지협을 횡단하여 태평양을 발견했다. 그래서 그는 원주민의 말을 따라 그것을 '남해'라고 불렀다.

그림 5-3 스페인 갤리언선
(출전: Wikipedia)

은은 거대한 운반선에 실려 스페인의 세비야로 운송되었다. 특히 1545년에 발견된 페루의 포토시(현재는 볼리비아에 속한다) 은산(銀山)은 세계 최대의 산출량을 자랑했다. 표고 4,090미터의 고지에 건설된 은광촌은 불과 이삼십 년 만에 파리와 어깨를 견줄 정도의 대도시로 성장해 17세기에는 서반구 최대의 도시가 되었다. 포토시 은산이 개발된 지 약 10년 후, 멕시코에서도 사카테카스와 같은 은산이 개발되었다. 1552년에는 수은 아말감법에 의한 정련 기술[43]이 도입되어 16세기 후반에서 17세기에 걸쳐 막대한 양의 은이 채굴되었다. 이러한 대량의 은이 16세기 중엽부터 100년 동안 계속된 스페인 '황금시대(Siglo de Oro)'의 경제적 기반이 되었다.

대항해시대 이전 남부 독일에서 산출되던 은의 양이 연간 약 30톤이었던 것에 비해 16세기 후반 스페인으로 유입된 은은 연간 200톤을 넘었다. 약 7배이다. 미타 제도라는 잉카 제국의 강제노동 제도를 이용하여 채굴된 은은 생산비용이 거의 들지 않았기 때문에 가격이 낮았다. 이런 은을 연간 약 100척의 스페인 선박들이 유럽으로 운송했고, 그 결과 1500년 이후 100년 동안 물가가 3배 이상 급등하는 '가격

---

43) 광석을 잘게 빻아 물과 함께 수은을 넣으면 수은과 합성된 아말감을 얻을 수 있는데, 이것을 가열하면 수은에 부착된 불순물이 제거되어 순도 높은 은을 얻는 기법을 말한다.

혁명'이 일어났다.[44] 유럽은 호경기로 들끓었다.

대서양 항해에서는 본래 100톤 전후의 캐럭선을 이용했지만, 16세기 중엽이 되면 500톤에서 600톤 규모의 배가 사용되었고 1,000톤이 넘는 갤리언선도 등장했다. 갤리언선은 기본적으로 많은 대포를 탑재할 목적으로 만든 배로, 3층 혹은 4층의 갑판을 가진 대형 범선이었다. 가장 번성했을 때는 갑판이 6층이나 되는 갤리언선도 있었다. 갤리언선은 현측에 20문에서 60문의 포를 갖추고 있었는데, 당시 대포는 50미터에서 300미터 정도의 사정거리를 갖고 있었다. 갤리언선은 예전 지중해 해역에서 군선으로 사용되던 고속 갤리선의 기동력도 함께 갖추고 있었다. 배 폭을 넓히고 선수에 있는 선루를 작게 하고 또 갑판을 낮은 위치에 설치하는 등 갤리선의 모습을 참고했다. 막대한 양의 은과 화물을 해적으로부터 지키기 위해서는 속도와 중무장이 필수적이었기 때문이다.

대양 개척이 진행되자 유럽에서는 상업 확장이 일어났고(상업혁명),[45] 경제 활동의 중심이 중부 유럽·남부 유럽에서 대서양 연안으로 옮겨갔다. 인도, 동남아시아, 중국으로부터 들여온 산물은 리스본이나 세비야에서 네덜란드 지방의 스케르데 강 연안의 하항(河港) 안

---

[44] 당시 유럽 주요 나라들의 가치 척도 중 하나였던 은의 가치가 하락하면서 상대적으로 다른 상품의 가치가 상승하여 전체적으로 물가가 급격하게 오른 것을 말한다. 가격혁명은 고정된 지대 수입에 의존하던 지주 계층과 임금생활자들에게 타격을 가했고, 반면 가치의 유동성에 기대어 이윤 창출을 기대하는 상인과 신흥 자본가들에게 유리한 상황을 가져왔다고 한다. 또한 토지에 의존하던 많은 귀족들도 이를 기점으로 자산을 자본화하여 자본주의적 투자로 전환하는 계기가 되었다고 한다. 이로써 유럽의 자본주의 발전에 큰 역할을 했다는 것이다.

[45] '신대륙' 발견이 유럽에 가져온 변화 중 상업의 확대를 중요시하는 입장에서는 '신대륙' 발견의 가장 큰 의미를 '가격혁명'보다는 상인이나 제조업자를 위한 새로운 시장의 출현을 강조한다. 이런 시장의 확대가 자본주의적 금융과 무역 기법의 발달과 새로운 자본가 계급의 성장을 가능케 했고 자본주의 체제의 본격적인 발전을 가져왔다는 것이다.

트베르펜으로 수송되고, 거기서 다시 유럽 각지로 팔려나갔다. 안트 베르펜은 '신대륙'에 모직물을 수출하는 거점 항구이기도 했다. '신대 륙'의 값싼 은을 대량으로 손에 넣음으로써 유럽의 구매력은 상승했 고 물가 상승과 함께 경제 규모도 단번에 확대되었다. '가격혁명'이 바 로 그것이다.

옥수수, 고구마, 감자, 카사바, 호박, 토마토, 고추, 땅콩, 강낭콩, 해 바라기, 바닐라, 마취약 코카인의 원료인 코카, 말라리아 특효약 키니 네, 껌 원료 치클 등과 같은 '신대륙'의 다양한 농작물이 유럽뿐만 아 니라 아프리카, 아시아 등지에도 전해졌다.

5. 마젤란의 항해와 해양세계의 윤곽

▌ 서쪽에서 몰루카 제도를 향해 가다

1519년 9월 20일 스페인 국왕 카를로스 1세(재위 1516~1556)의 명을 받은 마젤란(1480경~1521)은 빅토리아호(85톤), 산 안토니오호(120톤), 콘셉시온호(90톤), 산티아고호(75톤), 트리디나드호(기함, 110톤)의 5 척으로 구성된 선단과 256명의 선원을 이끌고 스페인의 상루카르 항 을 출범했다. '신대륙'을 경유하여 몰루카 제도에 이르는 경로를 발견 하는 것이 항해의 목적이었다. 정향이나 육두구(肉荳蔲)와 같은 값비 싼 향신료를 산출하는 몰루카 제도는 토르데시야스 조약이 정한 경계 선 서쪽에 있었기 때문에 스페인이 지배하는 해역으로 여겨졌다.

카를로스 1세는 마젤란에게 성공 보수로서 신항로 발견으로 생기는 수입의 20분의 1을 주기로 약속했다. 포르투갈의 하급 귀족 출신인 마 젤란은 25살 때부터 7년 동안 인도와 동남아시아 등지에서 활약했지

만 1509년 이집트 맘루크 왕조의 함대를 격파하고 인도양 제해권을
확립한 디우 해전에서의 공적을 인정받지 못한 채 홀대받고 있었다.
그는 서쪽에서 출발하여 몰루카 제도에 이르는 항로를 개발할 것을
포르투갈 국왕에게 진언했지만 받아들여지지 않자 탐험 사업을 스페
인 국왕에게 팔아넘겼다.

마젤란이 탄 트리디나드호를 선두로 5척의 선단은 대서양을 남하했
다. 마젤란은 선미에 램프를 매달아 야간 항해를 통솔했다. 순조롭게
대서양을 횡단한 선단은 1519년 12월 23일 브라질에 도착해 리우데자
네이루 만에서 식량을 보급했다.

1520년 3월 31일 마젤란 선단은 지금의 아르헨티나 상후리안 항[46)]
에 입항하여 겨울을 넘겼다. 강한 바람이 부는 황량한 토지에서 힘들
게 겨울을 난 스페인 선장들은 포르투갈인 마젤란에 대해 반감을 키
워갔다.

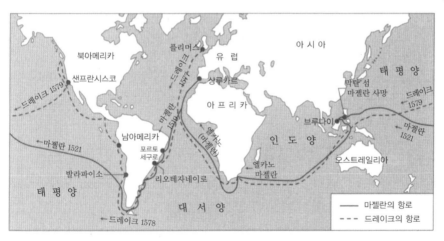

그림 5-4 마젤란과 드레이크의 세계 일주 항해

---

46) Puerto San Julián. 아르헨티나 최남단 파타고니아 지역에 있는 천연 항으로,
    범선 시대에는 마젤란 해협으로 접어들기 이전의 마지막 기항지 역할을 했
    다. 현재는 그 바로 아래에 산타크루즈 항이 위치하고 있다.

콘셉시온호, 산 안토니오호, 빅토리아호가 연계해 마침내 반란을 일으켰다. 그들은 즉시 귀국할 것을 요구했다. 마젤란은 반란을 진압한 뒤 국왕으로부터 부여받은 재판권에 입각해 반역을 일으킨 스페인 선장들을 처형했다.

마젤란 선단은 다시 남쪽으로 항해를 계속하여 1520년 10월 21일 '1만 1,000명의 성모(聖母)의 곶(현재의 비르헤네스 곶)'을 돌아 깊고 좁은 후미(뒤에 마젤란 해협으로 불린다)로 진입했다. 차가운 바람이 불고 복잡하게 뒤얽힌 수로를 운 좋게 통과한 선단은 드디어 대양으로 빠져나왔다. 깎아 세운 듯한 절벽이 계속되는 데다 암초가 많고 조류도 빨라 항해하기 무척 힘든 해협이었다. 마젤란이 단 7일 만에 해협을 통과할 수 있었던 것은 기적이라고밖에 할 수 없다. 그러나 산 안토니오호는 좁은 해협을 통과하는 도중에 선단으로부터 멀어져 행방불명이 되고 말았다. 나중에 안 일이지만 산 안토니오호는 위험한 항로를 고의로 이탈해 1521년 5월 스페인으로 되돌아갔다.

드넓은 태평양과 고난의 항해

마젤란 해협을 통과한 선단은 '노호하는 40도대'라고 불리는 공포의 해역을 넘어 평온한 바다로 나왔다. 마젤란은 잔잔하게 펼쳐진 망망대해를 보고 감격하며 '평화의 바다'라는 의미로 '태평양(El Mar Pacifico)'이라고 불렀다. 그러나 태평양은 지구상의 모든 육지를 집어삼킬 수 있을 정도로[47) 거대한 바다였다.

마젤란 선단은 얼마 안 가 최대의 난관에 봉착하게 된다. 태평양의

---

47) 태평양은 지구 표면의 3분의 1을 차지하며 표면적이 1억 8,000만 제곱킬로미터이다. 이는 지구상의 육지면적을 다 합친 것보다 더 넓은 면적으로, 필자는 이런 상황을 '모든 육지를 집어삼킬 수 있다'고 표현한 것이다.

넓이를 과소평가한 마젤란이 식량을 넉넉하게 준비하지 않았던 바람에 기아와 갈증이 선단을 덮친 것이다. 식량과 음료수가 거의 바닥난 상태가 100일 이상이나 계속되었다. 괌 섬에 도착할 때까지 19명의 선원이 괴혈병으로 쓰러졌다.

1521년 마젤란 선단은 필리핀 군도에 도착했다. 그곳에서 원주민이 사용하는 언어를 듣고 자신들이 지구의 반을 항해했다는 사실을 알았다. 하지만 마젤란은 추장 라푸라푸가 이끄는 주민들과 막탄 섬에서 전투를 벌이는 도중 사망하고 만다. 지휘관을 잃은 선단은 엘카노(콘셉시온호 선장)에게 새로운 지휘관 자리를 맡겼다. 그 뒤 그들은 콘셉시온호를 포기하고 빅토리아호와 트리니다드호에 나눠 탄 뒤 서쪽으로 항해해 몰루카 제도에서 향신료를 구입하고 귀국길에 올랐다. 그러나 불행하게도 도중에 해저 화산이 폭발하는 바람에 트리니다드호가 해일을 만나 침몰했다. 1522년 9월 6일 빅토리아호만이 홀로 스페인 상루카르 항에 귀환했다. 출발할 때 265명이었던 선원 중 생존자는 18명뿐이었고, 그들도 대부분 병든 상태였다.

세계 일주에 성공한 엘카노에게는 500두카트의 연금이 지급되었다. 또 국왕은 라틴어로 "그대는 최초로 나를 일주했다"라는 글귀를 새겨 넣은 지구의를 엘카노가의 문장(紋章)으로 사용하도록 허락했다.

엘카노는 그 후 다시 7척의 배로 구성된 선단을 조직해 1525년 마젤란 해협을 거쳐 몰루카 제도로 향했지만 출항 다음해 8월에 괴혈병에 걸려 태평양에서 사망했다. 그 뒤에도 서쪽을 돌아 몰루카 제도로 향하는 항해가 몇 차례 더 시도되었지만 모두 실패로 끝났다. 마젤란의 항해는 대부분의 선원이 사망하는 가혹한 여정이었지만 그래도 나중에 시도된 항해에 비하면 배가 돌아올 수 있었던 것만으로도 운이 좋은 항해였다고 할 수 있다.

마젤란과 엘카노의 항해는 최초의 세계 일주 항해로 기념할 만한

것이었다. 지구가 둥글다는 사실이 입증되었고 크기가 어느 정도인지
도 밝혀졌다. 이러한 새로운 인식이 17세기 '과학혁명'으로 이어진다.
인간이 지구를 물리적으로 이해하는 계기가 된 것이다.

6. 동아시아 해역과 유럽

▎동아시아 교역권의 밀무역과 포르투갈

　동아시아 해역에서는 명(1368~1644)이 해금정책을 실시하여 상인들
의 해외 무역을 금지했기 때문에 14세기 후반 이후부터 몽골 제국 시
대 이래의 정크 교역이 크게 후퇴했다. 명은 무역 통제를 실시해 '감
합부(勘合符)'를 지참한 사절에게만 무역을 허가했다. 감합무역이 바
로 그것이다. 그러나 동남아시아나 인도양 해역에서 산출되는 향수
(香水)·향신료에 대한 수요가 명나라 내부에서 여전히 높았기 때문에
이슬람교도인 환관 정화가 이끄는 함대가 전후 7번의 남해원정에서
대규모 국영 무역을 전개했다. 그러나 정화의 남해원정은 너무나 많
은 경비를 필요로 했기 때문에 중단할 수밖에 없었다.

　그 뒤 명나라는 다수의 푸젠 사람을 류큐(琉球)로 이주시키고 정크
선을 제공해 류큐를 통해 향신료를 입수하려 했다. 이러한 상황 속에
서 15세기 후반 류큐의 국영 무역은 크게 번성해 동남아시아, 조선,
일본과 명을 연결하는 류큐 무역이 눈에 띄게 발전했다. 이른바 '류큐
대교역시대'이다.

　15세기 말에는 몽골인의 힘이 강해져 북방 수비에 많은 경비가 들
어가자 연해를 단속하는 일은 각 지방의 몫이 되었다. 감시 체제가 느
슨해지자 당연한 일이지만 연해 상인들의 밀무역이 급격하게 활기를

띠어 광둥에서 저장(浙江)에 이르는 광대한 해역에서 조직적인 밀무역이 전개되었다.

포르투갈은 16세기 초 말라카를 지배하자마자 곧바로 명과의 교역을 요구했지만 받아들여지지 않았을 뿐 아니라 광저우 입항도 저지당했다. 그러자 포르투갈 배들은 중국 연해를 북상하여 푸젠의 월항(月港)이나 저장의 쌍서항(双嶼港)과 같은 밀무역 항구로 가서 밀무역 네트워크에 편승하여 동아시아 해역에서 활동했다. 포루투갈인의 일본 내항도 류큐, 가고시마(鹿兒島), 고토(五島) 열도 등을 포함하는 중국 상인의 밀무역 네트워크를 이용한 것이었다.

1543년 포르투갈인을 태운 정크선이 다네가시마(種子島)에 표착했다. 그 배에 쌍서항의 밀무역 상인 지도자 가운데 한 사람인 왕직(王直)이 타고 있었던 사실은 널리 알려진 바와 같다. 왕직은 1548년 명나라 군대가 쌍서항을 파괴하자 거점을 일본 히라도(平戶)로 옮기고 무장 선단을 이끌고 저장 연안을 공격했다. 무역 거점을 건설하는 것이 목적이었다. 같은 종류의 무장 선단이 가고시마에서도 출발해 중국 연안을 습격했다. 이러한 움직임이 '후기 왜구'이다. 1549년 포르투갈 국왕이 아시아에 파견한 예수회 선교사 사비에르가 일본에 온 것도 '은의 나라' 일본에 새로운 무역 거점을 구축하기 위해서였다.

1557년이 되면 포르투갈인은 명의 지방관을 매수해 광저우 가까이에 있는 마카오에 거류지를 만들어 동아시아에서 무역 거점을 확보했다. 세계 유수의 은 생산국이었던 일본은 당시 생사와 같은 많은 상품을 명에 의존하고 있었다. 그러나 '왜구' 활동을 이유로 명과의 무역이 불가능해지자 일본은 밀무역 네트워크와 연계할 수밖에 없었다. 생사를 가득 실은 포르투갈 선박이 히라도와 같은 규슈(九州) 여러 항구에 빈번하게 입항하게 된 것은 그러한 이유에서였다.

태평양을 왕복하는 마닐라 갤리언선

1565년 스페인인 레가스피(1505~1572)는 5척의 배와 400명의 선원으로 구성된 선단을 이끌고 멕시코에서 태평양을 횡단하여 필리핀 군도의 세부 섬에 도착했다. 그는 아시아 최초의 스페인 거류지를 세부 섬에 건설했다.

원정에 참가한 수도사 우르다네타[48]는 갤리언선을 타고 같은 해 6월 1일 세부 섬을 출발해 구로시오(黑潮) 해류를 타고 일본 근해 북위 40도 부근까지 단숨에 북상한 뒤 서쪽에서 동쪽으로 부는 강한 편서풍을 타고 멕시코로 되돌아갔다. 멕시코와 필리핀 군도를 연결하는 태평양 횡단 항로가 열린 것이다.

1571년 레가스피는 이슬람 세력을 물리치고 루손 섬의 항구 마닐라를 점령한 후 파시그 강 남쪽 해안에 성곽 도시(Intramuros)를 건설했다. 삼림 자원이 많은 필리핀에는 선박 자재가 풍부했기 때문에 많은 갤리언선이 그 지역에서 건조되었다. 갤리언선은 6월 말 무렵 마닐라를 출발하여 북상한 뒤 구로시오 해류를 타고 보소(房總) 반도 앞바다에 이르러, 보소 반도와 산리쿠오키(三陸沖) 사이의 해역에서 동쪽으로 항로를 틀어 편서풍을 타고 아카풀코로 되돌아갔다. 덩치가 큰 갤리언선이 사용된 이유는 태평양 항해가 매우 힘들었기 때문이다. 마닐라와 멕시코 아카풀코를 연결하는 무역은 '마닐라 갤리언 무역'이라고 불린다.

500톤에서 600톤 규모의 갤리언선은 통상 두 척의 배가 함께 운행하면서 멕시코의 사카테카스 은산이나 페루의 포토시 은산에서 채굴

---

[48] Andrés de Urdaneta(1498~1568). 스페인 출신. 아우구스티노 수도회의 수도사이자 동 선단의 항해사. 1536년 마젤란에 이어 두 번째로 세계 일주 항해에 성공했다.

된 은을 마닐라로 운반했다. 아메리카 대륙의 값싼 은은 유럽에서 '가격혁명'을 불러일으켰는데, 마찬가지로 동아시아세계에서도 아메리카 은은 아시아 은의 3분의 1정도의 가치였기 때문에 막대한 이익을 낳았다. 그러나 편도 1,300킬로미터나 되는 태평양 항해는 매우 가혹한 여정이었다. 왕복에 필요한 기일도 매우 길어 바람을 잘 만나도 4개월, 그렇지 않을 경우 7개월이나 걸리는 항해였다.

값싼 은을 구하기 위해 마닐라로 모여든 푸젠 상인들은 생사, 비단, 상아 세공품, 목면, 일용품 등을 가져왔다. 그 결과 막대한 양의 아메리카 은이 중국으로 빨려 들어갔다. 레가스피가 이슬람교도의 지배를 물리치고 마닐라를 정복했을 당시 마닐라에는 이미 40명의 중국 상인과 20명의 일본인이 살고 있었다. 그들로부터 정보를 입수한 푸젠 상인들은 타이완 해협을 오가게 되었고, 그 결과 푸젠과 마닐라를 잇는 무역로가 열렸다. 일설에 따르면 1581년부터 17세기 말에 이르기까지 스페인으로 보내진 은의 3분의 1 정도에 상당하는 은이 마닐라에서 중국으로 흘러들어갔다고 한다. 마닐라는 스페인이 구축한 아시아 최대의 국제 무역항이었다.

6장
로빈슨 크루소와 걸리버의 시대
– 바다세계에서 발흥한 자본주의

제6장 로빈슨 크루소와 걸리버의 시대
– 바다세계에서 발흥한 자본주의

1. 상인 국가 네덜란드의 패권

▌청어 잡이에서 시작된 네덜란드 시대

세계 자본주의는 17~18세기에 대양을 이용하여 대규모 무역이 이루어진 환대서양세계에서 성장했다. 이 시기 대서양세계의 특색은 플랜테이션 경영의 확대와 유럽에서 '신대륙'으로의 대규모 이주였다. 상인 국가 네덜란드가 새로운 시대의 토대를 구축하고 영국이 세계 자본주의를 형성하는 주도 세력이 되었다. 해운의 성장과 세계 자본주의의 형성은 서로 떼려야 뗄 수 없는 밀접한 관계에 있었다.

17세기의 네덜란드 패권은 대규모 상선단이 이룬 것이었다. 네덜란드 해운업의 융성은 청어 잡이와 밀접한 관계가 있었다. 청어는 유럽세계에서 겨울을 나는 중요한 단백질원이었다. 보통 600척에서 800척의 어선을 파견해 북해의 청어 어장을 좌지우지하던 네덜란드는 18명에서 30명가량의 선원을 태우고 5주에서 8주 정도 고기잡이가 가능한 대형 바스선을 개발했다. 선상에서 대량의 청어를 소금에 절여가면서 오랜 기간 항해를 지속했던 것이다. 네덜란드는 영국이 양모와 모직물을 수출해 벌어들이는 금액과 맞먹는 정도의 수입을 청어 잡이에서 올렸다고 한다.

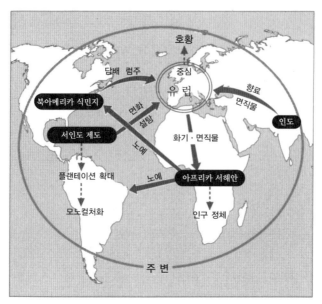

그림 6-1
17, 18세기의
환대서양 무역

1620년 네덜란드는 2,000척이나 되는 청어 잡이 어선을 보유하고 있었는데, 그 대부분은 70톤에서 100톤 정도의 규모로 약 15명의 선원이 승선했다. 당시 어업종사자의 수는 약 2만 명 정도였던 것으로 여겨진다. 하지만 1669년이 되면 청어 잡이와 관련 사업에 종사하는 인구가 45만 명으로 늘어났다.

청어 잡이가 활황을 보이면서 조선업도 함께 성장했다. 네덜란드의 조선소는 일찍부터 풍력을 이용한 기계나 거대한 크레인을 사용하는 등 기계화가 진행되어 유럽에서 단연 높은 생산 능력을 자랑하고 있었다. 17세기 말 네덜란드는 영국에 비해 40퍼센트에서 50퍼센트 정도 싼 가격에 배를 건조할 수 있었다고 한다.

1595년 무렵 네덜란드인은 플라이트선이라는 배를 건조했는데, 그것은 얕은 해역에서의 항해에 적합하도록 바닥이 평평하고 선창이 넓은 선박이었다. 플라이트선은 곡물이나 목재의 수송비용을 절반으로 줄

이는 데 성공해 북해와 발트 해 무역의 패권을 장악했다. 해운업의 성
공으로 항해 용구나 밧줄 제조, 해도 출판 등 다양한 관련 산업도 함
께 발전했다.

대양을 항해하기 위해서는 정확한 해도가 필요하다. 좁은 해역에서
는 정확한 해도 작성이 비교적 용이했지만 넓은 해역의 경우 지구가
둥근 탓에 방위나 거리에서 오차가 컸다. 16세기 중엽 메르카토르가
둥근 지구를 원통에 투영시킨 메르카토르 도법을 고안해내자 적도에
서 중위도까지의 방위와 거리를 거의 정확하게 표현할 수 있게 되었
다. 이것이 네덜란드 해운업 성장의 요인이 되었다.

해상 무역에서 필수적인 대포도 처음에는 네덜란드에서 만들지 못해
주로 영국에서 제작한 대포를 수입하는 데 의존했지만, 17세기가 되면
유트레히트와 암스테르담에서 값싼 철제 대포가 대량으로 주조되었다.
네덜란드 선박은 자국에서 만든 대포를 장착할 수 있게 된 것이다.

1622년 당시 네덜란드 주민의 약 60퍼센트는 도시에 거주했고, 그
중 4분의 3이 인구 1만 명 이상의 도시에 살고 있었다고 한다. 네덜란
드는 도시화가 진행된 특이한 지역이었는데 그러한 선진성이 활력의
원천이 되었다.

무적함대의 패배

네덜란드의 대두는 대항해시대 이래 지속되어 오던 스페인의 패권
을 무너뜨림으로써 실현되었다. 이를 지원한 나라가 영국이었다. 영
국은 헨리 8세(재위 1509~1547) 시대에 유럽에서 이제껏 볼 수 없었던
해군을 정비해 스페인의 패권에 도전했다. 엘리자베스 1세(재위 1558~
1603)도 네덜란드 독립전쟁(1568~1609)을 지원하는 한편, 해적 드레이
크나 호킨스 등이 이끄는 사략선(Privatier)을 이용해 카리브 해역에서

막대한 양의 은을 수송하는 스페인 선단에 대한 공격을 반복했다.

이러한 상황에서 드레이크의 세계 일주 항해는 영국인들에게 커다란 자신감을 심어주었다. 1577년 드레이크는 5척의 배와 164명의 선원을 이끌고 플리머스 항을 출발해 마젤란 해협을 단 16일 만에 통과한 뒤 태평양으로 들어섰다. 드레이크는 남아메리카 서해안에 점재하는 스페인의 항구와 배를 습격해 원정 비용의 4배에 해당하는 부를 손에 넣은 뒤, 태평양과 대서양을 연결하는 북서 항로를 개발할 목적으로 샌프란시스코 만까지 북상한 후 방향을 틀어 몰루카 제도로 향했다. 함대는 몰루카 제도에서 정향 6톤을 구입한 뒤 희망봉을 경유해 1580년 9월 26일 출항한지 2년 10개월 만에 플리머스 항에 귀환했다. 이 항해는 비록 북서 항로 개발에는 실패했지만 기념할만한 두 번째 세계 일주 항해였다.

1587년 드레이크는 지브롤터 해협에 면한 스페인의 항구 카디스 항을 급습하여 37척의 함대를 격침시키고는 "스페인 국왕의 수염을 뽑았다"고 선언하는 등 도전적인 태도를 노골적으로 드러냈다. 체면을 구긴 스페인 국왕 펠리페 2세(재위 1556~1598)는 1588년 리스본에서 '무적함대(Armada)'를 조직해 보복에 나섰다.[49] 대형 전함 68척을 중심으로 함선 130척, 포 2,431문, 해군 8,050명, 육군 1만 8,973명으로 이루어진 당시 스페인의 총력을 기울인 대함대였다.

함대는 1588년 5월 9일 리스본 항을 위풍당당하게 출발한 뒤 테조 강을 내려가 영국으로 향했다. 그러나 악천후를 만나는 바람에 도중 라코루냐에서 배를 수리하고 식수와 식량을 선적하는 등 시간을 지체

---

[49] 이 시기 포르투갈은 왕위계승을 둘러싼 혼란으로 말미암아 스페인과 왕을 공유하는 상황에 처했다. 1580년 스페인의 펠리페 2세가 포르투갈의 필리프 1세가 된 것이다. 합병 상태는 60년간 계속되었고, 같은 시기 포르투갈은 네덜란드와 스페인 간 전쟁에 휘말리고 되고 인도양 독점무역도 붕괴되었다.

했다. 함대는 7월 22일이 되어서야 영국을 향해 다시 출격할 수 있었다. 이에 맞서는 영국 함대는 소형 함선 197척, 포 1,972문, 병사 1만 5,925명으로 구성되었지만 뛰어난 함대 조정 기술과 화력을 갖추고 있었다.

위용을 자랑하던 무적함대는 때마침 바람도 돕지 않은 데다 기동력이 뛰어나고 포술이 능한 영국 함대의 공격 앞에 예상외의 패배를 당했다. 스페인 함대는 특히 칼레 앞바다에 정박하고 있을 때 바람을 타고 덮친 화선(火船)으로 진영이 붕괴되면서 대혼란에 빠졌다. 스페인 함대는 도버 해협에서 멀리 떨어진 스코틀랜드 북부를 우회하여 스페인으로 귀환하려 했지만 20척의 배가 아일랜드 앞바다에서 좌초했고 약 35척이 짙은 안개와 태풍을 만나 침몰했다. 되돌아온 함선은 겨우 66척에 불과했다. 사정거리가 긴 영국군의 대포가 스페인의 대형 함대를 물리친 것이다.

커다란 타격을 입은 스페인은 해군 재건에 나섰다. 이를 위해 스페인은 함선과 대포 등에 들어가는 자재를 시급히 구해야 했기 때문에 1590년 중단 상태였던 네덜란드와의 무역을 10년 만에 재개했다. 스페인으로부터 아메리카 대륙과 아시아 상품을 수입할 수 있는 허가를 받아낸 네덜란드는 이 기회를 놓치지 않고 해운 국가로 급성장하게 된다.

2. 동인도회사와 거대한 네트워크

세계로 상권을 넓힌 네덜란드인의 모험 항해

16세기 말부터 네덜란드인의 아시아 진출이 본격화되었다. 가장 먼저 진출한 사람은 하우트만이었다. 빚 때문에 리스본의 감옥에 투옥

되었던 네덜란드 선원 하우트만은 복역 중 포르투갈인 선원으로부터
아시아 항로에 관한 정보를 입수했다. 그는 귀국한 뒤 당시 네덜란드
에서 품귀 현상을 보이고 있던 향신료에 주목하여 아시아와 무역하는
원격지 무역회사를 조직했다. 1595년 4척의 배를 이끌고 희망봉을 넘
은 하우트만은 수마트라 서쪽의 엔가노 섬에서 후추를 매입했다.[50]
이 항해로 그는 큰 이익을 보았다.

　1598년 새로 즉위한 스페인 국왕 펠리페 3세는 빠르게 성장하는 네
덜란드 경제에 타격을 입힐 목적으로 네덜란드에 대한 경제 봉쇄를
재개했다. 이것이 네덜란드의 아시아 무역에 불을 붙였다. 하우트만
이 개척한 항로를 따라 1598년 이후 불과 4년 동안에 13개 선단, 60여
척의 배가 아시아 해역으로 항해했다.

　향신료 수입의 과당 경쟁으로 향신료가 넘쳐나게 되자 아시아에 무
역선을 파견한 도시들은 향신료 가격의 폭락을 막고 이익을 확보할
필요가 생겼다. 이런 상황에서 1602년 여러 도시의 상인들이 갹출한
650만 플로린[51](이 가운데 암스테르담이 370만 플로린을 출자했다)을
자본금으로 동인도회사가 설립되었다. 이 회사는 희망봉에서 마젤란
해협에 이르는 광대한 지역의 무역·식민·군사 독점권을 부여받았다.
네덜란드의 정치가 올덴바르네벨트의 제안으로 창설된 세계 최초의
주식회사인 네덜란드 동인도회사는 포르투갈(당시는 스페인과 합병
하여 스페인 국왕이 포르투갈 국왕을 겸하고 있었다)의 교역 네트워

---

50) 엔가노(Enggano) 섬은 수마트라 남서쪽에 위치한 작은 섬으로, 문헌기록상
　으로는 하우트만이 이 섬에 최초로 도착한 유럽인으로 알려져 있다. 하지
　만 하우트만은 섬에 상륙하지 않았으며, 1771년 영국인 찰스 밀러가 최초
　로 이 섬에 상륙해 원주민을 만났다고 한다.

51) florin. 13세기 중반 이탈리아 피렌체에서 처음 주조된 금화로 이후 네덜란
　드와 잉글랜드를 비롯한 유럽 여러 나라에서 화폐 단위로 사용되었다. 네
　덜란드의 경우 17세기 말 길더로 바뀌기 전까지 사용되었다.

크를 차례로 빼앗고 자바 섬, 수마트라 섬, 몰루카 제도, 말라카, 세일론 섬 등에 거점을 구축했다. 1619년이 되면 자바 섬의 바타비아에 총독부를 만들고 몰루카 제도, 세레베스 섬, 순다 제도, 말라카, 시암, 세일론, 인도 동·서 연안에 지점을 설치하여 정향, 육두구, 시나몬 등의 거래를 독점하게 되었다. 포르투갈 왕실이 쥐고 있던 아시아 향신료무역의 주도권을 동인도회사가 빼앗은 것이다. 당연한 일이지만 회사의 이익은 천정부지로 올라가 당초 3.5퍼센트의 이자 지급을 약속한 동인도회사 주식의 배당은 1606년이 되면 출자금의 75퍼센트에 달했다.

한편 북아메리카에서 네덜란드는 허드슨(?~1611, 허드슨 만이라는 이름의 유래)의 탐험에 힘입어 델라웨어 북쪽으로 영토를 확장하고, 허드슨 강 하구에 있는 맨해튼 섬의 뉴 암스테르담(나중의 뉴욕)을 원주민으로부터 헐값에 사들여 거점으로 삼았다. 네덜란드는 식민지 지배체제가 아직 정비되지 못한 브라질과 기아나까지 진출해 설탕 플랜테이션을 경영했고, 노동력 확보를 위해 노예무역에도 본격적으로 뛰어들었다.

▌ 방황하는 네덜란드인

네덜란드가 해상 패권을 장악할 수 있었던 데는 용감한 선원들의 역할이 컸다. 아무리 조건이 갖춰져 있다 하더라도 용감한 선원이 없으면 때때로 풍파가 휘몰아치는 대양을 제패하는 일은 불가능에 가깝다. 인생을 신이 인간에게 부여한 시련으로 받아들이고 인생살이를 거친 항해에 비유한 네덜란드인의 강인한 신앙심이 그들의 용감한 행동을 뒷받침했다. 영국인들은 '노호하는 40도대'의 강풍 속에서도 바람에 몸을 맡겨 질주하는 네덜란드 동인도회사의 배를 '플라잉 더치맨(질주하는 네덜란드선)'이라고 불렀다. 하지만 아무리 선원들이 용감하더라도 대자연의 맹위 앞에서 인간은 결국 무력한 존재였기에 태풍으로 인해 배가 침몰하는 일도 자주 발생했다. 그런 가운데 유령선 전설이 탄생하게 된다. 특히 희망봉 근처 바다는 난파가 자주 발생하는 곳으로 수많은 유령선 전설의 무대가 되었다.

16세기 말 이후 선원들 사이에서는 폭풍 속에서도 항해할 수 있다고 호언장담한 네덜란드인 선장이 신의 노여움을 사 희망봉 주변을 영원히 방황하는 벌을 받았다는 이야기가 퍼져나갔다. 이 이야기는 나중 여러 종류로 각색되어 문학이나 음악의 소재가 되었다. 네덜란드 판 '신드바드의 모험'이라고 해도 좋을 것이다.

19세기 독일의 시인 하이네는 『슈나벨레보프스키 씨의 비망록으로부터(*Aus den Memoiren des Herrn von Schnabelewopski*)』라는 유령선 이야기를 썼다. 아프리카 연안을 항해하던 네덜란드인 선장이 강력한 폭풍우를 만났음에도 의연하게 배를 전진시켜 희망봉을 막 돌려는 참이었다. 폭풍우의 거친 기세에도 굴하지 않는 선장에 화가 난 마왕은 선장에게 '최후의 심판'의 날까지 망망대해를 방황하는 벌을 내렸다. 선장은 7년에 한 번 육지에 상륙할 수 있을 뿐 거친 바다를 계속 헤매야만 했고, 그를 영원히 사랑하는 순결한 여인이 나타나 겨우 저주가 풀린다는 이야기이다. 하이네의 작품에서 영감을 얻은 작곡가 바그너는 유명한 오페라 『방황하는 네덜란드인(*Der Fliegende Holländer*)』(초연 1843년)을 썼다. 험난한 대자연에 과감히 맞서는 네덜란드 선원들의 용기와 자신감은 보통 사람으로서는 상상하기 어려운 것이었다.

인구 250만 명에 지나지 않는 소국 네덜란드는 30년 전쟁과 영국의 정변이라는 행운도 거들어 17세기 전반이 되면 유럽의 패권 국가가 되었다. 네덜란드가 무역을 확장하기 위해 이론적 무기로 이용한 것이 '바다의 자유'라는 주장이다. 그로티우스는 1609년 「자유로운 바다(*Mare liberum*)」라는 글에서 "모든 국민은 자연법과 만민법(jus gentium)

의 원칙에 따라 해양을 자유롭게 항해하고 다른 국민과 자유롭게 교역할 권리를 가진다"라고 선언하며 '공해(公海)'의 존재를 주장했다. 토르데시아스 조약으로 스페인과 포르투갈이 세계의 바다를 양분하는 국제 질서에 도전한 것이다.

▌ 암스테르담과 바타비아

총 80킬로미터나 되는 운하로 둘러쳐진 네덜란드의 수도 암스테르담은 약 90개의 섬이 400여 개의 다리로 연결된 방사형·동심원 모양의 물의 도시였다. 토탄과 모래자갈 층을 지나 단단한 암반에 박힌 수많은 말뚝이 마을을 지탱하고 있어 가히 바다에 떠있는 도시라고 할 수 있다.

일약 패권 국가가 된 네덜란드는 1609년 수도에 암스테르담 외환은행을 설립하여 유럽 금융 거래의 중심이 되었다. 이 은행은 베네치아의 리알토 은행을 모델로 삼은 대체은행이었다. 상인들 간의 거래를 장부상에서 처리하게 된 것이다. 17세기에 들어 암스테르담 외환은행의 예금 잔고는 16배로 격증했다. 1613년에는 주식거래소도 개설되었다.

희망봉까지 직항해 자바 섬에 이르는 항로를 개발한 네덜란드는 스페인으로부터 인도와 동남아시아의 무역권을 빼앗고, 1619년 자바 섬 치리웅 강 하구에 있는 자야카르타를 점령한 뒤 그곳에 아시아 무역의 근거지 바타비아를 건설했다.

바타비아에서 정향이나 육두구와 같은 귀중한 향신료가 산출되는 몰루카 제도로 진출한 네덜란드는 같은 해 몰루카 제도의 향신료 무역 비율을 네덜란드 3분의 2, 영국 3분의 1로 정하는 협정을 영국과 체결했다. 그러나 1623년 몰루카 제도의 암보이나 섬에서 발생한 암보이나 사건을 계기로 네덜란드 동인도회사는 영국인 상관원 10명과

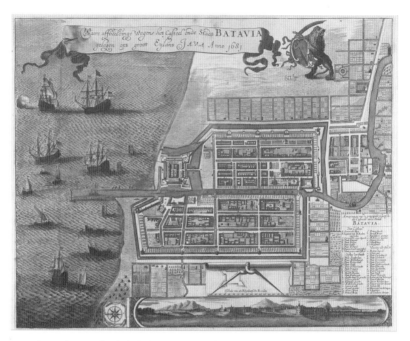

그림 6-2 1681년 바타비아 지도(http://bythedutch.com/batavia-arrack)

일본인 용병 9명, 포르투갈인 1명을 살해하고 향신료 무역을 독점하게 된다.

아울러 네덜란드 동인도회사는 타이완 해협을 장악해 일본 무역을 독점했고, 1627년에는 벵골에 상관을 설치해 인도 무역에도 참가했다. 1641년에는 말라카 해협의 요충지 말라카를 포르투갈로부터 빼앗았다. 17세기 중엽 무렵부터는 희망봉에 케이프 식민지를 만들어 보급 기지로 사용했다. 이로써 아프리카를 우회해 일본에 이르는 무역 경로가 확립되었다.

1642년 타스만(1603~1659)은 '남방 대륙'을 발견하기 위해 2척의 배를 이끌고 항해에 나섰다. 당시 유럽인들은 육지가 많은 북반구와 마찬가지로 남반구에도 대륙이 있을 것이라고 생각했다. 미지의 대륙을

'남쪽 대륙'이라는 의미로 '테라 아우스트랄리스(Terra Australis)'라고 불렀다. 동인도회사 총독으로부터 새로운 교역지와 칠레로 가는 안전한 항로를 개척할 것을 주문받은 타스만은 태즈메이니아 섬을 발견한 후 남위 50도에서 42도 사이의 해역을 탐험하던 도중 넓은 육지를 발견했다. 그는 그곳을 네덜란드 남부의 젤란트('바다의 땅'이라는 의미) 지방의 이름을 따서 '뉴 젤란트'라고 불렀다. 이것이 나중 뉴질랜드가 된다.

▌『걸리버 여행기』가 이야기하는 아시아 해역과 유럽의 거리

이 시기 유럽인들은 아시아 해역에 대한 확실한 인식을 갖고 있지 못했다. 단지 끝없이 넓은 '미지의 세계'라는 이미지를 갖고 있었을 뿐이었다. 18세기 전반에 간행된 영국의 풍자 소설『걸리버 여행기』는 유럽에서 멀리 떨어진 아시아 해역을 상상과 현실이 뒤섞인 낯선 공간으로 그리고 있어 흥미롭다.

조너선 스위프트는 카리브 해와 태평양 등에서 사략선을 지휘하는 해적으로 이름을 떨치고 3번에 걸쳐 세계 일주 항해에 성공한 영국인 댐피어의『신세계 일주기(A New Voyage Round the World)』(1697년 간행)를 기초로 하여 아시아 해역에 흩어져 있는 기묘한 나라에서 전개되는 걸리버의 모험담에 풍자를 가해『걸리버 여행기』를 집필했다. 17세기 후반에서 19세기에 걸쳐 세계 바다를 석권한 영국에서는 항해기나 해양 문학이 성행했다.

1699년 5월 4일 동인도를 향해 브리스틀 항을 출항한 배에 의사로 승선한 걸리버는 항해 도중 강력한 태풍을 만났다. 배는 태즈메이니아 섬 북서 해역에서 표류한 뒤 좌초해 바다 속으로 가라앉았다. 겨우 갈아탄 보트도 전복되는 등 천신만고 끝에 걸리버는 어느 섬에 표착했다. 그 섬은 주민들의 키가 6인치(약 15센티미터) 이하로, 모든 것이 인간 세계의 12분의 1로 축소된 릴리퍼트 국(소인국)이었다. 걸리버가 겪게 되는 바다세계에서의 기묘한 체험의 시작이다. 릴리퍼트 국은 궁정에서 발생한 화재를 소변으로 진화한 걸리버에게 감사를 표시하기는커녕 불경죄 명목으로 추방을 명한다. 걸리버는 1702년 4월 13일 도버 해협에 면한 다운즈로 겨우 되돌아왔다.

모험심이 왕성한 걸리버는 바다에 대한 생각을 지울 수 없어 1702년 6월 20일 다운즈에서 수라트로 가는 배에 올랐다. 그러나 배는 마다가스카르 섬 북쪽에서 강풍을 만나 몰루카 제도 동쪽까지 흘러갔다. 그 뒤 배는 남쪽에서 부는 계절풍에 떠밀려 브로브딩낵 국(거인국)에 표착했다. 사람들의 키가 교회의 탑만큼이나 큰 거인국이었다.

구경꺼리가 된 걸리버는 일약 거인국의 인기를 독차지하여 국왕을 알현하기에 이른다. 그는 영국 역사와 정치를 설명했지만 이야기를 들은 왕은 "영국에서는 무지와 나태 그리고 악덕만이 정치가의 요건이라는 사실을 잘 알았다"라고 대답했다. 물론 이것은 스위프트의 견해이다. 1706년 8월 5일 세 번째 항해에 나선 걸리버는 다음해 7월에 인도의 마드라스를 경유하여 통킹에 도착했다. 통킹에서 돌아오는 길에 걸리버가 타고 있던 배는 폭풍을 만나 표류해 일본인 선장이 지휘하는 해적선에 의해 탈취 당한다. 걸리버는 통나무배에 실린 채 미지의 바다로 던져졌다. 걸리버는 생각하는 데 몰두한 나머지 대화를 거의 하지 않는 사람들이 사는 라푸타 국 등 몇몇 나라를 거친 뒤 겨우 '불사의 나라' 라그나그에 도착했다. 그곳은 나이는 들어도 죽지 않는 나라로, 스위프트는 활력과 체력이 쇠퇴해도 계속 살 수밖에 없는 고통에 대해 그리고 있다.

라그나그 국에서 걸리버는 운 좋게도 네덜란드선을 만나 일본으로 향했다. 15일 동안 항해한 뒤 1709년 5월 6일 걸리버는 자모스키(観音崎)에 도착한 후 에도(江戶)로 가서 '황제 폐하(쇼군)'를 알현했다. 걸리버는 네덜란드인에게 부과된 '후미에'(踏繪)[52]를 면제하고 자신을 나가사키(長崎)로 송환해 줄 것을 쇼군에게 간청했다. 당시 유럽인의 눈으로 볼 때 크리스트교를 완강히 거부하는 일본의 '후미에'는 기묘한 풍습이었다. 6월 9일 겨우 나가사키에 도착한 걸리버는 450톤 크기의 암보이나호에 탑승하여 희망봉을 경유해 약 10개월에 걸친 항해 끝에 1710년 4월 6일 암스테르담에 무사 귀환했다.

걸리버의 모험은 네덜란드가 활약한 해역을 중심으로 그려졌는데 그 주변부에는 사람들의 호기심을 자극하는 미지의 나라들이 상정되어 있었다. 스위프트는 아시아 해역에 대해 머나먼 상상의 세계라는 이미지를 갖고 있었다. 그것은 당시 유럽과 아시아 사이의 거리감의 결과이기도 했다. 수많은 네덜란드 선박이 활동하고 있었다고는 하지만 아시아 바다는 아직도 안개로 가려진 머나먼 미지의 해역이었다.

3. 로빈슨 크루소와 노예무역

▎네덜란드의 쇠퇴와 영국의 대두

엘리자베스 1세 시대 영국의 해적선은 스페인의 은 교역선이나 아시아 상품을 운송하는 포르투갈 및 네덜란드의 상선을 습격하여 많은

---

[52] 크리스트교를 믿지 않는 증거로 예수상 등을 밟게 하는 행위.

재물을 약탈했다. 거기서 얻은 자금이 동인도회사 등을 만드는 밑천이 되었다.

유명한 사략선 선장 드레이크는 1577년부터 1580년에 걸쳐 5척의 소형선(골든하인드호 100톤, 엘리자베스호 80톤, 즈완호 50톤, 매리골드호 30톤, 크리스퍼호 15톤)을 이끌고 사상 두 번째로 세계 일주 항해에 성공했다. 이로써 영국 해군의 기초가 다져졌다.

네덜란드의 뒤를 이어 아시아 바다에 진출한 영국은 1623년 암보이나 사건을 계기로 활동 무대를 인도로 옮겼다. 투기성이 높은 향신료 무역에서 손을 떼고 일용품 교역으로 전환한 것이다. 하지만 유럽의 무역 규모가 확대됨에 따라 소비량이 한정된 사치품 무역은 정체를 보이고 반대로 면제품이나 인디고(염료) 등을 대량으로 취급하는 영국 무역이 약진했다. 앞날을 예측하는 것은 무척 어려운 일이다. 1651년 10월 9일 청교도 혁명을 주도한 크롬웰은 항해조례를 제정하여 영국 해운업을 육성할 뜻을 분명히 밝혔다. 그 내용은 ①영국령과의 무역은 영국 선박(영국 선적으로, 선장 및 선원의 4분의 3이 영국인인 배)으로 한정하고, ②어떤 외국선도 영국 연안 무역에 참여할 수 없고, ③자국에 해안을 가진 나라는 자국 선박으로 영국과 직접 무역해야 한다는 것이었다.

크롬웰이 의도한 바는 철저한 보호무역 정책으로 영국산 양모에 의존하는 네덜란드 경제에 타격을 입혀 영국 해운업을 발전시키려는 데 있었다. 영국을 본 따 프랑스와 스웨덴, 스페인도 자국 상선 보호에 나섰고, 그 결과 네덜란드의 중계 무역은 큰 타격을 입게 되었다.

1652년 영국은 네덜란드선이 영국 군함에 경의를 표하지 않았다는 구실로 네덜란드를 공격했다. 영국·네덜란드 전쟁이 발발한 것이다. 전쟁은 3차례에 걸쳐 간헐적으로 이어졌으나 강력한 캐논포를 장착하고 동일한 속도와 운동 능력을 갖춘 '전열함(戰列艦)'53)을 일렬로 늘어

세워 일제히 공격해오는 영국 해군 앞에 네덜란드는 대적할 방법이 없었다. 제2차와 제3차 영국·네덜란드 전쟁에서는 유럽 최대를 자랑하던 프랑스 육군과도 전쟁을 치러야 했다.

네덜란드는 일곱 개의 주로 구성된 느슨한 연합체였다. 정치적 실권을 쥐고 있던 '헤렌트'라는 상인층은 네덜란드를 경제 중심 국가로 만들기 위해 노력했다. 헤렌트는 군사비를 삭감하고 잉여 자본을 영국과 프랑스에 계속 투자하는 등 평화를 전제로 한 국가 경영에 주력했다. 그러나 생각은 어디까지나 생각일 뿐이다. 국제적 여건이 변화하자 경제 성장에만 매달려온 헤렌트의 국가 운영은 오히려 크게 동요하여 네덜란드는 단숨에 패권을 상실하게 된다. 가까스로 독립은 유지했지만 네덜란드의 쇠퇴는 자명한 일이 되었다. 영국과 프랑스가 주도하는 새로운 시대가 열린 것이다.

한편 영국·네덜란드 전쟁이 한창 벌어지고 있던 1664년, 영국군은 네덜란드 서인도회사의 뉴 암스테르담을 점령하여 국왕의 동생 요크 공(나중의 제임스 2세)에게 헌상했다. 도시의 이름도 요크 공을 따라 뉴욕이라고 개칭했다. 맨해튼 섬을 중심으로 하는 뉴욕은 영국 선박이 입항하면서 한층 더 성장하게 되었다. 19세기 전반 일리 운하가 개통되자 뉴욕은 광대한 서부와도 연결된다. 19세기 후반 서부로 뻗어나가는 철도의 기점 도시가 된 뉴욕은 서부로 가는 이민자들을 받아들이는 항구로서 급속한 성장을 보였다.

해운도 뚜렷하게 성장하여 영국의 항구를 출항하는 상선톤수는

---

53) 전열함(ship of the line)은 17세기에서 19세기에 걸쳐 유럽 국가에서 사용한 군함의 한 종류이다. 한 줄로 늘어선 전열(line of battle)을 갖추고 포격전을 수행하는 것을 주된 목적으로 제작되었기 때문에 이 이름이 붙여졌다. 해전에서 전열 전술을 가장 먼저 채택한 나라는 스웨덴이었지만, 곧 영국과 네덜란드도 이 전술을 채택해 활용했다. 영국·네덜란드 전쟁에서는 양측 모두 전열 전술을 펼쳤지만 승패를 가른 것은 포의 성능이었다.

1663~1669년의 연평균 9만 3,000톤에서 1774년의 연평균 79만 8,000톤
으로 격증했다. 영국의 패권 시대가 도래한 것이다. 상선의 대형화도
함께 진행되어 예전에는 400톤급의 상선이 일반적이었던 데 비해 18
세기 말이 되면 1,200톤급이 보통이었다. 대서양 해역을 중심으로 상
품 시장이 확대되고 자본주의 세계체제가 형성되기 시작한 것이다.

설탕의 대중화와 자본주의 경제의 형성

세계 자본주의의 형성을 주도한 상품은 설탕이었다. 포르투갈의 식
민지 브라질에서는 1580년경부터 아프리카 연안의 섬에서 재배되던
사탕수수를 이식하여 흑인 노예를 이용한 대규모 농장이 급속하게 늘
어났다. 17세기에는 네덜란드가 가이아나54)에서, 그리고 영국이 서인
도 제도의 바르바도스에서 사탕수수를 재배하기 시작했고, 흑인 노예
를 노동력으로 한 플랜테이션이 확대되었다. 설탕 플랜테이션과 노예
무역은 떼려야 뗄 수 없는 관계에 있었던 것이다.

영국은 1655년 바르바도스보다 약 30배나 큰 자메이카 섬을 점령해
대량의 흑인 노예들을 이용한 설탕 플랜테이션 경영을 시작했다. 18
세기가 되면 자메이카 섬이 브라질을 따돌리고 세계 최대의 설탕 산
지가 된다. 프랑스도 스페인령 에스파뇰라 섬 서부(현재의 아이티)의
생 도맹그에서 설탕 플랜테이션을 경영해 자메이카와 어깨를 견주게
된다.

플랜테이션은 본국 경제에 기여하는 상품 작물을 대량으로 생산하
는 시스템으로 본국 사회에 막대한 부를 가져다주었다. 18세기가 되

---

54) 가이아나는 수리남, 프랑스령 기아나와 함께 남아메리카 북동쪽의 기아나
지방을 구성하는 한 지역으로 지금은 독립 공화국이다. 1621년부터 네덜란
드령이 되어 대규모 플랜테이션 농업이 발달했고, 19세기 초 영국령이 되
었다가 1966년에 독립하였다.

면 아시아의 커피나 홍차를 마시는 습관이 보급되어 설탕 수요가 격증했다. 영국의 일인당 설탕 소비량은 1600년에는 400그램에서 500그램 정도에 지나지 않았지만, 17세기에는 약 2킬로그램, 18세기에는 약 7킬로그램으로 늘어났다. 17세기에는 귀중품이었던 설탕이 18세기가 되면 사치품이 되고 19세기에 들어서는 대중화되어 생활필수품으로 변했다. '식탁혁명'이 바로 그것이다.

아열대에서 자라는 사탕수수는 언제 심어도 상관이 없고 1년 반이면 다 자랐다. 농장주들은 사탕수수를 심는 시기가 겹치지 않도록 하여 일 년 내내 수확을 계속했다. 그러나 사탕수수는 수확이 끝나자마자 바로 제당 작업에 들어가지 않으면 단맛이 급격하게 떨어져 버린다. 그래서 많은 흑인 노예가 필요했다. 100명 정도의 노동력을 보유한 설탕 플랜테이션은 연간 80톤의 설탕을 생산할 수 있었다. 1645년 바르바도스에서 설탕 플랜테이션을 경영하던 한 영국인의 편지에 따르면 흑인 노예를 구입해도 대략 일 년 반 정도면 본전을 찾을 수 있었다고 한다. 그런 이유로 1701년부터 1810년까지 109년 동안 바르바도스 섬에 25만 2,500명, 자메이카 섬에 66만 2,400명의 흑인 노예가 아프리카 서해안으로부터 유입되었다. 영국의 리버풀은 노예무역의 중심이 되었고 1795년에는 유럽 노예무역의 7분의 1을 차지하게 된다.

아프리카 서해안에서 유럽의 화기, 일용품, 잡화 등과 노예를 교환하여 카리브 해역이나 '신대륙'으로 운송하고 거기서 다시 '세계 상품'인 설탕과 담배 등을 유럽으로 가져가는 '대서양 삼각무역'이 전개되었다. 노예무역은 대서양에 거대한 상품 순환을 발생시켰고, 서유럽 국가들은 큰 이익을 올렸다. 노예무역이 성행하자 서아프리카 연안의 다호메이 왕국과 베냉[55] 등은 노예무역 네트워크에 의존하게 되어 유럽

---

[55] 다호메이 왕국은 서아프리카 기니 만 북쪽에 있는 베냉 지역에 1600~1894

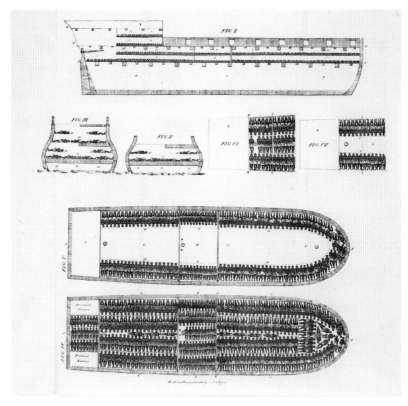

그림 6-3 흑인 노예선

에서 들여온 화기를 사용해 노예사냥에 나섰다. 그 결과 서아프리카 연안에서는 인구 유출이 계속되고 전통적인 사회 구조가 붕괴되었다.

17세기 말 포르투갈령 브라질에서 금광이 발견되자 골드러시가 일어났다. 18세기 브라질의 연간 금 산출량은 840톤으로, 당시 세계 금

<hr>

년에 존재한 왕국으로 1700년경부터 대서양 노예무역의 주요 공급지가 되었다. 18세기와 19세기에 걸쳐 아메리카 및 유럽으로 끌려간 아프리카인 노예의 20퍼센트 정도를 다호메이 왕국이 공급한 것으로 추정된다. 1894년부터는 프랑스의 식민지가 되었고 1960년에 다호메이 공화국으로 독립했다가 1975년 베냉 공화국으로 이름을 바꾸었다.

산출량 1,623톤의 절반 이상을 차지하고 있었다는 연구도 있다. 이러한 막대한 양의 금은 모직물 등과 같은 상품의 대가로 영국으로 유입되어 런던이 암스테르담을 대신해 금융 중심으로 성장하는 데 일조했다.

▌노예를 찾아 나선 로빈슨 크루소의 항해

1719년에 발표된 다니엘 디포의 소설 『로빈슨 크루소』는 세계적으로 유명한 해양 소설이다. 『로빈슨 크루소』는 영국의 사략선 선장 우즈 로저스가 쓴 항해기로부터 많은 영향을 받았다. 줄거리는 대략 다음과 같다.

로빈슨은 20살에 집을 나와 이렇다 할 생각도 없이 친구의 부친이 소유하는 배에 타게 된다. 이 항해로 바다의 매력에 빠져든 로빈슨은 노예무역이 행해지고 있던 기니 해안으로 가는 무역선에 승선하여 친척으로부터 빌린 40파운드를 300파운드로 늘리는 데 성공했다. 두 번째 항해에서 로빈슨은 카나리아 제도와 아프리카 사이의 대서양에서 터키 해적에게 붙잡혔지만 보트를 훔쳐 탈출해 포르투갈 노예선에게 구출되었다. 그 후 로빈슨은 브라질로 건너가 농장 경영에 성공했다.

당시 브라질 사회가 안고 있던 가장 큰 문제는 노동력 부족이었다. 주변의 농장주들은 돈을 모아 노예무역 경험이 있는 로빈슨에게 기니로 가 노예를 구입해 줄 것을 부탁했다. 17명이 탄 120톤의 배로 노예를 구입하기 위해 대서양으로 나간 로빈슨은 출항한지 12일 만에 강한 폭풍을 만나 항로에서 멀리 떨어진 무인도에 표착했다.

강한 신앙심과 불굴의 정신력을 가진 로빈슨은 자신이 처한 곤경에 굴하지 않고 오두막집을 만들고 음식과 의복을 조달하는 등

무인도 생활을 '행동하는 사람'으로서 영위해갔다. 모든 일을 능숙하게 해치우며 억척스럽게 살아가던 로빈슨이 섬에 표착한 지 27년 2개월 19일째 되는 날이었다. 한 배가 무인도에 나타나 선장과 두 명의 남자를 버려두고 떠나려 했으나 로빈슨이 이 세 사람과 힘을 합쳐 배를 탈취했고 마침내 35년 만에 기적적으로 영국으로 귀환했다.

표류와 자신이 처한 곤경을 신이 부여한 시련으로 받아들이고 무인도 생활을 과감히 개척해간 로빈슨의 이야기는 런던 사람들 사이에서 시대정신을 구현한 소설로서 커다란 반향을 불러일으켜 7년 사이에 일곱 번이나 판을 거듭했다. 그 뒤로도 각 나라말로 번역되어 세계 각지에서 인기몰이를 했다. 그러나 로빈슨이 노예를 구하기 위해 바다로 나갔다는 원래의 항해 목적은 어느새 망각되고 말았다.

『로빈슨 크루소』에는 실제 모델이 있었다. 알렉산더 셀커크가 바로 그 사람이다. 그는 1703년 길이 18미터, 무게 90톤 크기의 사략선에 항해장으로 승선했다. 항해 목적은 도중에 합류한 다른 사략선들과 함께 스페인의 은 교역선을 습격하는 일이었다. 남아메리카 연안을 남하한 배는 혼 곶을 경유하여 칠레 앞바다에 있는 무인도 후앙 페르난데스 섬에 도착했으나, 평소 선장의 미움을 샀던 셀커크는 유배형에 처해져 사물함, 총 한 정, 탄약 한 주머니만 주어진 채 절해고도에 혼자 남겨졌다. 셀커크는 예전에 그 섬에서 살았던 스페인인이 남긴 산양, 무 그리고 바다거북 알 등으로 연명하며 4년 4개월의 힘든 생활을 견뎌낸 뒤 영국 선박에 구조되었다. 디포는 이 실화에서 영감을 얻었던 것이다.

영국은 이런 용감한 뱃사람들의 활약에 힘입어 스페인 왕위계승전쟁(1701~1713년)[56]에 참가해 카리브 해의 제해권을 손에 넣고, 유트레히트 강화 조약으로 스페인 식민지에 대한 독점적인 노예무역권(아시엔토)[57]을 획득했다. 영국의 노예 상인들은 대량 수송방식을 고안해 내 네덜란드 노예 상인들을 압도했다. 이들은 단돈 2, 3파운드에 구입한 노예를 25파운드에서 30파운드 정도의 가격으로 되팔아 거대한 부를 축적했다.

4. 대서양세계의 의류혁명과 산업혁명

인도산 면직물과 산업혁명

환대서양 지역의 삼각무역은 유럽의 수요를 축으로 만들어졌고 그것을 담당한 사람도 유럽 상인이었기 때문에, 무역이 늘어나면서 유럽 국가들은 막대한 부를 축적했다. 유럽을 '중심'으로 하고 그 외 지역을 '주변'으로 종속시키는 국제 분업체제(세계체제)가 성장한 것이다.

무역량이 증가함에 따라 유럽 국가들은 수출용 공산품의 생산을 늘릴 필요가 있었다. 이런 상황 속에서 영국 동인도회사가 대서양 해역으로 가지고 들어온 인기 상품이 인도산 면직물이었다. 동인도회사가

---

56) 스페인 왕위계승전쟁은 1701년 프랑스 부르봉 왕가의 스페인 왕위계승을 막기 위해 스페인과 프랑스에 대항해 영국을 비롯한 나머지 유럽세력이 벌인 전쟁으로, 북아메리카에서도 여러 식민지 세력들이 전투를 벌였다. 이때 북아메리카의 전쟁은 따로 '앤여왕 전쟁'이라고도 한다. 이 전쟁의 결과 맺어진 조약이 유트레히트 조약이며, 부르봉 왕가의 필립은 스페인의 펠리페 5세가 되었지만 프랑스의 왕위계승은 포기해야 했다. 특히 식민지와 관련해서는 북아메리카에서 영국의 권한이 크게 확대되었다.

57) 스페인어 '아시엔토'는 '계약, 협정'이란 뜻으로 1543년부터 1834년 사이에 스페인 정부가 다른 나라에 부여한 스페인 식민지에 노예를 공급할 권리를 말한다. 영국사에서는 흔히 '아시엔토'라 하면 유트레히트 조약으로 얻은 노예공급권을 지칭하는 말로 사용된다.

들여온 면직물은 습기를 잘 빨아들이고 내구성이 뛰어났기 때문에 서인도 제도의 플랜테이션이나 아프리카 등지에서 큰 인기를 얻었다. 유럽의 대표 상품인 모직물이 면직물로 대체되는 '의류혁명'이 일어난 것이다. 1750년 무렵에는 서아프리카에서도 인도산 캘리코의 수요가 급증하는 등 1750년에서 1770년에 걸쳐 영국의 면직물 수출은 약 10배로 늘어났다.

수요가 늘어날 것을 기대한 영국인들은 서인도 제도에서 재배한 면화를 원료로 하여 전통적인 모직물 기술을 활용한 면직물 생산에 착수했다. 하지만 인더스 문명 이래 전통이 있고 값싼 임금 덕에 생산비도 낮은 인도산 면직물을 쉽게 능가할 수는 없었다. 영국은 면직물의 가격을 억제함으로써 인도산 면직물에 대항할 수밖에 없었다.

1760년대가 되면 1730년대 이래 모직물 공업에서 사용되고 있던 효율성이 높은 플라잉셔틀(flying shuttle)이라는 베틀이 면직물 생산에 도입되어 생산량이 배가되었다. 그 때문에 '실 기근'이라고 불릴 정도로 면사 부족이 심각해져 방사 공정의 효율화가 요구되었다. 새로운 기술의 발명은 막대한 부를 가져왔다. 이윽고 기계가 도입되고 산업혁명이 시작되었다.

기술 발전은 1767년 하그리브스의 수동 제니 방적기 발명, 다음 해 아크라이트의 수력 방적기 발명, 1781년 와트에 의한 증기기관의 효율화, 피스톤 운동을 회전 운동으로 바꾸는 기술의 발명, 카트라이트의 역직기(力織機) 발명, 크럼프튼의 뮬 방적기 발명 등으로 이어졌다. 이로써 방적 공정과 면방직 공정이 모두 증기기관을 동력으로 하는 기계에 의존하게 되었다. 산업혁명은 대서양세계에서 일어난 면직물 의류의 보급, 즉 '의류혁명'이라고 하는 생활 변화와 깊이 결부되면서 시작된 것이었다.

영국 패권을 뒷받침한 선박 보험

산업혁명은 도시를 대규모 생산의 장으로 바꾸고 물자와 사람의 대량 이동을 낳았다. 도시에 거주하는 노동자들의 생활에 필수적인 식품, 석탄, 공업 원료를 수송하기 위해 철도가 발달했고 해운업도 급격하게 규모를 확대했다. 런던은 도시 면모를 일신하여 템스 강변에 거대한 외양선이 정박하는 계류 도크, 창고, 공장 등이 차례로 건설되었고, 수천 명에 이르는 하역 노동자와 공장 노동자들이 서민 동네를 형성했다.

해상 운송이 활발해짐에 따라 해난 사고가 줄을 이어 선박 보험을 제도화할 필요가 발생했다. 많은 재산을 바다에 투자한 화주·선주들은 항해로 말미암은 손해를 피하기 위해 선박 보험을 필요로 하게 되었다. 근대적 선박 보험의 기원은 런던에서 출발하는데, 그 중 널리 알려져 있는 '로이즈 보험'은 오늘날에도 개인 회원제 선박 보험 기구 중 최대의 규모를 자랑한다.

18세기에는 수송선과 관련된 선박 브로커, 보험업자, 보험 브로커 등이 왕성하게 활동했다. 브로커들이 모이는 장소로 자주 이용된 곳이 17세기에 이슬람세계에서 유럽으로 전해져 여러 도시에 우후죽순처럼 생겨난 커피하우스였다. 상업 상담이나 집회 장소로서 커피하우스는 매우 편리했기 때문에 정치 집회, 상업 상담, 선박 경매 등 다목적으로 이용되었다.

18세기 런던에서는 은행가, 주식 중개인 등이 모여드는 '뉴 조너선즈'와 함께 선주, 화주, 선장, 보험업자들이 모이는 '로이즈'가 유명한 커피하우스였다. 로이즈 커피하우스는 1688년 시티의 중심 템스 강변에 있는 타워 스트리트에 개업했다. 배가 출발하는 장소에서 가깝고 세관과 해군성(海軍省) 등이 근처에 있었기 때문에 로이즈는 해운 관계자의 상담 장소로 번성했다. 1691년 로이즈는 금융 중심이었던 롬바드 거리로 이전했다. 경영자였던 에드워드 로이드는 커피하우스를 운영하는 한편 해사 관련 정보를 수집해 1696년부터 주 3회 발행하는 '로이즈 뉴스'를 발간하여 해사 관계자들에게 편의를 제공했다. 고객들에 대한 서비스였다. 로이즈 뉴스는 다음해 76호를 발행하고 폐간했지만 1734년 '로이즈 리스트'로 부활했다.

한편 로이즈에 모여든 해상 보험업자들도 보험 업무를 원활하게 추진하기 위해 선박 상황을 한눈에 볼 수 있는 '선박명부'를 출간했다. 그들은 1771년 보험 조합을 조직해 보험 업무를 자주적으로 운영했고, 1811년에는 로이즈 위원회가 직접 임명하는 세계 각 항구의 대리점들이 보험 업무를 담당하게 되었다.

로이즈는 법인이 아니라 개인 회원이 보험을 보증하는 시스템을 취하고 있다. 현재 회원은 300개가량의 보험 신디케이트들로 나뉘어 있는데, 각 신디케이트는 언더라이터라고 불리는 개인업자에게 보험 업무를 위탁하고 있다. 보험 지급 책임은 각 개인 회원이 진다. 로이즈는 회원에게 건물과 해사 관련 정보를 제공하는, 말하자면 보험거래소와 같은 역할을 할 뿐이다. 예전의 커피하우스의 전통을 계승하고 있다고 할 수 있다.

5. 제임스 쿡의 태평양 탐험

▌존재하지 않는 남방 대륙

세계의 육지를 전부 합친 것만큼이나 넓은 태평양에 대한 본격적인 탐험은 18세기 후반 패권 국가 영국에 의해 이루어졌다. 그 주인공은 뱃사람으로 잔뼈가 굵은 제임스 쿡(1728~1779)이었다. 그의 활약으로 태평양 시대의 토대가 만들어졌다.

영국이 태평양을 탐험하는 데는 유럽인들이 오랫동안 남반구의 고위도 해역에 존재한다고 생각했던 '남방 대륙(테라 아우스트랄리스)'의 발견이 동기가 되었다. 사람들은 육지가 거의 없고 바다밖에 보이지 않는 남반구에 의문을 품고 아직 발견되지 않은 '남방 대륙'이 틀림없이 존재할 것이라고 생각했다. 그러나 혼 곶에서 희망봉에 이르는 '노호하는 40도대'가 범선의 접근을 가로막았다. 당시 유럽은 희망봉이나 혼 곶과 관련이 많았기 때문에 태평양 탐험은 남태평양에서부터 본격적으로 시작되었다.

1769년 1월 3일 금성이 태양 면을 통과한다는 사실이 핼리 혜성의 발견자 핼리의 계산에 의해 밝혀졌다. 이 귀중한 기회를 놓치지 않기 위해 영국왕립협회는 태평양상에서 금성을 관측하기로 결정하고 국왕의 재가를 받았다. 곧이어 해군성이 관측선을 준비했다.

이 학술 조사선의 선장으로 임명된 사람이 요크셔 머튼의 소작농 출신 제임스 쿡이었다. 쿡은 71명의 선원, 12명의 병사, 11명의 과학자와 조수 등 합계 94명과 함께 인데버('노력')호에 올라타 1768년 플리머스 항을 출항했다. 인데버호는 길이 30미터, 폭 9미터, 무게 368톤의 석탄 수송선이었다. 출항한 인데버호는 대서양에서 마젤란 해협을 거쳐 태평양으로 진입한 뒤 약 7개월의 항해 끝에 1769년 4월 13일 타히티 섬의 마타바이 만에 도착했다.

인데버호가 타히티로 간 데는 이유가 있었다. 영국 해군은 '남방 대륙' 탐험을 위해 이미 3년 전인 1766년에 사무엘 윌리스와 필립 커트리트가 이끄는 2척의 선단을 남태평양에 파견한 적이 있었다. 섬에 도착한 선단은 영국 국왕의 이름으로 타히티 섬의 영유를 선언했다. 선단이 영국으로 되돌아온 뒤 타히티 섬은 '지상 낙원'으로 선전되어,

타히티는 영국인들 사이에서 이상적인 섬으로 널리 알려지게 되었다.

쿡은 타히티 섬에 3개월간 머물렀다. 금성 관측을 마치자 그는 아직도 존재를 확인한 바 없는 '남방 대륙' 탐험에 나섰다. 타히티의 원주민 수장 투피아가 항로 안내 겸 통역으로 동승했다. 인데버호는 10월 뉴질랜드 섬에 이르렀다. 쿡은 긴 해안선을 보고는 이 섬이 '남방 대륙'에 틀림없다고 확신했지만 조사 결과 육지가 해협으로 분리되어 있는 두 개의 섬이라는 사실이 판명되었다. 쿡은 5개월 반에 걸쳐 뉴질랜드 해안선을 측량하고 정확한 해도를 작성했다. 두 개의 섬을 가르는 해협(좁은 곳은 24킬로미터, 넓은 곳은 97킬로미터)은 현재 그의 이름을 따 '쿡 해협'이라고 불린다.

쿡은 1770년 3월 귀로에 올랐다. 인데버호는 네덜란드인 항해사 타스만이 발견한 태즈메이니아 섬으로 향했지만 남쪽에서 부는 바람으로 인해 뉴홀란트(지금의 오스트레일리아) 동쪽 해안으로 떠내려갔다. 4월 29일 일행은 닻을 내릴 장소를 발견하고 상륙에 성공했다. 캥거루를 보고 놀란 쿡은 과일과 야채가 풍부한 이 지역을 '박물학의 만(灣)'이라는 의미로 '보타니 만'이라고 명명했다.

그 뒤 북상한 인데버호는 그레이트배리어리프에서 배가 손상을 입는 등 심각한 사고에 직면하면서도 자바 섬의 바타비아와 희망봉을 경유하여 1771년 7월 영국으로 귀환했다. 승무원의 3분의 1 이상(35명)이 생명을 잃었지만 뉴질랜드와 오스트레일리아 동해안의 정확한 해도를 작성하는 등 커다란 수확을 올렸다.

'남방 대륙'의 존재 여부를 확인하기 위해서는 더 많은 항해가 필요했다. 쿡은 1772년 7월 13일 해군성의 명을 받고 '남방 대륙' 조사를 위해 레절루션('과감', 467톤)호와 어드벤처('모험', 336톤)호를 이끌고 다시 항해에 나섰다. 각 배에는 112명과 81명이 타고 있었다. 이전 항해에서 한 척의 배로는 너무 위험 부담이 크다는 사실이 판명되었기 때문이다.

2척의 배는 희망봉에서 남극권까지 단숨에 남하한 뒤 고위도를 계속 항해하여 남위 71도 10분에 이르러 '남방 대륙'이 존재하지 않는다는 사실을 확인했다. 이 항해를 계기로 지도상에서 가공의 '남방 대륙'이 드디어 모습을 감추게 되었다. 이후 쿡 선단은 혼 곶을 경유하여 1775년 7월 30일 플리머스 항으로 되돌아왔다.

▌ 태평양의 전모를 밝힌 쿡의 항해

쿡이 다음 목표로 삼은 것은 오랜 기간 현안이 되어왔던 태평양, 북극해, 대서양을 연결하는 북방 항로를 태평양쪽에서 탐험하는 일이었다.

1776년 7월 석탄 수송선인 레절루션호와 어드벤처호를 이끌고 플리머스 항을 출발한 쿡은 태즈메이니아와 뉴질랜드를 거쳐 탐험 거점인 타히티에 도착했다. 그 뒤 쿡 선단은 북진하여 한 달 후에는 유럽인 최초로 하와이 제도에 이르렀다. 그는 일 년 내내 여름이 계속되는 이 쾌적한 군도를 탐험을 지원한 초대 영국 해군대신의 이름을 따 샌드위치 제도라고 불렀다.

그 후 쿡은 태평양을 북상하여 베링 해협에 이른 뒤 북위 70도 30분 지점까지 도달해 킹조지 만을 발견했다. 그러나 빙산에 가로막혀 태평양에서 대서양으로 빠지는 수로를 발견하는 데는 실패했다. 쿡은 하와이 제도에서 겨울을 나면서 재도전을 위해 진영을 가다듬었다.

1779년 2월 14일 쿡은 선박 사고가 일어나는 바람에 기항하게 된 하와이 섬에서 주민들과 전투를 벌이는 도중 갑작스레 50세의 인생을 마감했다.[58] 쿡은 3번의 항해를 통해 남극권에서 북극권에 이르는 광

---

58) 처음 하와이 원주민과 쿡의 선원들 사이는 나쁘지 않았다. 쿡의 선원들은 하와이 원주민들에게서 환대를 받았다. 하지만 그들은 하와이인들의 문화

대한 태평양 상의 여러 섬들을 발견하고 그 전모를 밝히는 데 성공했다.

오스트레일리아와 뉴질랜드가 영국령이 된 것도 쿡 덕분이었다. 1776년 아메리카의 13개 식민지가 '독립선언'을 발포하고 1783년 독립을 달성하자 영국의 식민지대신 시드니는 오스트레일리아의 보타니 만과 포트잭슨 만 주변에 아메리카 식민지를 대신하는 새로운 유형 식민지를 건설했다. 1788년 영국 해군대신 아서 필립이 757명의 유형자와 장교, 관리 등 1,030명을 태운 11척의 선단을 이끌고 포트잭슨 만에 상륙했다. 그는 그곳을 식민지대신의 이름을 따서 시드니라고 불렀다. 영국인 최초의 오스트레일리아 이주이다.

'오스트레일리아의 현관'이자 세계 유수의 미항 가운데 하나인 시드니는 쿡이 죽은 지 10년이 채 못돼서 건설되었다. 그 이면에는 아메리카 식민지가 영국 지배로부터 벗어나 아메리카합중국으로 독립하는 대사건이 존재하고 있었다.

대항해시대 이후의 항해는 대부분 태평양의 중위도 해역에 치우쳐 있었지만, 쿡의 항해는 남과 북의 고위도 해역에서 이루어진 것으로 태평양이라는 대양의 전체 모습을 밝히는 결과를 낳았다. 이런 점에서 쿡은 태평양의 역사에 커다란 전환을 가져온 인물이다. 항해 기술의 진보라는 측면에서 볼 때도 쿡의 항해는 혁신적이었다. 오랜 기간 태양이나 특정한 별의 고도를 관측하여 위도를 측정했지만 정교한 시계가 없었기 때문에 경도 측정은 매우 어려웠다. 배의 위치를 측정하

를 이해하지 못했다. 당시 태평양 섬들의 원주민들은 외지에서 온 사람들을 환대하는 대가로 그들의 배를 선물로 받는 관습이 있었다. 쿡은 환대를 받았지만 그냥 하와이를 떠났다가 레절루션호에 사고가 나는 바람에 다시 하와이로 되돌아왔다. 원주민들은 쿡의 배들을 보고 그에 부속된 작은 보트를 관습에 따라 그냥 가져가려 했고, 쿡과 선원들은 이것을 원주민들의 '도둑질'로 보았다. 이 때문에 충돌이 일어났고 격렬한 싸움 중에 쿡이 사망했다. 즉 쿡의 사망은 '이문화간 충돌'로 빚어진 사건인 것이다.

기 위해 가로 좌표축은 확정되어 있었지만 세로 좌표축이 부정확했던 것이다.

예전에는 선수 가까이에서 나무토막을 바다로 던져 그것이 미리 측정해둔 배의 위치로 흘러오기까지의 시간을 모래시계로 재서 배의 진행 거리를 측정했지만, 16세기가 되면 일정한 간격으로 매듭을 지은 밧줄을 이용하여 정해 놓은 시간 안에 매듭이 몇 개나 나오는지를 보고 진행 거리를 측정하게 되었다. 밧줄의 '매듭'을 영어로 '노트'라고 한다. 배의 속도는 이러한 측정법에 기초해 '노트'(1시간에 1해리= 1,852미터의 속도)라고 불린다.

경도는 기준선을 정해 그곳에서의 거리를 정확한 시계를 사용하여 측정하면 정확히 알 수 있다. 하지만 어떤 악천후 속에서도 정확한 시간을 알 수 있는 정밀한 시계를 제작하는 일은 매우 어려운 작업이었다. 그래서 영국 정부는 현상금을 내걸고 튼튼하고 정확한 시계를 공모했다. 가구 직인 해리슨은 연구를 거듭한 끝에 흔들림이나 온도차에 영향을 받지 않는 정확한 선박용 시계를 발명했다. 그는 이것을 그리스 신화의 '시간의 신' 크로노스의 이름을 따 '크로노미터'라고 이름 지었다. 신뢰할 수 있는 선박 시계가 등장한 것이다. 크로노미터에 런던 근교의 그리니치 표준시를 설정함으로써 배가 현재 있는 위치의 시간과 표준시의 시간차로 '경도'를 측정할 수 있었다. 쿡의 제2차, 제3차 항해는 크로노미터를 사용한 최초의 항해이기도 했다.

7장
영국과 엠파이어 루트
– 세계 바다를 제패한 영국

제7장 영국과 엠파이어 루트
- 세계 바다를 제패한 영국

1. 범선 시대의 마지막을 장식한 클리퍼선

▌ 산업혁명 시기에 출현한 최고의 쾌속 범선

19세기는 산업혁명으로 강력한 정치경제 체제를 구축한 유럽이 세계를 제패하고 다른 지역을 종속시켜간 시대였다. 이러한 시대를 견인한 것이 철도와 증기선이었다. 그렇다고 산업혁명으로 세계 바다에서 범선이 단번에 사라지고 증기선 시대로 옮겨간 것은 아니다. 육상에서 증기기관차에 의한 철도 건설이 급속하게 진행되고 있었던 데 비해 해상에서는 범선이 오랫동안 주도권을 계속 쥐고 있었다. 19세기 전반은 미국에서 탄생한 '클리퍼'라고 하는 쾌속 범선의 전성기였다. 증기선은 끊임없는 기술 혁신 끝에 1860년 무렵이 되어서야 겨우 바다세계를 주도하게 된다. 범선과 증기선의 비율은 1850년에는 9대 1이었지만 1900년에 이르면 4대 6이 된다.

19세기 전반 대서양과 태평양을 제패한 범선 클리퍼는 신흥국 미국에서 탄생한 뒤 영국에서 기술적 개량을 거쳐 완성되었다. 클리퍼는 좁고 긴 선체와 매우 높은 마스트가 특색이었다. 일반적으로 3개의 마스트에 20개 정도의 가로돛을 구비하고 있었기 때문에 미풍에도 5

에서 6노트(1시간에 9킬로미터에서 11킬로미터)의 속도로 항해가 가능했다. 우리에게도 익숙한 아름다운 모습의 범선이다.

클리퍼선의 역사는 미국독립전쟁(1775~1783)으로 거슬러 올라간다. 독립전쟁 시기 아메리카 식민지에서는 소형의 쾌속 밀수선이나 사략선이 영국 해군의 눈을 피해 활발한 상업 활동을 전개하고 있었다. 그들의 최대 수입원은 영국 정부가 고액의 세금을 부과한 홍차를 유럽에서 밀수하는 일이었다. 아메리카에서 소비되는 홍차의 90퍼센트가 밀수된 홍차였다고 한다. 그 때문에 경영 위기에 빠진 동인도회사를 구제하기 위해 1773년 본국 정부는 차조례를 만들어 동인도회사에게 홍차 전매권을 부여했다. 그러자 식민지 상인들은 이를 자신들의 사활이 걸린 문제로 받아들였다. 밀수 상인이나 선원 등이 차조례에 맹렬하게 반대하면서 결국 보스턴 차사건이 일어나게 된다. 아메리카 선주민으로 변장한 60명이 차를 운반하기 위해 보스턴에 입항한 3척의 동인도회사 선박을 습격하여 차 상자 342개(약 1만 파운드)를 바다 속으로 던져버린 것이다. 이 사건을 계기로 본국 정부와 식민지 사이의 대립이 격화되었고 결국 미국독립전쟁으로 이어진 것은 잘 알려진 사실이다.

식민지군의 소형 범선 스쿠너는 독립을 지원한 프랑스의 소형 범선 라가와 함께 전쟁에서 대활약했다. 식민지군은 뉴욕, 필라델피아 그리고 세계 최대 규모의 천연 항구를 가진 조선업의 중심 볼티모어 등에서 민간 선박을 그러모아 영국 해군에 대항했다.

유럽에서 나폴레옹 전쟁이 계속되고 있던 1812년, 미영전쟁(1812~1815)이 발발하자 영국군은 볼티모어를 본거지로 하는 사략선을 파괴하기 위해 1814년 볼티모어 매킨리 암 주변에서 격렬한 전투를 벌였다. 같은 해 8월 수도 워싱턴이 영국군에게 함락당하고 화이트하우스가 불에 탔지만, 미국군은 9월 볼티모어에서 영국군을 물리친 뒤 전세를 만회하고 평화 교섭에 박차를 가했다. 참고로 작곡가이자 시인인

프랜시스 스코트 키는 매킨리 요새 전투에서 영감을 얻어 후일 미국
국가가 되는 '별이 빛나는 깃발(The Star Spangled Banner)'을 작사했다
고 한다.

미국 개척이 진행됨에 따라 뉴욕과 영국의 여러 항구를 연결하는
범선의 왕래가 활발해지고, 미국 조선업도 급성장을 보였다. 미영전
쟁 시기에는 400~500톤 규모의 범선이 사용되었지만 1850년대가 되면
1,500톤급 범선이 일반화되었다.

영국과 달리 목재 자원이 풍부한 점이 미국에서 범선 건조가 활발
했던 이유이다. 메릴랜드 주 볼티모어 주변에서 건조된 소형 범선 스
쿠너는 '볼티모어 클리퍼'라고 불리며 우수한 쾌속 범선으로 명성이
자자했다. 스쿠너의 장점은 속도가 빠르고 조종하기 쉬운 점이었다.
이에 비해 대서양을 오가는 가로돛 중심의 대형 선박은 안정성과 많
은 적재량을 자랑했다. 얼마 안 가 미국은 스쿠너와 대형 선박의 장점
을 조합해 범선 최고의 걸작이라고 일컬어지는 쾌속 범선 '클리퍼'를

그림 7-1 미국의 클리퍼선(앤토니어 제이콥슨, 1913. 출전: Wikipedia)

건조해 범선 왕국의 자리를 차지하게 된다.

길고 예리한 선수, 날렵한 선체(배의 길이와 폭의 비율이 6대 1 혹은 5.5대 1), 배 길이의 4분의 3이나 되는 높은 마스트를 특징으로 하는 클리퍼선은 바람을 받으면 마치 나이프가 천을 찢듯이 물을 예리하게 헤치며 나아갔다. 클리퍼는 '질주'를 의미하는 미국 영어 'clip'에서 유래한다.

클리퍼선은 이윽고 대서양과 태평양을 제패하게 된다. 1846년에 진수한 클리퍼선 시위치호는 뉴욕과 홍콩 사이를 104일 만에, 광저우와 뉴욕 간을 81일 만에 왕복해 그 속도를 세계에 과시했다. 19세기는 '유럽 팽창의 세기'로, 유럽은 아시아, 아프리카, 남북아메리카, 오세아니아 등지로 세력을 확장해갔다. 그런 상황 속에서 미국에서 탄생한 쾌속 범선 클리퍼가 커다란 역할을 했던 것이다.

▌차 수송 클리퍼선의 속도 경쟁

19세기 영국과 미국에서는 중국산 홍차의 수요가 비약적으로 증가했다. 당시는 아직 아삼 홍차59)가 발견되기 이전이어서 홍차 산지는 중국뿐이었다.

동인도회사 선박 이스트인디언맨(당시는 배 이름에 '맨'을 붙였다)은 전통적인 범선으로 그다지 속도가 빠르지 않았기 때문에 항해 도중에 발효가 되어 홍차 품질이 떨어지는 경우가 많았다. 좋은 품질의 홍차를 운반하는 데는 배의 속도가 생명이었다. 특히 신차 수확기에

---

59) 아삼 홍차는 인도 동북부 아삼 지방에서 생산되는 홍차로, 중국과 함께 이곳은 천연 다원이 존재하는 유일한 곳이다. 아삼은 중국에 이어 세계 2위의 홍차생산지였다. 아삼 홍차는 1823년이 되어서야 스코틀랜드인 로버트 브루스가 처음 발견하여 영국으로 종자를 도입했고, 19세기 중반부터 본격적으로 생산되었다.

는 가장 먼저 차를 들여온 배가 커다란 이익을 챙겼다. 새로운 해에 거둬들인 홍차를 누구나 고대하고 있었던 것이다.

이를 노린 것이 미국 동해안의 무역상들이었다. 그들은 일찍이 유럽과 아메리카를 연결하는 대서양에서 홍차 밀수로 부를 축적한 사람들이었다. 신선도가 생명인 차 수송과 하루 평균 속도가 200해리나 되는 쾌속 범선 클리퍼를 조합하면 틀림없이 큰 돈벌이가 될 것이라고 확신했던 것이다.

1840년대 이후 클리퍼선을 이용한 찻잎 수송이 시작되었다. 마침 아편전쟁(1840~1842)에서 패배한 청국이 1842년 난징조약을 계기로 그때까지 해외 무역을 독점해왔던 '13공행(公行)'이라는 특권 상인을 폐지하여 홍차의 자유 무역이 실현되었다. 또 1849년에는 영국 항해법이 철폐되어 아시아와 영국 사이의 무역도 널리 개방되었다. 모든 조건이 갖춰진 것이다.

홍차 수송은 '양키 클리퍼'라는 미국 범선이 주로 담당했는데 97일 만에 홍콩과 런던을 연결했다. 클리퍼선이 운송하는 고급 찻잎은 비싼 가격으로 거래되었기 때문에 이익률이 높아 한 번의 항해로 범선 건조비의 60퍼센트에서 70퍼센트를 메울 수 있을 정도의 이익이 발생했다. 1856년 런던의 차 상인들은 가장 먼저 신차를 런던으로 들여오는 배에 차 1톤당 1파운드의 상금을 내거는 등 신차 선전에 열을 올렸다.

그러나 미국에서 남북전쟁(1861~1865)이 일어나자 미국 상인들은 홍차 무역을 돌아볼 겨를이 없어졌고, '양키 클리퍼'의 시대도 저물어 갔다. 1860년대에는 영국의 차 수송 클리퍼선(티 클리퍼)이 중국산 차의 수송을 독점하게 된다.

이익률이 높은 신차를 수송하는 시기가 되면 매년 성능이 뛰어난 여러 척의 클리퍼선이 속도를 경쟁하며 차 수송에 뛰어들었다. 그 중에서도 1866년 태평호, 애리얼호, 세리카호 사이에서 벌어진 '티 레이스'는 유명하다. 바다 사나이들의 명성과 상금을 건 대규모 범선 레이스였다.

차를 싣고 5월 30일에 푸젠의 푸저우(福州) 항을 출항한 5척의 클리퍼는 3개월 동안 바다에서 서로 만나는 일 없이 항해를 지속했다. 하지만 실제는 거의 동시에 자바 섬을 통과하여 희망봉을 거쳐 계속 북상했다. 선두 경쟁에 나선 3척의 배 가운데 세리카호는 마지막 단계에서 뒤쳐졌지만, 태핑호와 애리얼호는 마지막까지 선두를 주고받는 격렬한 경쟁을 벌인 끝에 9월 6일 밤 9시 45분에 태핑호가, 그리고 불과 30분 뒤인 10시 15분에 애리얼호가 런던에 도착했다. 이 레이스는 차 수송 클리퍼선의 명승부로 널리 회자되었고, 상금은 두 배가 반씩 나눠가졌다. 3척의 차 수송 클리퍼선이 펼친 명승부는 그 뒤로도 런던 사람들 사이에서 화젯거리가 되었다.

1872년에도 '바다의 귀부인'이라고 불리던 커티삭호와 쾌속선으로 명성이 자자했던 서모필레호 사이에서 '티 레이스'가 벌어졌다. 후일 위스키 이름이 되는 커티삭호와 쾌속선 서모필레호의 대결은 런던 사람들 사이에서 커다란 반향을 불러일으켰다. 참고로 커티삭호라는 배 이름은 스코틀랜드 민화에 등장하는 마녀 나니의 '짧은 속옷'(스코틀랜드의 게일어로 Cutty Sark)에서 유래한다. 나니는 우연히 마녀들의 술잔치를 목격한 타모라는 주인공을 뒤쫓아 바람처럼 질주한 마녀이다. 커티삭호의 선수에 왼손을 높이 치켜들고 바람에 머리카락을 날리며 질주하는 나니의 동상이 설치되어 있는 것은 그러한 이유에서였다.

길이 85미터의 커티삭호는 한때 서모필레호를 740킬로미터나 앞섰지만 태풍으로 인해 키가 부러지는 바람에 1주일이나 뒤처졌고 결국 분루를 삼켜야 했다. 그러나 키가 부러지는 상황 속에서도 분투한 커티삭호에 많은 동정이 쏟아졌다. 그 결과 커티삭호의 명성이 치솟았다. 일종의 약자에 대한 동정심이라고 할 수 있다. 참고로 경쟁에서 승리한 서모필레호는 평균 시속 26킬로미터로 항해를 계속해 범선 항해 속도의 최고 기록을 수립했다.

수에즈 운하가 개통되고 홍차 재배지가 인도 동북부와 세일론 섬 등지로 확대되자 차 수송 클리퍼선의 시대가 막을 내렸다. 대신 오스트레일리아에서 대량의 양모를 수송하는 양모 수송 클리퍼선의 시대가 열렸다. 1885년 클리퍼선 시대의 마지막을 장식하는 레이스가 양모 수송으로 무대를 옮겨 벌어졌다. 이번에도 서모필레호와 커티삭호가 주인공이었다. 이 경쟁에서는 커티삭호가 2주일이나 빨리 도착해 큰 차이로 설욕에 성공했다. 드디어 숙원을 달성한 선주 잭 윌즈는 매우 기뻐하여 황금색 여성용 속옷으로 만든 풍향계를 메인마스트에 장식했다고 한다.

그 뒤 커티삭호는 포르투갈인 선주에게 넘어갔지만 1922년 한 독지가가 다시 사들여 지금도 템스 강변 그리니치에 박물관용 선박으로 계류되어 있다. 1869년 수에즈 운하가 개통되고 증기선 수송이 일반화되자 쾌속 범선 클리퍼의 시대는 1890년대에 막을 내렸다. 증기선 시대로 완전히 이행한 것이다.

▍ 골드러시로 활황을 맞은 신항로

신항로가 급성장한 것과 캘리포니아 및 오스트레일리아의 골드러시 사이에는 밀접한 관련이 있다. 황금을 좇는 사람들의 욕망이 신항로를 활성화시키는 계기가 되었다.

1848년 미국 캘리포니아에서 금광이 발견되었다. 약 6.5킬로그램의 순도 높은 금이 워싱턴에 도착했다는 소식이 전해지자 골드러시가 일어났다. 1849년의 일이었다. '49년의 남자들(forty niners)'이라 불리는 8만 명 이상의 사람들이 일확천금을 노리고 동부에서 캘리포니아로 밀어닥쳤다. 그러나 아직 대륙횡단열차가 없던 시절이어서 6개월이나 되는 장기간의 마차 여행을 감내해야 했다.

이런 이유로 뉴욕에서 남미 최남단의 혼 곶을 우회하여 샌프란시스코에 이르는 범선 항로가 단번에 활기를 띠게 되었다. 샌프란시스코 만 입구에 위치한 샌프란시스코는 1769년 스페인의 멕시코장관이 파견한 탐험대가 도착했던 항구로, 예전에는 스페인어로 예바 부에나(Yerba Buena, '좋은 풀'이라는 의미)라고 불렸다. 1776년 성 프란체스코 수도회의 선교사가 포교 거점을 구축했고, 미국·멕시코 전쟁(1846~1848)이 벌어지고 있던 1846년에 미국 해군이 멕시코령 샌프란시스코 만과 주변 마을을 점령했다. 그리고 이듬해에 오늘날의 지명으로 이름을 바꿨다. 샌프란시스코는 골드러시로 인구가 크게 늘어나 1850년에 시로 승격되었다. 1869년에는 대륙횡단열차가 샌프란시스코 만 주변까지 도달해 태평양의 관문이 되었다. 1900년이 되면 인구가 34만 명을 헤아리게 된다. 1937년에는 4년에 걸친 난공사 끝에 전체 길이 2,825미터의 현수교인 금문교(Golden Gate Bridge)가 완성되어 도시의 상징이 되었다.

골드러시 이전 동부에서 샌프란시스코에 이르는 항로는 2만 900킬로미터 이상이나 되었는데, 남미 최남단의 혼 곶 주변 해역은 '노호하는 40도대'의 강한 편서풍이 불고 때때로 풍속이 50미터를 넘는 곳이었기 때문에 거의 사용되지 않는 항로였다. 1년에 겨우 4, 5척의 배만이 샌프란시스코 만에 들어올 뿐이었다. 샌프란시스코는 변경에 위치한 한산한 항구에 불과했다.

골드러시가 시작되기 15년 전인 1834년, 19살의 학생 리처드 데이나는 미국 서해안에서 들소 가죽을 수송하는 범선 필그림호에 선원으로 승선했다. 그는 자신이 남긴 자세한 항해 기록 『범선 항해기(*Two Years Before the Mast*)』에서, 혼 곶에서 만난 10일 이상이나 지속된 맹렬한 폭풍우를 수호신이 자기로부터 도망가는 배를 발견하고는 노여움을 10배로 해서 덮쳐왔다고 묘사하고 있다.

황금에 대한 욕망은 가공할 만한 것으로, 골드러시가 일어나자 그런 힘든 항해 따위는 아랑곳하지 않고 수많은 사람들이 혼 곳을 우회하여 밀려들어왔다. 한시라도 빨리 샌프란시스코로! 범선 운임은 천정부지로 치솟았고 클리퍼선을 새로 건조하는 일도 급격히 늘어났다. 놀랍게도 운임은 5배로 뛰어올랐다. 1849년 4월부터 다음해 1월까지 약 10개월 동안 실로 805척의 배가 혼 곳을 경유해 4만 명을 샌프란시스코로 수송했다. 150일 동안의 항해를 이겨내야 했다. 이처럼 아메리카 동해안과 서해안을 연결하는 범선을 '캘리포니아 클리퍼' 또는 '혼 클리퍼'라고 불렀다. 후일 이 항해는 100일 정도로 단축되었다.

1851년 이번에는 오스트레일리아의 빅토리아 지방에서 금광이 발견되어 오스트레일리아에서도 골드러시가 일어났다. 19세기 골드러시의 제2막이 열린 것이다. 1852년 8만 6,000명의 영국인이 황금을 구하기 위해 오스트레일리아로 건너갔다. 오스트레일리아 인구는 1849년의 26만 5,000명에서 1851년 40만, 1861년 117만 명으로 격증했다. 오스트레일리아에서도 이민 붐이 일어난 것이다. 이처럼 각지에서 활약한 클리퍼선은 1860년대 이후 해상 운송의 최고 자리를 증기선에게 물려주게 된다.

2. 대서양 항로를 성장시킨 정기우편선 수송

▌국가가 지원한 정기우편선회사

미국이 팽창함에 따라 미국과 유럽 국가들 사이에 사람과 정보의 이동이 활발해졌다. 종래와 같이 상품을 수송하는 데 그치지 않고 사람과 정보를 옮길 필요가 발생한 것이다. 특히 신선함이 생명인 정보를 전달하기 위해서는 속도가 관건이었다. 그리하여 우편물을 운반하는 쾌속 정기우편선이 등장하게 된다. 우편물 수송에 대해 국가가 보조금을 지불하는 제도에 힘입어 해운업이 발달하게 된 것이다.

우편선은 '패킷(packet)'이라고 불린다. '패킷'의 어원은 '패킷 보트'로, 원래는 네덜란드 함대에서 함대 지휘관이 각 배에 지령을 내릴 때 사용하는 전령선(傳令船)을 가리키는 말이었다. 우편선은 정부의 공문서나 주요 인물을 수송하는 임무를 띠고 있었다. 정부 보조를 받고 행하는 크고 작은 우편물 수송 사업은 이익률이 높아 선박회사의 입장에서는 절호의 수입원이었다.

미영전쟁 후인 1816년 유럽과 미국 간의 우편물 수송과 정기 여객 수송에 종사하는 우편선회사가 뉴욕에 탄생했다. 대형 우편선을 이용한 수송이 나중에 정기 여객 수송으로 이어졌다.

처음에 우편물 수송을 담당한 것은 클리퍼선이었다. 그러나 아무리 쾌속이라도 범선은 바람에 의존할 수밖에 없다. 언제 입항할지도 모르는 우편선을 두고 승객을 모집할 수는 없는 일이었다. 정기적으로 범선을 취항시키는 방법을 강구할 필요가 있었다. 그러한 상황 속에서 같은 속도의 범선 4척을 취항시켜 매달 정해진 날짜에 영국 리버풀과 미국 뉴욕 간을 항해하는 운항 시스템이 탄생했다. 그것을 담당한 회사가 미국의 '블랙홀 라인'이었다.

블랙홀 라인이 처음 취항시킨 4척의 배는 약 50톤 규모의 작은 배였다. 하지만 1820년이 되면 총톤수 400톤의 범선 10척을 건조하여 패킷 수송을 궤도에 올렸다. 우편선은 포어 세일(foresail, 앞 돛)과 메인 세일(mainsail, 주 돛)에 검정색 구슬 모양의 세일 마크를 달고 한 달에 한 번꼴로 정기 수송을 했다. 회사는 미국과 유럽의 주요 위치에 파수대를 설치해 배의 도착을 확인했다고 한다. 검정색 구슬의 세일 마크는 자사선의 출입을 빨리 식별하기 위한 표시였다.

일 년 내내 정확하게 운행되고 운임도 쌌기 때문에 블랙홀 라인은 많은 승객을 모집하는 데 성공했다. 회사는 1855년까지 미국행 이민 수송에서 중심 역할을 했다. 참고로 1821년부터 1920년 사이에 3,600만 명 이상이 미국과 캐나다로 이주했다. 정기우편선은 요금에 따라 서비스 차이가 컸다. 소수의 일등실 선객은 호화로운 선상 여행을 즐길 수 있었지만, 선박 하부나 중갑판으로 내몰린 이민자들은 식사도 스스로 해결해야 했다. 유럽에서 건너간 이민자들은 많은 고생 끝에 겨우 신천지 미국에 도착할 수 있었다.

큐나드사의 정기우편 증기선

우편선을 정기 항로로 육성하는 일은 국가사업으로 변해갔다. 부국 강병을 위해 항로를 지배할 필요가 있었기 때문이다. 우편선은 전시 중 군사 수송선으로 전용되었다. 정부의 자금 보조를 받는 우편선회사가 늘어갔다. 영국은 1837년 이후 우편선을 적극적으로 육성하기 시작했고, 그것을 관할하는 부처도 우정성에서 해군성으로 넘어갔다. 해군이 우편선회사를 조성한 것이다.

오늘날 세계 유수의 선박회사 중 하나인 큐나드사를 창설한 캐나다의 사무엘 큐나드도 우편선회사로 기반을 닦았다. 그는 일찍이 보스턴의 범선 운항 회사에서 일하고 있었는데 미국의 우수한 범선에 대항하기 위해서는 증기선을 효율적으로 운항하는 것 외에 달리 방도가 없다고 생각했다. 큐나드사는 한 달에 한 번 영국을 출발해서 캐나다 해리팩스를 경유해 뉴욕에 이르는 대서양 횡단 우편사업을 시작해 영국 정부로부터 보조금을 얻는 데 성공했다. 큐나드사 최초의 우편선

유니콘호는 1840년 27명(일설에는 24명)의 승객을 태우고 리버풀 항을 출항해 해리팩스를 거쳐 보스턴 항에 입항했다.

2월혁명으로 유럽이 크게 요동치고 있던 1848년, 큐나드사는 4척의 1,800톤급 외륜(外輪) 증기선을 리버풀과 뉴욕 간 항로에 취항했다. 그 중 한 척인 브리타니아호는 길이 70미터, 총톤수 1,135톤의 외륜선으로 3개의 마스트에 돛도 갖추고 있었다. 그러나 총적재량의 74퍼센트를 석탄이 차지하고 있었기 때문에 화물 수송은 거의 불가능했다. 브리타니아호는 최초의 항해에서 영국 리버풀과 캐나다 해리팩스 사이를 평균 8.5노트의 속력으로 12일과 12시간 만에 주파했다. 나머지 3척도 미국의 클리퍼선에 대항할 수 있을 정도의 쾌속선이었다. 4척의 배는 큐나드사의 쾌속선대로서 이름을 날렸다.

큐나드사는 속도뿐만 아니라 쾌적한 대서양 여행의 실현을 목표로 삼았다. 갑판에 젖소우리를 만들어 매일 아침 갓 짜낸 신선한 우유를 승객들에게 제공함으로써 호평을 받았다고 한다. 아직 저온살균 방법이 발견되기 이전의 시대에 매일 신선한 우유를 마시는 일은 육상에서도 어지간해서는 누릴 수 없는 사치였다. 지금 생각해 보면 참으로 여유가 있는 시대였다고 할 수 있다.

미국의 뉴욕·리버풀 우편선회사(콜린즈 기선)도 미국 정부의 지원을 받아 증기선을 이용한 정기우편 수송을 시작했다. 콜린즈 기선은 에도(江戸) 시대 말기 일본에 왔던 페리 제독의 감독 하에 2,000톤 이상의 목조 외륜선 4척을 건조해 큐나드사에 대항했다. 두 회사의 치열한 가격 경쟁으로 북대서양 항로의 운임은 크게 떨어져 결국 반값이 되었다고 한다. 가난에서 벗어나기 위해 미국으로 건너가고자 했던 유럽의 이민자들에게 이보다 더 좋은 소식은 없었다. 1862년이 되면 큐나드사는 최초의 스크루 증기선 파시아호를 대서양 항로에 투입한다.

3. 증기선 시대를 연 기사 브루넬

▌ 대양에서 실용화하기 힘들었던 증기선

이야기가 조금 거슬러 올라가지만 산업혁명으로 인해 농업사회에서 공업사회로의 극적인 전환이 진행되었다. 도시는 공산품을 대량으로 생산하는 경제 도시가 되었다. 영국의 여러 도시에서 사용된 증기기관의 수가 1823년의 약 1만 대에서 1855년에는 약 40만 대로 급증한 사실만 보아도 그것을 알 수 있다. 선철(銑鐵) 생산량도 1720년의 2만 5,000톤에서 1850년의 2,000만 톤으로 늘어났다. 가히 '도시 폭발'이라고 해도 좋을 정도였다. 새로운 시대는 도시의 과밀화, 즉 '제2의 도시혁명'과 방대한 도시 인구를 지탱하는 철도·증기선 네트워크의 형성, 다시 말해 '네트워크 혁명'이라고 하는 서로 연동하는 두 가지 변혁을 수반했다.

그러나 철도 건설 붐과 정기적인 증기선 항로의 정착 사이에는 반세기의 시간차가 있었다. 대량의 석탄을 실어야 하는 장거리 증기선 항로를 궤도에 올리기 위해서는 수많은 기술적 어려움을 극복해야 했고, 동시에 지구 전역에 걸친 석탄 보급 기지망을 건설할 필요가 있었다. 대양 한가운데서 증기기관이 고장 날 경우 이는 치명적이었기 때문에 증기선이 사람들로부터 신뢰를 얻기까지는 많은 시간을 필요로 했다.

증기기관을 추진력으로 하는 배로 최초로 항해한 사람은 프랑스의 클로드 주프루아[60]였다. 1783년 그는 길이 45미터의 피로스카프호('불

---

[60] 정식 이름은 클로드 프랑수아 도로테르, 주프루아 다방 남작이다. 주프루아 다방 남작은 1773년부터 증기기관을 배에 적용하는 방법을 연구해 1776년 회전날개로 움직이는 13미터짜리 증기선을 발명했고, 1783년에 마침내 최초의 외륜선 피로스카프호를 만드는 데 성공했다. 하지만 프랑스 학술원은

의 배'라는 의미)에 복동식(複動式) 증기기관으로 움직이는 물갈퀴바퀴를 달고 리옹 근처의 손 강을 15분 동안 항해하는 데 성공했다. 그러나 당시는 프랑스혁명 직전으로, 재정적 여유가 없었던 정부로부터 지원을 받을 수 없어 결국 실용화에는 이르지 못했다. 그 후 1807년 미국의 로버트 풀턴(1765~1815)이 외륜식 증기선 클러몬트호[61](배 길이 42.8미터)를 건조하여 시속 8킬로미터의 속도로 뉴욕 허드슨 강에서 올버니까지 약 240킬로미터를 32시간 만에 거슬러 올라가는 데 성공했다. 수차(水車) 이미지를 도입하여 현측에 증기기관과 연동하는 '외차(外車)'를 설치했다. 소나무를 연료로 하는 클러몬트호가 32시간 동안 항해한 거리는 범선을 이용할 경우 4일이 걸리는 거리로, 증기선이 하천 교통기관으로서 획기적인 수단이라는 사실이 실제로 증명되었다.

펜실베이니아의 한 농장에서 태어난 풀턴은 잠수함 건조와 관련된 지식을 습득하기 위해 파리에 유학했는데 그때 알게 된 프랑스 주재 미국 대사의 지원을 받아 증기선을 완성했다. 그는 기업가로서도 성

그림 7-2
풀턴의 클러몬트호
(그림 福迫一馬)

그의 발명품을 파리에서 시연하는 것을 가로막고 주프루아의 경쟁자에게 기회를 주었다. 그리고 프랑스혁명이 일어나 주프루아의 실험은 중지되었다.

[61] 정식 명칭은 'North River Steamboat'였는데, 나중에는 Clermont로 알려져 흔히 그렇게 불리고 있다. 하지만 이는 잘못된 것이라 한다.

공해 증기선을 정기적으로 취항시켜 재산을 형성했다. 1816년까지 미국의 하천을 오가는 증기선은 모두 풀턴이 건조한 것이었다고 한다. 최초의 증기 군함도 풀턴이 1815년에 건조한 데모로고스호였다. 영국에서는 1812년 헨리 벨(1767~1830)의 목조 외륜선 코메트호가 클라이드 강의 글래스고와 그리녹을 연결하는 항로에 정기 취항했다. 증기선을 이용한 상업 항해가 시작된 것이다. 그 뒤 10년 동안 영국에서 건조된 증기선의 수는 151척에 달했다.

증기선은 하천 교통이나 근해 교통에서는 성공을 거두었지만 넓은 대양에서의 항해는 여의치 못했다. 장거리 항해를 위해 배에 대량의 석탄을 실어야 했기 때문에 비경제적이었던 것이다.

1819년 목조 외륜선 사바나호(320톤)가 90마력짜리 기관을 달고 27일 만에 북아메리카의 사바나와 영국의 리버풀을 잇는 대서양 횡단에 성공했다. 하지만 사바나호는 80시간에서 90시간분의 연료밖에 실을 수가 없어 많은 부분을 돛에 의존했다. 대서양을 횡단하여 아일랜드 앞바다를 통과할 때 인근 곳의 파수대는 검은 연기를 내뿜으며 나아가는 사바나호를 보고 화재가 발생했다고 오해했다고 한다. 증기선은 해상 화재나 기관 고장의 위험을 안고 있었다.

사바나호는 기본적으로 범선이었다. 바람이 있을 때는 돛을 이용해 항해했다. 증기기관은 바람이 없는 동안만 사용했다. 돛을 이용해 달릴 때는 항해에 방해가 되지 않도록 외차를 떼서 갑판에 보관했다고 한다. 사바나호는 75톤의 석탄과 연료를 배에 싣고 있었지만 항해에 필요한 양에는 전혀 미치지 못했다. 다시 말해 항해에 필요한 만큼의 석탄을 실을 수 없었던 것이다. 참고로 증기기관을 탑재하고 유럽에서 아메리카 대륙으로 처음 항해한 범선은 영국의 사략선 라이징스타호였다. 라이징스타호는 1821년 10월 영국을 출항하여 1822년 4월 칠레의 항구 파르파라이소에 입항했다.

증기선 시대 전야

증기기관만으로 처음 대서양을 횡단한 배는 브리티시 앤드 아메리칸 기선회사의 시리우스호(703톤)였다. 시리우스호는 35명의 승무원과 여객 44명을 태우고 1838년 3월 28일 런던을 출항하여 아일랜드의 코크 항에 기항한 뒤 4월 4일 대서양을 횡단하기 시작해 23일 정오 무렵 뉴욕 항에 도착했다. 범선으로는 45일, 증기기관을 병용할 경우 30일이 걸리던 대서양 횡단 기록을 단번에 18일 반으로 단축시킨 것이다.

원래 시리우스호는 잉글랜드와 아일랜드를 연결하는 증기선이었지만, 그레이트웨스턴 철도회사의 기사 브루넬이 대서양 횡단 전용 증기선으로 건조한 그레이트웨스턴호가 완성되기 직전에 브리티시 앤드 아메리칸 기선회사가 임시로 빌린 배였다. 제일 먼저 증기기관만으로 대서양을 횡단한 선박회사라는 명성을 어떻게든 확보하려는 회사의 고육지책이었다.

템스 강 하구를 항해하던 중 화재가 발생하여 시리우스호보다 4일 늦게 브리스틀 항을 출항한 대서양 횡단 전용선 그레이트웨스턴호(1,320톤)는 15일과 10시간 만에 대서양을 횡단해 시리우스호와 같은 날 오후 2시에 뉴욕에 입항했다. 불과 몇 시간 뒤처졌을 뿐이었다. 이 항해에서 그레이트웨스턴호는 석탄 약 600톤을 소비했다. 200톤의 석탄이 그대로 남아 있는 상태였다. 대서양을 고속으로 횡단하는 증기선의 계속된 입항으로 뉴욕 항은 들끓었다. 새로운 바다 시대가 이 날 시작되었다고 해도 결코 과언이 아니다. 아시아에서 아편전쟁이 일어나기 2년 전, 대서양은 일대 전환기를 맞고 있었다.

기상천외한 발상을 현실로 바꾼 브루넬

그레이트웨스턴호는 영국의 철도회사 그레이트웨스턴사의 터무니

없는 발상을 현실화한 것이었다. 원래 철도회사였던 그레이트웨스턴 사의 중역 회의에서 런던 브리스틀 간 약 190킬로미터의 철도를 뉴욕까지 연장할 수 없는가란 문제로 논란이 벌어졌고, 증기선을 운항하면 문제가 해결된다는 결론에 이르렀다. 보통은 농담으로 끝날 이야기를 현실로 바꾼 사람은 회사에서 철도 부설과 철교·역사 건설 등을 담당하고 있던 30살의 철도 기사 브루넬[62]이었다. 그는 뛰어난 기술과 착상으로 철도회사의 기상천외한 발상을 현실로 바꾼 것이다.

브루넬이 건조한 배는 2대의 측면 레버가 달린 증기기관(750마력)으로 움직이는 목조 외륜선이었다. 철재로 보강된 외륜선은 길이 약 72미터, 폭 약 10.7미터, 깊이 7미터, 총톤수 1,320톤, 여객 정원 148명으로 당시로서는 엄청난 규모였다. 계산에 따르면 런던에서 뉴욕까지의 항해 일수는 15일, 석탄 소비량은 500톤이었다. 배는 800톤의 석탄을 실을 수 있게 설계되었고 증기기관이 고장 날 경우를 대비해 4개의 마스트와 돛을 장착하고 있었다.

그레이트웨스턴호는 가로 23미터, 세로 7미터의 큰 홀과 일등 및 이등 선실을 갖춘 본격적인 호화 여객선으로, 1838년부터 64회에 걸쳐 대서양을 횡단해 증기선 정기 취항을 궤도에 올렸다. 브루넬의 공적은 컸다. 이후 노후화된 범선을 이용한 화물·여객 수송은 증기선으로 대체되어 갔다.

아시아 해역에서는 1825년 470톤 크기의 영국 증기선 엔터프라이즈호가 113일에 걸쳐 런던에서 희망봉을 돌아 인도 캘커타에 도착했다. 항해 내용을 보면 증기기관을 사용한 항해가 64일, 돛을 이용한 항해

---

[62] Isambard Kingdom Brunel: 1806~1859년. "공학 역사상 가장 독창적이고 많은 성과를 올린 인물 중 한 사람", "19세기 공학의 거인 중 한 명", "획기적인 설계와 독창적인 건조물로 영국의 경관을 바꾼 산업혁명의 가장 위대한 인물 가운데 하나"라는 평을 들었다.

가 39일이었고, 석탄 탑재에 10일을 소요했다. 그러나 17명의 승객과 약간의 화물을 제외하고는 대부분이 석탄이어서 도저히 이익을 기대하기 힘들었다. 또 석탄을 사용하기 시작하면 흘수선이 올라가 배의 조종이 불안정해졌기 때문에 탱크에 물을 채워 일정한 중량을 유지해야만 했다.

▌철선 시대를 개척한 그레이트브리튼호

증기선은 배가 대형화되면서 거대한 '외륜(外輪)'을 제조해야 하는 곤란한 문제에 봉착했다. 해군도 외륜이 대포의 표적이 되고 그것이 파괴될 경우 군함이 옴짝달싹 못하게 되는 것을 심각한 문제로 인식했다. 이러한 문제를 해결하기 위해 새로이 개발된 것이 스크루였다.

1840년경 날개가 3개인 스크루가 추진력이 매우 뛰어나다는 사실이 알려지자 실용화의 가능성이 열렸다. 외륜선에서 선미 수면 아래에 스크루를 단 암차(暗車)기선으로 이행하기 시작한 것이다. 해수면 아래에 있는 스크루가 보이지 않았기 때문에 '암차'라고 불렀다.

영국인 프랜시스 P. 스미스는 스크루 기술 개발에 매진해 1836년 영국 해협에서 시험 주행에 성공했다. 1839년에는 영국 해군성이 스크루를 추진력으로 하는 소형선 아르키메데스호를 건조해 취항했다. 브루넬은 6개월 동안 아르키메데스호를 항해해보고 그 매력에 푹 빠졌다.

1846년이 되자 브루넬은 여섯 날개의 대형 스크루를 장착한 최초의 철제 대형선 그레이트브리튼호(길이 96.6미터, 폭 15.5미터, 깊이 15.3미터, 3,270톤)를 완성해 대서양 항로에 투입했다. 6년에 걸쳐 완성된 획기적인 철제선박이었다.

당시 철선은 무거워서 바다에 뜰 수 없다고 생각하던 시대였지만 브루넬은 철선의 경제성과 스크루 성능의 우수함에 착목했다. 그 결과 그레이트브리튼호는 스크루를 추진력으로 하는 본격적인 증기선이자 철제 대형 증기선으로 조선 역사에 길이 남는 배가 되었다. 참고로 철선이 보급된 데는 조선용 목재 가격의 급등이라는 요인이 작용했다. 초기의 증기선은 목조였는데 목조 기선이 대량으로 건조되기 시작하자 목재 공급이 핍박해진 것이다. 여기에 수면 마찰이 적은 철선이 목조선보다 20퍼센트 정도 속도가 더 빠르다는 사실이 밝혀져 철선 건조가 급속하게 진척되었다. 무게 면에서도 철선은 목조선의 3분의 1이었다.

해양공학을 연구하는 모토즈나 가즈미치(元綱數道)는 철선이 가진 이점으로 ①목재에 비해 강도가 뛰어나 목조보다 약 30퍼센트 정도 가볍고, ②대형화가 가능하며, ③이중 바닥이나 수밀격벽(水密隔壁)을 쉽게 설치할 수 있어 좌초나 충돌 시에 침몰할 위험이 적고, ④항해 중 물이 새는 일이 적으며, ⑤화재에 강하고, ⑥목조와 달리 공산품이기 때문에 재료 공급에 대한 불안이 없다는 여섯 가지 점을 들고 있다.

그레이트브리튼호는 1846년 뉴욕으로 가는 다섯 번째 항해 도중 아일랜드의 던드럼 만에서 좌초했다. 그러나 선창이 6개 부분으로 나뉘어져 있는 데다 강인한 선체 덕분에 침몰을 면할 수 있었다. 승무원과 승객이 모두 무사하게 하선했을 뿐만 아니라 18개월간의 좌초에도 불구하고 수리를 거쳐 다시 항해에 나섰다. 뜻밖의 사고를 계기로 철선의 우위가 증명된 셈이다.

1852년 그레이트브리튼호는 그 전년의 금광 발견 소식으로 골드러시가 일어난 오스트레일리아 항로에 투입되었다. 크림 전쟁과 세포이 반란이 발발했을 때는 군사 수송선으로 징발되었다. 그 뒤 그레이트브리튼호는 포클랜드 섬에서 석탄과 양모를 보관하는 창고 선박으로 사용되었다. 1937년이 되자 이 유명한 배는 창고로도 사용되지 않게 되었다. 항구 바깥 해안으로 인양된 그레이트브리튼호는 썩어가도록 방치되었다. 90년의 역사가 조용히 종지부를 찍는 것처럼 보였다. 그러나 1960년대에 들어 그레이트브리튼호를 보존하려는 움직임이 일어났고, 배는 1970년 거대한 바지선에 실려 130년 전에 탄생한 브리스틀의 그레이트 웨스턴 드라이 도크 조선소로 되돌아왔다. 그레이트브리튼호는 현재 해사박물관 선박으로 일반에게 공개되어 있다.

▌ 너무 일렀던 '해상 도시'

몇 년 뒤 브루넬은 석탄을 보급하지 않고도 오스트레일리아까지 항해가 가능한 거함을 구상하기에 이른다. 오스트레일리아의 골드러시가 영감을 준 것이다. 당시 오스트레일리아 이민 수송에 사용되던 증기선은 도중 케이프타운에서 석탄을 보급 받아야 했기 때문에 비용이 들었다. 석탄은 영국에서 미리 범선으로 옮겨놓은 것이었다.

브루넬은 대형 선박의 보일러 연소 효율이 높다는 점에 착안하여 1만 8,000톤급의 대형선을 투입하면 석탄 외에도 많은 화물과 승객을 실을 수 있어 충분히 이익을 낼 수 있을 것이라고 생각했다. 막대한 양의 석탄을 싣고도 수지를 맞추기 위해서는 일반 배보다 5배 내지 6배 이상 더 큰 선박이 필요하다는 계산이었다.

그래서 브루넬은 당시의 기술 수준을 훨씬 뛰어넘는 길이 207미터, 폭 25미터, 깊이 18미터, 총톤수 1만 8,914톤의 거선을 설계했다. 좌초에 대비해 선체를 10개의 구역으로 분리하고 흘수선 이하의 선저 부분을 이중으로 하는 등 견고한 구조를 가진 배였다. 선미에는 스크루를 달았고, 6개의 마스트에는 가로돛을 장착했다. 또 오스트레일리아에서 돌아오는 도중 갠지스 강의 지류 후글리 강을 올라가 캘커타에 기항하도록 되어 있었기 때문에 얕은 강을 운항할 때 사용할 직경 18

미터의 외차 두 개를 현측에 달았다.

1854년 템스 강 하류의 아일 오브 도크에서 거함 건조가 시작되었다. 이제껏 없었던 거함을 건조하는 데는 예상을 훨씬 뛰어넘는 비용이 들어가 공동 경영자 러셀이 도중에 파산하는 일도 있었지만, 1857년 11월 3일 드디어 거함이 완성되었다. 건조 중에는 『구약성서』 욥기에 나오는 거대한 바다 괴물의 이름을 따 '리바이어던'이라고 불렀지만, 완성 후에는 회사명을 따라 그레이트이스턴호라고 정식으로 이름 붙였다.

그레이트이스턴호는 템스 강변의 일반적인 도크에서는 건조할 수 없을 정도로 큰 배였다. 그래서 조선소 인근 토지에 강과 평행을 이루는 선대가 설치되었고 거기서 건조 작업이 이루어졌으며 배를 세로 방향으로 진수시키는 특이한 방법이 취해졌다.

여태껏 없었던 방법으로 거선을 진수시킨다는 소문이 런던 거리에 퍼졌다. 역사적인 순간을 보기 위해 수많은 사람들이 몰려들었다. 입장료를 받았음에도 불구하고 런던 사람들은 떼를 지어 아일 오브 도크 앞으로 운집했다. 배는 콘크리트로 만들어진 토대에 철도용 레일을 깐 진수대 위를 조용히 미끄러져 내려갈 참이었다. 하지만 선체와 측면의 외륜이 너무나 거대했기 때문에 진수는 실패로 끝났다. 그레이트이스턴호는 경사각도 12분의 1인 미끄럼판을 불과 1.2미터 정도 내려가다가 갑자기 멈춰서버렸다. 완전한 실패였다.

그 뒤 영국 전역에서 4,500톤 무게를 버틸 수 있는 수력 기중기를 그러모아 선체를 띄운 상태로 이동시키는 방법으로 1858년 1월 31일 겨우 진수에 성공했다. 진수에만 73만 파운드의 막대한 비용이 들어가 이스턴 스팀 내비게이션사는 도산 위기에 처했다. 그레이트이스턴호는 당시의 기술 수준을 훨씬 뛰어넘는 배였던 것이다.

브루넬은 1859년 9월 5일 병든 몸을 이끌고 취항이 임박한 거선을 찾아 그레이트이스턴호의 5개의 거대한 굴뚝 가운데 하나를 배경삼아 기념사진을 촬영했다. 그 직후 그는 심장 발작을 일으켜 병상에 들고 만다. 그로부터 이틀 뒤 시험 운행 도중 단지네스 등대 앞바다에서 굴뚝 하나가 폭발해 그레이트이스턴호에 타고 있던 선원 3명이 사망하는 사고가 일어났다. 사고 원인은 외차 엔진을 시험하기 위해 가설된 코크를 잠근 상태로 운행해 증기관의 압력이 지나치게 상승했기 때문이었다. 선체는 거의 손상을 입지 않았고 항해에도 지장이 없었지만 생사의 귀로에서 방황하고 있던 브루넬에게 사고 소식은 커다란 충격을 주었다. 낙담한 브루넬은 9월 15일 대양을 가로지르는 미증유의 철제 거선의 모습을 상상하며 53세의 생애를 마감했다.

그레이트이스턴호는 16만 파운드를 주고 배를 사들인 그레이트쉽사에 의해 1860년에 완성되었다. 일등 선객 800명, 이등 선객 200명, 삼등 선객 800명, 다해서 1,800명이 승선할 수 있는 그레이트이스턴호는 원래 예정되어 있던 오스트레일리아 항로가 아니라 대서양 항로에 취항하게 되었다. 그레이트이스턴호는 3년 동안 9회에 걸쳐 대서양을 항해했지만 예상보다 승객이 모이지 않아 거액의 적자를 낸 뒤 항로에서 철수하고 경매에 붙여졌다.

그 뒤 남 눈에 띄는 행동을 즐기는 나폴레옹 3세가 파리 세계박람회에 미국인을 대거 부를 수 있는 화젯거리를 제공하기 위해 아직 살 사람이 나타나지 않고 있던 그레이트이스턴호를 전세냈다. 메이지유신이 일어나기 바로 전해인 1867년 1,000명이 넘는 승객을 태운 그레이트이스턴호는 14일 동안 리버풀에서 뉴욕으로 항해했다. 유명한 소설가 쥘 베른(1828~1905)은 동생과 함께 이 배에 탑승했다. 그는 항해 경험을 바탕으로 『떠있는 도시(*Une ville flottante*)』라는 소설을 집필했다.

쥘 베른이 생각하기에 조선 기술의 최고 걸작인 그레이트이스턴호는 4,000명의 승객이 탈 수 있는 해상 도시로, 단순히 항해를 하는 기

그림 7-3 그레이트이스턴호(그림 福迫一馬)

계에 그치지 않고 하나의 소우주이자 사회를 바다 위로 옮겨놓은 것
이었다. 그레이트이스턴호는 배를 넘어 바다에 떠있는 도시라는 것이
쥘 베른의 감상이었다.

소설은 '나'라는 인물이 미국을 구경하기 위해 '해상에 떠있는 도시'
그레이트이스턴호에 승선하는 데서부터 시작된다. 이야기는 1867년 3월
영국 리버풀을 떠나 뉴욕으로 향하는 그레이트이스턴호의 호화로운
식당과 살롱을 무대로 전개되는데 그것은 마치 오늘날의 세계 일주
크루즈를 연상시키기에 충분할 정도이다. 소설 속에는 배에 승선한
엘렌이라는 여성을 둘러싸고 그녀의 옛 연인인 인도군 영국인 대위
파비앙과 그녀와 결혼한 방탕아 해리의 결투를 클라이맥스로 복잡한
인간관계가 묘사되어 있다. 6개의 마스트, 5개의 굴뚝, 이중 선저를
구비한 그레이트이스턴호는 외륜·돛·스크루를 같이 사용하며 봄바
람을 헤치고 14일간의 항해 끝에 뉴욕에 입항한다. '나'는 일주일간의
미국 관광을 마친 뒤 다시 그레이트이스턴호로 프랑스의 브레스트로
돌아온다.

쥘 베른의 시대는 철도 보급과 증기선 항로의 성장으로 지구가 갑
자기 좁게 느껴진 시대였다. 80일 만에 세계를 일주하는 일이 꿈이 아
니게 된 것이다. 그의 소설 『80일간의 세계 일주』(1872)는 『모닝 크로

니클』 지상에 게재된 80일간의 세계 일주 여행 플랜을 그 바탕으로 한 것이다. 21세기 '지구 시대'로 달려가는 레일이 깔린 것이다.

▌ 다가온 본격적인 증기선 시대

그 뒤 그레이트이스턴호를 능가하는 배는 좀처럼 나타나지 않았다. 그레이트이스턴호는 본격적인 호화 여객선 시대가 오기 20년 전에 등장했기 때문에 이렇다 할 활약의 무대도 없이 바다 역사에서 쓸쓸히 퇴장했다. 1865년이 되면 그레이트이스턴호는 해저 케이블을 부설하는 선박으로 거듭나 10년 동안 대서양과 인도양에 각각 다섯 개와 한 개의 케이블을 깔았다. 지구 규모로 정보가 오가는 통신 시대를 준비한 것이다. 그 뒤 그레이트이스턴호는 리버풀의 마지 강변에 계류되

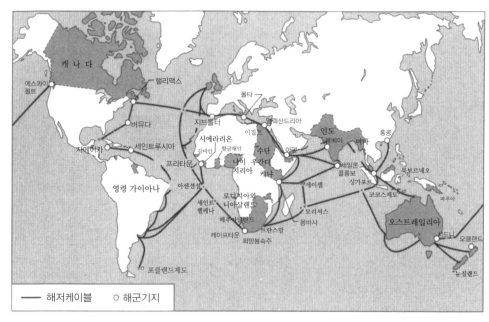

그림 7-4 영국의 주요 식민지, 해군 기지, 해저 케이블
(폴 케네디, 『강대국의 흥망』)

어 수상극장으로 많은 사람들을 즐겁게 했지만 1888년 파쇄업자에게 팔려 3년에 걸쳐 해체되었다. 쓸쓸한 최후를 맞이했지만 영국 해운업은 이러한 이야기들이 교차하는 가운데 성장해갔다.

1854년 스크루를 추진력으로 하는 1,850톤 크기의 증기선 아고호가 영국에서 오스트레일리아로 가서 다시 오스트레일리아를 출발해 아메리카 최남단의 혼 곳을 경유해 영국으로 되돌아왔다. 희망봉을 경유한 64일간의 항해였다. 이 배는 최초로 세계 일주 항해에 성공한 증기선이 되었다.

1860년대는 해상 수송의 일대 전환기였다. 북대서양 항로에서 범선 회사들이 전면적으로 철수하고, 외륜선이 스크루선으로 대체되었다. 그 뒤로도 기술 혁신이 계속 일어나 1868년부터 1879년에 걸쳐 해상 운송 비용이 반으로 줄어들었다.

1880년대가 되면 2축 스크루를 사용한 대형선이 정기 항로에 취항한다. 이러한 종류의 배는 스크루 중 하나가 고장 나더라도 다른 스크루로 항해가 가능했기 때문에 돛이 전혀 필요 없었다. 외양선의 모습이 크게 변화한 것이다.

4. 대동맥이 된 대서양 항로

▌대서양 항로를 수놓은 블루리본

증기선 정기 항로가 성장함에 따라 유럽과 미국의 거리가 가까워져 두 세계의 관계는 급속히 강화되었다. 미국, 영국, 독일 등의 여러 선박회사는 대서양을 오가는 선객을 두고 서로 경쟁했다. 회사의 평판이 올라가면 승객이 늘어나는 것은 당연한 일로, 선박회사는 자사 선박의 이미지 향상을 위해 대서양 횡단 속도를 올리는 데 주력했다.

증기기관(피스톤식 기관)이 개량되어 1884년 마테로호가 대서양 항로에서 고압 삼연성(三連成)기관을 일반화시켰고, 94년에는 사연성기관이 완성되었다. 실린더에도 개량이 더해졌다. 증기 팽창력이 올라가고, 기관의 중량·용적이 감소하고, 연료 효율이 증가했다. 19세기 말이 되면 이전에 비해 중량과 용적이 훨씬 작을 뿐만 아니라 진동도 덜하고 또 고속으로 움직일 수 있는 터빈 엔진이 등장한다. 터빈 엔진의 실용화, 스크루 프로펠러 보급, 강철선 출현 등으로 바다세계도 기술 혁신 시대에 접어들었다.

때는 내셔널리즘의 전성 시대였다. 영국, 프랑스, 독일, 미국 등은 국위를 걸고 최신 기술을 이용한 쾌속 호화 객선을 취항시켰다. 속도는 계속 갱신되었다. 그런 가운데 북대서양 항로를 가장 빠른 평균 속도로 횡단한 배의 마스트에 그 증거로 청색 리본을 달도록 했다. 그것이 '블루리본'이다. 최근에는 영화계의 블루리본상이 유명하지만 19세기 후반에서 20세기 전반에는 각 나라의 선박회사가 국가의 명예를 걸고 블루리본을 획득하기 위해 경쟁했다. 참고로 블루리본의 파란색은 영국 기사(Knight)의 최고 훈위인 가터 훈장의 색깔이기도 하다. 영어로 Blue Blood는 '귀족 혈통', '명문' 등을 의미한다. 왕실에서 사용되는 도자기를 '로열 블루'라고 하는데 이도 같은 용법이다. 즉 스피드 기록을 갱신하면 회사는 '명문' 대접을 받고 하나의 '브랜드'로 평가되었다.

경합을 벌이는 국기(國旗)들

19세기 말이 되면 신흥공업국 독일의 선박회사가 독일 이민자의 격증을 노리고 대서양 항로에 본격적으로 뛰어들었다. 1897년 카이저

빌헬름 데아 클로제(빌헬름 대왕)호라고 하는 영국인의 입장에서 볼 때 매우 자극적인 이름을 가진 신예 선박이 취항을 시작했다. 길이 약 190미터, 총톤수 1만 4,000톤의 이 배는 평균 속력 12노트로 항해하여 블루리본을 손쉽게 차지해버렸다. 이어서 독일이 제작한 더 큰 여객선 도이치란트호가 블루리본을 획득했다.

지금까지 영국의 큐나드사, 화이트 스타 라인사, 인맨사, 기온사 등이 경쟁하던 블루리본을 하필이면 영국 패권에 도전하고 있던 독일의 선박회사에게 빼앗긴 것이다.

위기감을 느낀 영국 정부는 큐나드사에 보조금을 지급하여 길이 240미터, 총톤수 3만 2,000톤의 거함 루시타니아호와 모리타니아호를 잇따라 건조하게 했다. 1907년 루시타니아호가 블루리본을 되찾아왔고, 이어서 속력 26노트의 모리타니아호가 1909년부터 1929년까지 20년 동안 블루리본을 계속 획득해 영국의 체면을 지켰다. 그러나 호화 객선 루시타니아호는 제1차 세계대전 중인 1915년 독일 잠수함에게 침몰당하고 만다. 이 사건이 미국 참전의 구실이 되었다.

5. 영국을 뒷받침한 아시아 석탄 보급 기지군

▍아시아의 식민지화와 정기우편 수송

훗날 아시아 항로에서 영국을 대표하는 선박회사가 되는 퍼닌슐러 스팀 내비게이션사는 1837년 런던과 지브롤터 해협 간의 정기우편 수송을 개시했다. 이 회사는 아편전쟁이 시작된 1840년 영국 해군성의 보조금을 받아 지중해 입구의 지브롤터에서 이집트 알렉산드리아까지 정기 항로를 개설해 주 1회 배를 배정했다. 회사 이름도 퍼닌슐러 앤드 오리엔탈 스팀 내비게이션사(이하 P&O사로 약칭)로 개명했다.

P&O사는 1842년 증기선 힌두스탄호로 런던 캘커타 간 정기 항로를 열어 영국 왕실로부터 우편 수송 회사로 지정되었다. P&O사는 월 1회 우편물 수송 의무를 수행하는 대신 많은 보조금을 받았다. 세포이 반란의 책임을 지고 1858년 동인도회사가 해산되자 영국은 인도 식민지를 직접 관할했다. 이후 P&O사는 인도에 이르는 엠파이어 루트를 담당하는 회사로서 영국의 아시아 지배에 크게 공헌하게 된다. 참고로 '퍼닌슐러(Peninsula)'는 이베리아 반도를 가리킨다. 이 회사는 1833년 포르투갈에서 내전이 일어났을 때 포르투갈 정부 측에 선박을 대여하고 그에 대한 보상으로 포르투갈 항로에 대한 권리를 획득한 적이 있었다. 이것이 '퍼닌슐러'라는 이름을 사용하게 된 이유이다.

P&O사의 아시아 네트워크와 석탄 보급 기지군

P&O사는 1845년 세일론 섬의 항구 가루와 홍콩 사이에 정기 항로를 개설했다. 이후 1847년에는 항로를 가루에서 인도 봄베이(현재의 뭄바이)까지 연장하고, 1850년이 되면 홍콩 상하이 간에 정기 항로를 개설하는 등 아시아에서 정기 항로를 단계적으로 늘려갔다. 1863년에는 상하이, 나가사키, 요코하마도 월 2회의 정기선(1,000톤 전후)으로 이어지게 된다.

1842년부터 1860년 무렵까지 P&O사는 ①영국-수에즈-캘커타, ②영국-인도-페낭-싱가포르-홍콩-상하이, ③영국-수에즈-세일론 섬-오스트레일리아 등의 항로를 개설해 영국과 아시아 및 오세아니아 각지를 연결하는 대표적인 선박회사가 되었다. 서유럽의 도시와 식민지의 항구 도시가 서로 깊게 연결된 것이다. 항로 활성화로 인해 아시아의 식민지화도 가속도가 붙었다.

런던에서 캘커타로 가기 위해서는 사우샘프턴 항까지 기차로 이동한 뒤 출항했다. 포르투갈의 리스본, 지브롤터 해협에 면한 아프리카 쪽 지브롤터, 지중해 중앙의 몰타 섬, 케르키라 섬, 이스탄불, 사이로스 섬, 스미르나 등지에 석탄 보급 기지가 조성되었다. 항로는 석탄 보급 기지들을 연결하며 점점 늘어났다.

수에즈 운하가 개통되기 이전에는 지중해를 항해해 이집트의 알렉산드리아까지 가서 그곳에서 홍해에 면한 수에즈까지 381킬로미터를 4일에 걸쳐 육상으로 통과한 뒤 다시 수에즈에서 다른 배로 갈아타고 캘커타로 갔다. 승객들은 알렉산드리아에서 카이로까지 나일 강을 거슬러 올라가 피라미드를 구경한 뒤 낙타를 타고 수에즈로 향했다. 그야말로 여유가 넘치는 여정이었다.

수에즈에서 시작하여 수에즈 만과 홍해를 거쳐 바브엘만데브 해협에 면한 아프리카의 페림, 영국 해군의 상주 기지인 아덴 만의 아덴, 아라비아 반도의 쿠리야무리야 제도, 인도 서해안의 봄베이, 세일론 섬의 트링코말리, 인도 동해안의 마드라스, 캘커타(지금의 콜카타), 인도네시아 반도의 페낭 섬, 말라카 해협에 면한 싱가포르, 양질의 석탄이 채굴되는 보르네오 섬 북부의 라부안 섬, 영국 동인도함대의 기지 홍콩, 상하이 등을 연결하는 네트워크가 형성되어 각 항만에 석탄 보급 기지가 만들어졌다.

영국의 무력에 의해 유지된 이러한 항구들은 영국의 번영을 뒷받침하는 엠파이어 루트를 구성했다. 석탄 보급 없이는 항해가 불가능했다. 범선 시대에는 볼 수 없었던 이러한 항해 조건 때문에 영국이 아시아뿐 아니라 지구 전체에 걸친 해상 네트워크를 구축하고 항만을 지배하는 보기 드문 현상을 낳은 것이다. 번영을 자랑하던 오스만 제국, 무굴 제국, 청 제국을 영국 시장 안으로 포섭하기 위한 네트워크도 형성되기 시작했다. 당연한 일이지만 다른 열강들도 영국을 본받아 자국 네트워크를 확대했다. 바다세계는 큰 변화를 맞이하고 있었다.

　오늘날에도 이전 영국의 엠파이어 루트에 속했던 뭄바이(봄베이), 콜카타(캘커타), 싱가포르, 홍콩, 상하이 등은 아시아 해양세계의 중심적 항구들이다. 참고로 말하면 냉방 시설이 없었던 시절 유럽에서 인도로 갈 때는 배 오른쪽에서 태양빛이 들어오고, 돌아올 때는 왼쪽에서 태양빛이 들어와 선실은 찜통이 되었다. 그래서 빛이 들어오지 않는 쪽 선실에 할증 요금이 붙었다. P&O사의 일등실 배표에는 'P · O · S · H(Port Out Starboard Home)'라고 인쇄되어 있었는데, 그것은 인도로 갈 때는 왼편(Port), 유럽으로 올 때는 오른편(Starboard)이라는 의미였다고 한다.

　오스트레일리아까지 이민을 수송하는 데는 오랜 시간이 걸렸다. 예를 들면 수에즈 운하가 개통한 1869년에 건조된 철제 범선 패트리아

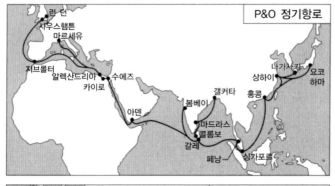

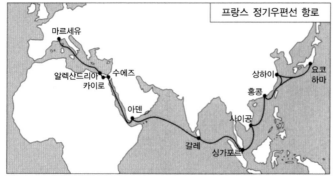

그림 7-5
P&O사 정기 항로와 프랑스 정기우편선 항로
(元綱数道, 『幕末の蒸気船物語』, 成山堂書店, 2004)

치호는 최초의 항해에서 런던을 출발하여 희망봉을 돌아 시드니까지 67일간 항해한 뒤, 아메리카 대륙 최남단의 혼 곳을 경유하여 67일 만에 런던으로 되돌아왔다. 수에즈 운하가 개통되기까지 오스트레일리아로 향하는 배는 지구를 일주하는 항해를 감수해야 했다. 운하가 만들어지자 오스트레일리아 항로는 갈 때는 희망봉을 거치고, 올 때는 수에즈 운하를 경유했다. 얼마 가지 않아 왕복 모두 수에즈 운하를 통과하게 되어 항해 일수도 대폭 줄어들었다.

프랑스의 제국우선회사(약칭은 MI사)도 1862년 월 1회 마르세유—알렉산드리아—수에즈—사이공을 연결하는 정기 항로를 개설하고 사이공—홍콩 사이에 지선을 만들었다. 다음해 1863년 홍콩—상하이 간 정기 항로를 개설하고 65년에는 월 1회 상하이—요코하마 항로를 신설했다. 마르세유와 요코하마는 1865년 정기 항로로 연결되었다.

▌바다세계를 격변시킨 수에즈 운하

증기선으로의 전환이 진행되는 가운데 1869년 수에즈 운하가 개통되어 유럽 해역과 아시아 해역이 직접 연결되는 일대 변혁이 일어났다.

수에즈 운하를 뚫어 지중해와 홍해를 연결하려는 계획은 고대 이집트 이래 계속 있었다. 이집트를 원정한 나폴레옹도 수에즈 운하를 계획했지만 지중해와 홍해의 해수면 차이가 9미터나 된다는 잘못된 관측 결과를 듣고는 건설을 단념했다. 프랑스인 기사 페르디낭 드 레셉스(1805~1894)는 1854년 친분이 있던 이집트의 태수(太守) 사이드로부터 운하 건설 특허와 개통 후 순이익의 15퍼센트를 지불하는 조건으로 99년 동안 수에즈 지협의 조차권을 획득했다.

레셉스는 자본금 2억 프랑(800만 파운드)의 수에즈 운하회사를 설립하여 운하 건설에 착수했다. 건설을 위해 발행한 주식 40만 주 가운데

17만 7,642주는 이집트 태수 사이드가, 20만 7,000주는 프랑스인이, 그외는 오스만 제국이 가져갔다. 1859년 4월에 착공된 공사는 뜨거운 햇볕 아래의 난공사였다. 12만여 명의 이집트인의 희생과 약 11년간의 공사 끝에 1869년 11월 17일, 지중해 측 포트 사이드(태수 사이드의 이름과 port의 합성어. '사이드의 항구'라는 의미)에서 홍해 측 수에즈(아라비아어로 스와이스. 예전 오스만 제국의 해군 기지)까지 약 162.5킬로미터의 수에즈 운하(깊이 8미터, 밑바닥 폭 22미터)가 개통되었다. 1869년 11월 17일 프랑스 황후 외제니가 탄 에이글호를 선두로 각국 수뇌가 승선한 배가 지중해 측 포트 사이드에서 출발하여, 같은 시각 홍해 측 수에즈에서 운하로 진입한 이집트 군함과 중간에 위치한 팀사 호(湖)에서 조우했다. 팀사 호숫가의 도시 이스마일리아(이집트 태수 이스마일에서 유래)에서 6,000명이 모여 연회를 열고 역사적 순간을 축하했다.

선박이 수에즈 운하를 통과하는 데 드는 시간은 약 49시간이었고, 적재 화물 1톤당 10프랑의 요금을 지불했다. 운하 개통으로 런던에서 인도 봄베이까지의 거리는 희망봉을 경유하는 경로보다 5,300킬로미터 줄어들었고, 시간으로 하면 24일이 단축되었다. 즉 항로가 30퍼센트 정도 짧아진 셈이다. 유럽과 아시아의 거리가 극적으로 단축되어 유럽 세력의 아프리카 동해안 및 아시아 진출에 박차가 가해졌다.

영국은 운하 경영권을 획득하는 것을 커다란 목표로 삼았는데 뜻하지 않게 금방 기회가 찾아왔다. 1875년 수에즈 운하회사의 대주주이자 이집트 태수 이스마일이 위기에 처한 이집트 재정을 구하기 위해 자신이 보유하고 있던 주식 17만 6,602주(전 주식의 44퍼센트)를 내놓은 것이다. 하지만 당시 프랑스 · 프로이센 전쟁(1870~1871)에서 패한 프랑스는 이를 사들일 여력이 없었다. 이런 상황에 민감하게 반응한 사람이 영국 수상 디즈레일리였다. 그는 유대인 은행가 로스차일드로부터 자금을 제공받아 397만 6,582파운드에 주식을 취득했다. 이후 영국은 3명의 영국인 이사를 경영에 참가시켜 운하 지배권을 장악했다. 이때 자금을 제공한 로스차일드가 담보를 요구하자 디즈레일리가 "영국을 담보로"라고 대답한 일화는 유명하다.

수에즈 운하를 통과하는 선박은 1870년 486척에서 1900년 3,441척, 1912년 5,373척으로 격증했다. 1890년대에 들어서는 운하회사의 수입이 늘어나 20퍼센트에서 30퍼센트의 배당을 지불할 수 있게 되었다.

계속된 개수 공사로 제1차 세계대전이 시작될 무렵에는 운하의 밑바닥 폭이 처음보다 약 10미터나 넓어져 통과 시간도 16시간 11분으로 단축되었다. 건설 당시에 비해 통과 시간이 3분의 1로 줄어든 것이다. 현재는 15만 톤 규모의 대형 탱커선이 통과할 수 있도록 폭이 160미터에서 200미터로, 깊이는 약 19.5미터로 확대되었다. 그러나 배 폭이 30미터에서 50미터의 대형선이 지나기 위해서는 약 500미터의 폭이 필요하기 때문에 현재의 수에즈 운하로도 좁다.

이러한 이유로 수에즈 운하를 통과하는 배는 10척에서 15척 단위로 선단을 이루어 약 1.8킬로미터의 간격을 유지하며 7노트의 속도로 반나절에 걸쳐 운하를 통과한다. 운하 입구에서 기다리는 시간을 더하면 수에즈 운하를 통과하는 데 족히 하루가 걸리는 셈이다.

8장
대양 시대의 도래
– 바다세계의 글로벌화

제8장 대양 시대의 도래
– 바다세계의 글로벌화

1. 해양 제국을 지향하는 미국

페리 내항과 미국 해군의 실력

지구상의 육지를 모두 합친 것보다 더 넓은 세계 최대의 대양 태평양이 본격적으로 개척된 것은 19세기말 이후부터였다. 1890년에 서부 개척이 일단락되고 해양 제국 건설로 변신을 꾀하던 미국이 바로 그 주인공이었다. 미국은 20세기 두 차례의 세계대전을 치르며 대서양과 태평양의 패권을 거머쥐었다. 하지만 페리 함대가 일본을 찾았을 때는 미국의 서부 팽창이 궤도에 오른 시기로 아직 해양 제국의 모습을 갖추고 있지 않았다. 미국 해군은 이제 갓 태어난 상태였다.

'쇄국'으로 인해 오랜 기간 바다세계로 눈을 돌리지 않았던 일본에게 1853년 7월 8일 해질녘 우라가(浦賀) 앞바다에 페리 제독이 이끄는 4척의 함대, 즉 사스퀘하나호(3,824톤, 증기선), 미시시피호(3,220톤, 증기선), 사라토가호(범선), 플리머스호(범선)가 나타난 것은 그야말로 경천동지(驚天地動)할 사건이었다. '흑선(黑船)'이란 쇄국 시대에 대형 외국선을 부르던 말인데 일본에 기항한 포르투갈선의 선체가 검은색 아스팔트로 칠해져 있었던 데서 유래한다.

페리는 고압적인 함포 외교로 도쿠가와 막부를 위협하여 일본을 개국시키는 데 성공했다. 하지만 1850년대 전반 미국이 소유하고 있던 증기선은 10척에도 못 미쳤다. 실제로 사용할 수 있는 배는 1842년에 완성된 미시시피호, 미국·멕시코 전쟁(1846~1848) 시 건조된 사스쿼하나호(1850년 완성), 파우하탄호(3,865톤, 1852년 완성), 사라나크호(2,200톤, 1850년 완성) 4척뿐이었다. 미국 입장에서 보면 일본 원정에 모든 힘을 다 쏟은 것으로, 태평양의 패권을 논할 여유 따위는 없었다. 당시 미국의 최대 산업은 포경업이었다. 고래를 좇아 일본 근해에서 3, 4년이나 항해하는 포경선에게 식량과 물을 보급하는 항구를 확보하는 것이 원정의 주된 목적이었다.

일본 원정을 위해 페리는 1852년 11월 24일 자신이 직접 책임자가 되어 건조한 미시시피호에 승선하여 노퍽 항을 출발했다. 미시시피호는 대서양과 인도양을 거쳐 다음해 1853년 4월 7일 홍콩에 도착했다. 실로 3개월 반에 걸친 항해였다. 미시시피호에 석탄을 보급하기 위해 미리 출발한 2척의 범선이 케이프타운과 모리셔스 섬에 대기하고 있었고 마디라 섬, 세인트헬레나 섬, 세일론 섬, 싱가포르에서도 석탄을 보급하는 고난의 항해였다.

1854년 2월 13일 우라가 앞바다에 집결한 페리 함대는 3척의 증기선(사스쿼하나호, 파우하탄호, 미시시피호)과 3척의 보급선(범선)으로 구성되어 있었다. 막부와 고압적인 교섭을 벌인 결과 3월 31일 가나가와(神奈川)에서 12개조로 이루어진 미일화친조약이 체결되어 시모다(下田)와 하코다테(箱館)의 개항이 결정되었다. 그러나 체결된 조약문서는 하와이와 파나마를 경유해 100일이나 지나 워싱턴에 전달되었다. 이러한 예에서도 알 수 있듯이 1850년대 태평양의 교통은 아직 미완성 상태였다.

미국 정부로부터 우편물 수송에 대한 보조금을 지원받는 퍼시픽 메일사가 샌프란시스코와 홍콩 간 정기선을 취항한 것은 남북전쟁 (1861~1865) 직후인 1867년의 일이었다. 메이지유신의 전년에 해당한다. 퍼시픽 메일사의 콜로라도호(3,357톤)는 1867년 1월 1일 샌프란시스코를 출발하여 1월 24일 요코하마, 1월 31일 홍콩에 입항했다. 그러나 태평양 항로는 항속 거리가 길기 때문에 약 1,500톤이나 되는 석탄을 적재할 필요가 있어 비경제적이었다.

▌두 개의 대양을 연결하는 해양 제국으로의 변신

19세기 신흥국 미국은 대량의 이민자를 유럽과 아시아로부터 받아들여 서부를 대대적으로 개척함으로써 경이적인 경제 성장을 이룩했다. 19세기 말에는 영국을 제치고 세계 최고의 공업국이 된다. 그러한 경이적인 성장의 원동력이 된 것은 철도 건설이었다. 1869년에 완성된 대륙횡단철도는 그 상징이라고 할 수 있다. 미국은 19세기 말까지 4개의 대륙횡단철도로 대서양과 태평양을 연결하면서 서부로 개척해 갔다. 대규모 철도 경영은 군대식 시스템으로 유지되는 거대 기업들을 낳게 된다.

남북전쟁 후인 1867년 미국의 퍼시픽 메일사가 정부 보조를 받아 태평양을 횡단해 일본과 홍콩으로 가는 정기 항로를 열었다. 1870년부터 런던과 홍콩 사이에 정기 항로를 취항하고 있던 영국의 P&O사도 홍콩에서 요코하마로 항로를 연장했다. 요코하마에서 동·서 항로가 만남으로써 대서양 항로, P&O의 아시아 항로, 퍼시픽 메일의 태평양 항로를 연결하는 세계 일주 항로가 완성되었다. 배를 갈아타며 세계를 일주하는 일이 가능하게 된 것이다.

1890년은 미국으로서는 기념할 만한 전환의 해였다. 국세조사를 통해 서부 개척지의 소멸이 명확하게 된 것이다. 그 결과 미국에서는

'소멸한 프런티어'를 대신해 대서양과 태평양을 연결하는 지정학적 이점을 살린 '바다의 프런티어' 개발 노선이 힘을 얻게 된다. 해양 제국으로 변신하고자 한 것이다.

그러한 방향을 명확히 한 인물이 1890년 『해양력이 역사에 미치는 영향(The Influence of Sea Power upon History)』을 집필한 해군 대령 알프레드 머핸(1840~1914)이었다. 머핸은 해양 제국의 건설을 호소하며 해양 제국을 구축하기 위해서는 근대적 해군의 창설과 해외 기지 확보, 식민지 획득, 제해권 확보 등을 통해 해양력을 키우는 일이 중요하다고 주장했다. 포르투갈, 스페인, 네덜란드, 영국은 모두 해양력으로 세계를 제패했다. 그 뒤를 이을 나라가 대서양과 태평양 사이에 위치하는 지정학적 이점을 가진 미국이라는 것이다.

그의 주장은 미국이 대륙 국가에서 해양 제국으로 변신하는 계기가 되었다. 이후 미국은 두 개의 대양을 지배하는 해양 제국으로의 변신을 꾀한다. 이러한 미국에게 두 개의 대양을 연결하는 카리브 해는 생명선과 같은 바다였다. 북아메리카와 남아메리카의 중간에 위치한 카리브 해는 미국 동부와 서부를 잇는 해운의 요충으로, 그곳에 수로를 만들면 대서양과 태평양을 연결할 수도 있는 중요한 해역이었다. 말그대로 바다의 십자로이다. 그래서 미국은 카리브 해를 자신의 세력권 내로 편입시키고자 했다.

팽창주의자로 알려진 제25대 대통령 매킨리(재직 1897~1901)는 스페인의 식민지 쿠바에서 스페인에 저항하는 반란이 일어나자 아바나 항에 신예함 메인호를 파견했다. 1898년 2월 메인호가 아바나 항에서 원인 불명의 격침을 당해 266명이 사망하자 랜돌프 허스트와 조지프 퓰리처가 경영하는 『옐로 페이퍼』는 '메인호를 잊지 말라'는 캠페인을 대대적으로 전개했다. 미국은 스페인이 침몰시켰다는 확실한 증거도 없이 스페인에게 선전 포고를 했다. 미국·스페인 전쟁이 시작된 것이다.

미국군은 쿠바와 그 주변을 공격하는 한편 태평양 함대로 필리핀을 공격하여 마닐라를 점령했다. 미국·스페인 전쟁은 단 4개월 만에 미국의 압도적인 승리로 끝났다. 스페인은 쿠바 독립을 승인하고 푸에르토리코, 괌, 필리핀을 미국에 넘겼다. 한편 많은 미국인이 이주해 살고 있던 하와이에서는 미국계 이민자들이 중심이 되어 카메하메하 왕조를 무너뜨리고 공화국을 건설해 미국과의 합병을 요구하는 운동이 일어났다. 미국·스페인 전쟁 중이던 1898년 미국은 하와이를 합병했다. 또 미국은 미국·스페인 전쟁을 기회로 태평양에 석탄 보급 기지를 확보해 동아시아 진출을 본격적으로 시도했다.

이러한 상황에서 파나마 지협에 카리브 해와 태평양을 연결하는 운하를 건설하려는 계획이 현실화된다. 미국·스페인 전쟁 중 샌프란시스코에서 카리브 해로 회항하던 전함 오레곤호가 마젤란 해협을 경유하여 68일이나 걸려 겨우 카리브 해에 도착한 것도 미국에게 운하 건

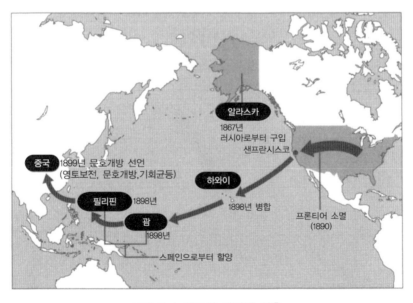

그림 8-1 미국의 태평양 진출

설의 필요를 통감하게 한 일이었다.

▌ 강행된 파나마 운하 건설과 태평양 진출

파나마 운하 건설 공사는 프랑스인 페르디낭 드 레셉스가 설립한 프랑스 운하회사가 이미 1881년에 착공한 상태였지만 상상을 초월하는 난공사로 회사가 파산하고 건설 계획은 좌절되었다. 공사 지역이 열대 습지대였기 때문에 말라리아가 만연해 공사를 계속할 수 없었던 것이다. 1902년 미국은 프랑스 운하회사로부터 운하 건설 권리를 4,000만 달러에 매입하고 콜롬비아에 건설 예정지를 조차해 줄 것을 요구했다. 다음해인 1903년 미국은 태평양 해안의 파나마 시에서 대서양 해안의 콜롬비아에 이르는 폭 16킬로미터의 띠 모양의 지역을 양도하는 조약을 콜롬비아 정부와 체결했지만 콜롬비아 의회가 비준을 거부했다. 그러자 미국은 양도 추진을 요구하는 파나마 주(州) 지주들의 반란을 도와 1903년 콜롬비아로부터 파나마 공화국을 독립시켜 보호국으로 만들었다.

1903년 11월 미국은 파나마 공화국으로부터 운하 공사 권리와 운하지대 조차권을 일시금 1,000만 달러와 1913년 이후 매년 25만 달러를 지불하는 조건으로 사들이고, 1905년부터 공사를 시작했다. 미국 정부는 총공사비 3억 7,500만 달러를 투입해 9년 뒤인 1914년 8월 15일 총 길이 약 80킬로미터의 갑문식 파나마 운하를 완성했다. 일본이 태평양전쟁에서 미국에 패배하기 31년 전의 일이다.

파나마 운하는 카리브 해 리몬 만에 면한 크리스토발과 파나마 만의 발보아를 연결하는 최소 저폭(低幅) 91미터, 수심 12.5미터 이상의 운하이다. 고도차가 있는 지협을 넘기 위해 동·서 양측에 길이 3킬로미터, 폭 33.5미터의 갑문을 3개씩 설치했다. 갑문 안으로 배를 유도

하여 그것을 오르내리게 하는 데는 대량의 물이 필요했기 때문에 차그레스 강을 막아 가툰 호(湖)라는 거대한 인공 호수를 만들었다.

파나마 운하의 개통으로 뉴욕 샌프란시스코 간 항로가 열려 미국의 동부와 서부는 바다로 연결되었다. 그 결과 태평양 해역과 동아시아로의 진출이 본격화되었다. 카리브 해를 사이에 두고 태평양과 대서양이 연결되어 뉴욕과 샌프란시스코 사이의 거리는 약 반으로 줄어들었다.

1999년 미국은 파나마 운하를 파나마 공화국에게 위양했다. 연간 1만 3,000척의 배가 통과하는 파나마 운하는 지금도 태평양과 대서양을 잇는 대동맥으로 기능하고 있다. 하지만 갑문 때문에 운하의 폭과 깊이가 제한되어 있어, 배 폭 106피트(약 32.3미터), 배 길이 965피트(약 294.1미터), 흘수 39.5피트(약 12미터) 이상의 대형선은 통과가 불가능하다.

2. 영국과 독일의 군함 경쟁과 동요하는 인도양

▌킬 운하 건설과 영국에 대한 도전

19세기 말에 일어난 잇따른 기술 혁신과 거대 기업의 등장 그리고 자유무역주의의 동요로 말미암아 '팍스 브리타니카'의 기반이 된 영국 공업의 우위가 무너졌다. 미국이나 독일과 같은 신흥공업국이 출현한 것이다. 미국과 독일은 국가 보호 아래 산업 육성을 도모하고 신기술 체계, 새로운 기업 경영 및 자금 조달 방법 등으로 공업을 급속하게 발전시켜 영국을 추월했다. 영국의 경제성장률이 1860년대의 3.6퍼센트에서 1870년대 2.1퍼센트, 1880년대 1.6퍼센트로 하락한 데 비해, 독일과 미국은 1870년대에서 1914년에 걸쳐 약 5퍼센트의 경제성장률을 기록했다.

신기술 체계로의 이행에서 뒤처지고 임금 수준이 높아 국제경쟁력이 떨어진 영국은 지금까지 축적해온 풍부한 자금과 해상 운임, 보험료 수입, 대외 투자 수익 등을 이용하여 부흥을 꾀했다. 노동력이 싸고 자원이 풍부한 캐나다, 오스트레일리아, 인도, 미국, 라틴아메리카 등의 광대한 식민지나 세력권에 적극적으로 자본을 수출하여 금융 대국이 되는 것에 국가의 운명을 걸었다. 1914년 시점에서 세계 해외 주식 투자의 43퍼센트는 영국이 출자한 것이었다. 프랑스도 러시아, 동유럽, 라틴아메리카 등에 자본을 수출하여 금융 대국의 길을 걸었다.

유럽 국가들은 보호관세 정책을 취해 자국 시장을 보호하면서 세계 시장에서 경쟁했다. 그 결과 강대국 사이의 대립은 점점 심각해졌다. 강대국들은 도시의 공업 능력을 유지하고 막대한 양의 식량과 공업 원료를 확보해야 하는 곤란에 직면했다.

영국을 따돌리고 유럽 제1위의 공업국이 된 독일은 해양 진출을 노렸다. 독일은 항해 보조금 교부, 선박 수입세 면제, 조선 재료 수입세 면제, 선박 재료에 대한 철도 요금 특혜 등과 같은 적극적인 보조 정책을 실행함으로써 발 빠르게 해양세계로 진출했다. 황제 빌헬름 2세(재위 1888~1898)는 현상유지 정책을 고수하던 재상 비스마르크(1815~1898)를 물러나게 한 뒤 신항로(der Neue Kurs) 정책이라는 적극적인 확장 정책을 추진했다.

독일 입장에서는 우선 대부분의 주요 항구가 연해부에 있는 발트해와 세계 바다에 연결된 북해를 잇는 일이 급선무였다. 1887년부터 1895년에 걸쳐 공사가 진행되어, 북해로 흘러 들어가는 엘베 강 하구 부근에서 발트 해에 면한 킬에 이르는 유틀란트 반도 아래 부분에 총 길이 약 99킬로미터, 폭 102미터, 수심 11미터의 북해 · 발트해 운하(일반적으로 킬 운하라고 한다)가 개통되었다. 고저차가 없어 운하가 평탄했기 때문에 북해와 발트 해에 면한 부분에 조수에 대비한 갑문을 설치했을 뿐이었다. 하나의 거대한 수로라고 해도 좋을 것이다. 운하 건설로 북해와 발트 해의 항해 거리는 약 322킬로미터가 단축되었다. 짙은 안개와 빠른 물살 그리고 곳곳에 자리한 얕은 여울이 항해를 위협하는 일도 사라지게 되었다. 독일의 대양 진출의 출발점에는 킬 운하가 존재한다.

운하 동쪽 입구에 위치한 킬은 조수의 간만이 없는 피오르[63] 지형 덕분에 항만으로서 최고의 입지 조건을 갖추고 있어 독일 최대의 군항이 되었다. 킬 운하는 독일이 제1차 세계대전에서 패한 뒤 베르사유 조약에서 국제 수로로 되었다. 킬 운하는 수에즈 운하, 파나마 운하와 함께 세계 3대 운하 중 하나로 꼽힌다.

1895년 킬 운하의 개통식에서 "독일 제국의 미래는 해양에 있다"라고 연설한 빌헬름 2세는 '해양력'이야말로 패권 확립의 기초라고 설파한 미국의 해군 장교 머핸의 저작을 번역하게 하는 등 유럽 해역에서 해양력 확립을 꿈꾸고 있었다.

건함 경쟁과 드레드노트

독일이 발트 해의 러시아 함대와 대서양의 프랑스 함대를 압도하고 항로를 확장하기 위해서는 상선을 보호하는 해군을 증강시킬 필요가 있었다. 독일은 제2위 해군국과 제3위 해군국의 전력을 합친 것만큼의 해군력을 항상 유지하는 방침(2국 표준주의)을 취해온 영국에 대해 심각한 타격을 입힐 수 있는 해군 창설을 목표로 삼았다.

독일 황제 빌헬름 2세는 1898년 이후 급격한 해군 증강에 나섰다.

---

[63] 주 29 참조.

그림 8-2 영국 해군 드레드노트호(출전: Wikipedia)

이에 대해 영국은 패권을 유지하기 위해 노급(弩級) 전함 드레드노트[64] 건조로 대응했다. 드레드노트는 총길이 160미터에 주위를 최대 28센티미터의 강철로 장갑한 전함이었다. 배수량은 당시 가장 큰 전함의 1만 5,000톤을 상회하는 1만 7,900톤이었고, 주포로 12인치(30센티미터) 포 10문을 탑재했다. 종래의 전함 2, 3척분의 공격력을 가진 거대한 전함이었다. 증기 터빈을 도입한 결과 출력이 2배가 되었고 속도는 21노트(시속 약 39킬로미터)까지 올라갔다. 12인치 포를 4문밖에 장착하지 못했던 그때까지의 전함을 진부한 존재로 만들어버린 것

---

[64] 드레드노트는 1906년에 영국에서 건조된 거포만을 탑재한 거대 전함의 이름으로, 이후 이 설계를 따라 만들어진 거대 전함을 '드레드노트급' 전함이라 불렀고, '노급 전함'이라고도 했다. 20세기 초에 격렬한 건함 경쟁을 불러일으킨 드레드노트급 전함은 1차 세계대전 이후 거의 폐기되었고, 수퍼 드레드노트급(초노급) 전함 몇 척만이 2차 세계대전까지 사용되었다.

이다. 화약의 진보로 10킬로미터 이상을 사정거리로 하는 함포 사격도 가능하게 되었다.

독일도 질 수 없었다. 1907년 이후 독일도 같은 규모의 군함 4척을 건조했다. 영국은 1912년 2만 톤 이상, 13.5인치(34센티미터) 주포를 갖춘 초노급 전함을 건조해 이에 대항했다. 양국의 군비 확장 경쟁(건함 경쟁)은 격화일로로 치달았다. 제1차 세계대전이 발발했을 당시 두 나라가 보유하는 노급 이상의 전함은 영국이 29척, 독일은 17척에 이르렀다.

빌헬름 2세는 1899년 오스만 제국의 수도 이스탄불을 직접 방문하여 오스만 제국으로부터 바그다드 철도 부설권을 획득했다. 그는 영국의 3C정책에 대항하는 3B정책을 내걸어 영국에 도전할 뜻을 분명히 밝혔다. 베를린에서 비잔티움(이스탄불)을 경유해 바그다드에 이르러 다시 바스라 항에서 페르시아 만과 인도양으로 진입하는 해양 진출 정책이 그것이다. 독일과 영국은 각기 삼국동맹과 삼국협상을 조직하는 등 제1차 세계대전에 이르기까지 서로 반목했다.

3. 바다세계의 기술 혁신

▌강철과 석유가 바꾼 항해

19세기 후반 유럽과 미국에서는 신기술 발명이 이어졌다. 1870년대가 되면 헨리 베세머가 전로(轉爐, converter)를 발명하고 지멘스사가 평로(平爐, open-hearth furnace)를 개발하여 선철을 대신하는 강하고 유연한 강철이 만들어졌다. '강철 시대'로 진입한 것이다. 1870년대 초에서 19세기 말에 걸쳐 강철 생산은 30배 이상 증가했다. 깨지기 쉬운 선철에서 강인한 강철로 전환함으로써 한층 더 강하고 정교한 기계 제작이 가능하게 되었다. 그러나 그때까지 세계 제철업을 주도했던 영국은 신기술로의 전환에 실패해 강철 생산에서 미국과 독일에 뒤처지고 말았다.

선박 건조 분야에서도 가볍고 강한 강철로 인해 선박의 대형화가 급속하게 진행되었다. 1885년 무렵부터는 철선을 대신해 강철선이 일반화되었다. 강철선에 재빨리 대응한 영국은 1892년경까지 세계 선박의 80퍼센트를 점유하는 조선 대국이 되었지만 중공업국가 독일이 그 뒤를 바짝 뒤쫓았다. 양국의 건함 경쟁은 공업력의 경쟁이었다.

선박용 엔진에도 개량이 더해졌다. 1875년경에는 3,000톤에서 5,000톤급 선박의 경제 효율이 높다는 것이 일반적으로 알려져 대량 수송 시대가 열렸다. 1890년대 영국에서 건조된 배의 90퍼센트가 강철선이었고, 그것은 종래의 석탄을 대신해 중유(重油)를 에너지로 사용했다. 제2차 산업혁명이 바다세계에도 파급된 것이다.

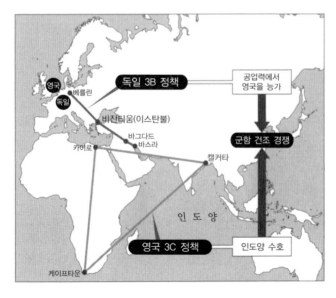

그림 8-3
영국과 독일의
세계 전략

미국에서는 이미 1850년대부터 석유 사용이 시작되었다. 석유는 중량에서 석탄의 3분의 1이었고, 부피도 2분의 1에 지나지 않았다. 그래서 배에 적재하기 편리했고, 보일러의 연소 상황을 미세하게 조정할 수 있어 분진·연기·재를 처리하는 데 수고를 덜 수 있는 이점을 갖고 있었다. 석유로 인해 노동력을 대폭 절감할 수 있었던 것이다. 운항 경비도 석탄 사용 때보다 40퍼센트 줄어들었다. 1902년 태평양을 횡단한 미국 선박 아랍호가 석유를 사용한 최초의 배였다. 보일러 1기당 4만 마력의 출력이었다.

1896년 독일인 루돌프 디젤이 발명한 디젤 엔진이 실용화되어 1902년부터 3년에 걸쳐 중유를 사용하는 선박용 디젤 엔진이 만들어졌다. 디젤 기관으로 항해하는 배는 경비 면에서 석탄을 사용하는 증기선의 60퍼센트 정도였고 항속 거리도 3배나 빨라 효율이 매우 높았다. 기관실도 예전처럼 넓은 공간을 필요로 하지 않았고 기관실 인원도 반으로 줄일 수 있어 경비 절감에 크게 공헌했다.

석유를 연료로 하는 배가 보급된 계기는 제1차 세계대전이었다. 서둘러 참전을 결정한 미국 해군이 승무원 부족을 메우기 위해 효율이 좋고 일손이 필요치 않는 석유를 적극적으로 사용했던 것이다.

▌ 타이태닉호의 비극과 무선 통신망 정비

대서양 항로를 주도하던 영국의 큐나드사에 도전한 회사가 미국의 철도회사 모건 재벌 산하로 들어간 화이트 스타 라인사였다. 양사가 격렬한 경쟁을 벌이고 있는 가운데 해난 사고 타이태닉호의 비극이 일어났다. 블루리본을 획득하기 위해 빙하가 많은 북대서양 항로에 무리하게 진입한 타이태닉호는 1912년 4월 14일 오후 11시 40분 뉴펀들랜드 섬 앞바다에서 빙산과 충돌하여 대서양 아래로 가라앉았다.

타이태닉호는 최신예의 거대 함선으로 디젤 엔진과 레시프로 엔진을 겸비하고 있었다. 그러나 아무리 거함이라고 해도 빙하가 떠도는 바다에는 이길 수가 없었다. 타이태닉호는 북대서양의 빙하 앞에 허망하게 침몰했다. 하지만 그래도 위안거리는 비참한 해난 사고 중에 세계 최초로 SOS를 발신하여, 무선 통신 덕분에 많은 인명이 구조된 일이었다. 우연한 사고를 계기로 무선 네트워크를 통해 배와 육지를 연결할 수 있다는 사실이 세상에 알려진 것이다.

타이태닉호는 이중 선저에 수밀 격벽으로 나뉜 16개의 선창을 갖추고 있었기 때문에 침몰하지 않는 배라고 여겨졌다. 그러나 속도 면에서 타이태닉호는 순항 속도 21노트(시속 약 39킬로미터)의 느린 배였다. 그런 만큼 타이태닉호는 호화 호텔에 버금갈 정도로 내장에 많은 돈을 들였다. 하지만 일정한 속도를 내지 못하면 우수한 배로 평가받을 수 없었다. 회사는 선전 효과를 노리고 무모할 정도의 속도로 안개가 자욱한 북대서양의 빙하 해역에 타이태닉호를 돌입시킨 것이다. 같은 해역을 항해하던 다른 선박으로부터 유빙(流氷)에 주의하라는 무선 연락을 받았지만 타이태닉호는 이를 무시했다.

22.5노트(시속 약 41.7킬로미터)로 온힘을 다해 나아가던 타이태닉호는 눈앞에 갑자기 나타난 빙산을 피하기 위해 선회했지만 끝내 피하지 못하고 우현에 약 100미터 정도 깊은 균열이 가 15일 2시 20분 바다 속으로 침몰했다.

오전 0시 14분 선장은 긴급 신호 SOS 타전을 명령했다. 사건이 일어나기 이전인 1906년에 긴급 신호 SOS가 국제적으로 결정된 바 있었다. 세계 최초로 SOS를 타전한 배가 타이태닉호였다. SOS 신호를 받은 카르파티아호는 침몰 2시간 뒤에 현장에 도착해 695명의 승객을 구조했다. 대양을 항해하는 배의 안전을 위해 무선이 유효하다는 사실이 입증된 것이다. 그러나 가장 가까이에 있던 캘리포니아호는 무선사가

휴식 중이어서 무선을 받지 못했고, 결과적으로 사망자 1,513명이라는 사상 최악의 해난 사고로 기록되었다. 4월 21일자 『뉴욕타임스』는 새로운 전파 시대의 도래를 소개하며 "지금 지상과 해상의 수백만 대가 넘는 무선기가 전파 네트워크를 형성하고 있다. 이 같은 마법과 같은 대기 이용 덕분에 수많은 인명이 구조되었다"고 전했다. 타이태닉호의 비극이 교훈이 되어 1914년 런던 국제회의에서 해상인명안전조약이 체결되었다. 외항 선박의 무선 기계 장착과 구조 신호의 24시간 수신이 의무화되었다.

4. 지구화 시대의 대양세계

▌두 차례의 세계대전과 미국의 해상 패권

오스만 제국을 둘러싸고 영국·프랑스·러시아 블록과 독일·오스트리아 블록 사이에서 벌어진 대립은 발칸 반도의 슬래브 민족주의 운동을 끌어들여 긴장을 더해갔다. 그런 와중에 1914년 보스니아의 수도 사라예보에서 세르비아 청년에 의한 오스트리아 황태자 부처 암살 사건(사라예보 사건)이 발생했다. 이를 계기로 제1차 세계대전(1914~1918)이 발발했다.

독일은 프랑스를 굴복시킨 뒤 곧바로 러시아를 공격하는 단기 결전 작전(Schlieffen 작전)을 폈지만 실패했다. 전선은 교착 상태에 빠졌다. 해상에서는 급하게 전열을 가다듬은 독일 해군에 비해 소프트파워에서 풍부한 전통을 가진 영국 해군이 우위를 차지했다. 그래서 독일은 최신예 잠수함 U보트를 전면에 내세우는 작전으로 전환하여, 1917년 영국과 아일랜드 주변 해역을 교전 구역으로 선포하고 그곳을 항해하는 함선을 무조건 격침시키는 무제한 잠수함 작전을 실시했다. 이 작전은 유럽에 군수 물자와 식량을 수송하는 미국에게 큰 손실을 가져왔다. 독일의 작전은 공해 자유를 침범하는 행위로서 미국에게 참전의 구실을 제공하는 결과를 낳았다.

참전의 결정적인 구실이 된 것은 호화 객선 루시타니아호가 독일 잠수함의 공격으로 침몰당한 사건이었다. 1907년 영국에서 건조된 루시타니아호는 전장 240.8미터, 총톤수 3만 7,939톤, 속력 27.4노트로, 총톤수가 처음으로 3만 톤을 넘어선 거대 객선이었다. 루시타니아호는 1915년 5월 7일 총 1,951명의 승객과 승무원을 싣고 뉴욕을 출발하여 대서양을 횡단한 뒤 아일랜드 해안에 접근하고 있었다. 운명의 오후 2시 10분 독일의 U-20호 잠수함이 아무런 경고도 없이 루시타니아호를 어뢰로 공격해 22분 뒤에 배가 전복되었다. 미국인 128명을 포함해 1,198명이 희생되었다. 희생자 가운데는 94명의 어린이도 포함되어 있었다. 미국의 여론은 들끓었다. 1917년 4월 6일 미국은 연합국의 일원으로 참전을 결정했다.

제1차 세계대전은 총력전이었다. 전쟁 중 약 1,200만 톤의 선박이 바다 밑으로 가라앉았고 약 1,500만 톤의 배가 병사와 물자를 수송하기 위해 동원되었다. 그 결과 전쟁이 끝난 뒤 수송선이 크게 부족해져 1917년에는 부정기 항로의 운임이 전쟁 전에 비해 28배로 급등했다. 전쟁터가 되는 것을 피할 수 있었던 미국에서는 1916년 이후 선박법에 의거하여 선박원(船舶院)이 5,000만 달러의 자금을 갹출하여 조선과 해운 진흥에 힘썼다. 대전 중 미국의 조선 능력은 크게 늘어나 1913년 외양선 건조가 23만 톤이었던 데 비해 1919년에는 300만 톤을 넘어서기에 이르렀다. 약 13배로 늘어난 것이다.

유럽에 대량의 군수 물자와 식량을 보급하는 상선대(商船隊)도 확충되었다. 미국은 전쟁 중 새롭게 건조한 약 900만 톤에 이르는 긴급 상선대(emergency fleet)를 조직했다. 1920년 미국 상선대는 1,240만 톤에 달해 영국을 제쳤다. 조선과 해운이 미국의 새로운 주력 산업이 되어 해양 제국의 내실이 다져졌다. 이를 기초로 미국은 태평양으로 본격적으로 진출하게 되었다. 하지만 그곳에는 일본이라는 경쟁 상대가 존재하고 있었다.

제1차 세계대전은 1917년 미국이 참전함으로써 오스트리아 및 오스만 제국과 손을 잡은 독일의 패배로 끝났다. 수많은 일반 시민과 식민지인들을 끌어들인 총력전이었다. 패전국 독일뿐만 아니라 대전 중 전장이 되었던 프랑스도 패전과 다름없는 타격을 입었고 영국 또한 막대한 전쟁 물자를 수입함으로써 단숨에 채무국으로 전락했다. 제1차 세계대전의 결과 유럽 세력은 크게 후퇴했고, 미국은 채무국에서 영국과 프랑스를 중심으로 약 100억 달러의 채권을 보유하는 세계 최대의 채권국이 되었다.

제2차 세계대전(1939~1945)도 미국이 홀로 승리한 전쟁이었다. 태평양의 패권을 둘러싼 전쟁에서 압도적인 공업력을 앞세워 일본을 물리친 미국은 태평양을 지배하에 두었다. 그리고 자국의 패권에 도전하는 일이 없도록 무력화시킨 일본을 미국의 세계 전략 속에 편입시켰다. 세계대전 중 세계의 병기창이자 식량 창고 역할을 했던 미국은 전쟁의 유지와 추진에 필요한 막대한 물자를 온 세계에 제공했다. 그것을 수송한 것이 미국 상선대였다. 1942년부터 1945년 사이 전시해운국이 선박 운항을 관리하여 리버티형 상선 2,701척, 빅토리아형 상선 414척, 탱커 651척, 표준 화물선 417척, 그 외 1,409척 등 합계 5,592척의 상선을 건조했다. 막대한 군수품과 병사를 세계 각지로 운송한 미국 함대의 실력은 전쟁이 끝난 뒤 3개월 이내에 350만 명의 미국 병사를 본국으로 후송한 사실만 보아도 짐작할 수 있다. 1946년이 되면 미국은 상선 매각법에 근거해 전쟁 중 건조한 선박 약 5,500척을 국내외에 매각하여 세계적인 선박 부족 상황에 대처했다.

제2차 세계대전 이후 세계의 주요 에너지는 석탄에서 값싼 석유로 바뀌었다. 그 결과 석유 수송이 해운 화물의 반 이상을 차지하게 된다. 1937년부터 1964년 사이 일반 화물 수송량은 2배 늘어난 데 비해 석유 수송량은 8배로 성장했다.

1994년 12월 로이즈 통계에 따르면 석유 탱커는 6,639척으로, 총톤수 1억 4,459만 667톤에 이른다. 그것은 화물선·객선을 포함한 전 세계 모든 선박의 총톤수의 약 30퍼센트에 해당한다. 탱커도 대형화해 전쟁 이전에는 평균 1만 총톤(1만 5,000중량톤)이 보통이었지만 최근에는 25만 중량톤이 표준 사이즈가 되었다. 석유 위기 이후는 세계 대부분의 항만에 입항할 수 있는 8만 톤급 중형 탱커가 보급되었다. 1980년에는 길이 440미터, 56만 4,763중량톤의 거대 탱커인 시와이즈 자이언트호가 출현했다.

▌ 경제의 세계화와 컨테이너혁명

아시아·아프리카 나라들의 독립과 경제 개발, 다국적기업의 활동, 석유 위기 이후의 공장·자본의 이동은 지구 규모의 대량 물자 이동을 낳아 중남미, 동남아시아, 중국 등과 선진공업국 사이의 수송을 현저하게 증가시켰다. 수많은 항로들이 지구 표면의 70퍼센트를 차지하는 바다세계를 서로 교차하며 뒤덮어갔다. 반제품과 완제품의 수송이 늘어나고 개발도상국과 선진공업국 간의 수송이 안정되면서 부정기 항로의 정기화가 진행되었다. 석유 화물을 수송하는 탱커의 뒤를 따라 1950년대 이후 일반 화물의 전용선화도 진행되었다. 특히 철광석 수송은 1960년에 1억 톤을 넘어 세계 화물 수송량의 20퍼센트를 점하게 되었다. 세계 경제의 현황에 맞춰 바다세계를 오가는 선박도 다양화, 전문화된 것이다.

미국식 대중소비사회가 세계적으로 보급되고 저온유통 체계(cold chain system)가 출현함으로써 지구 규모의 유통혁명이 일어났으며, 각 기업이 각종 전용선으로 자사 제품이나 원료를 수송하는 자가화물 운송(industrial carrier)도 활성화되었다. 다국적기업의 증가로 자가화물 운송회사는 증가 일로에 있다. US스틸의 광석 운반선, 토요타의 자동차 운반선, 유나이티드 프루츠의 냉장 바나나선 등이 대표적인 예이다.

정기 수송에서 중요한 화물인 잡화의 경우, 인력에 의지하는 비효율적인 하역 작업이 최대의 걸림돌이었다. 이러한 문제를 해결한 것이 컨테이너 수송과 컨테이너선이다. 컨테이너(container)란 화물을 유닛(unit)으로 편성하는 것을 목적으로 한 수송 용기를 가리킨다. JIS(일본 공업 규격)는 국제 대형 컨테이너를 "국제 유통을 목적으로 복합 일관 수송에 이용되는 컨테이너"라고 규정하고 있다. 컨테이너의 효용성은 뭐니 해도 하역 작업을 표준화·기계화하여 비용을 절감하고 작업 속도를 높이는 데 있다. 최근에는 컴퓨터가 제어하는 무인 컨테이너 부두도 일반화되었다.

컨테이너를 이용한 해상 수송은 제2차 세계대전 중 미군이 대량의 군수 물자를 안전하고 효율적으로 수송하기 위해 도입했다. 이러한 발상을 민간 물자 수송에 전용한 것이 미국의 트럭 운송 회사 시랜드사이다. 이 회사는 1956년 4척의 중고 탱커를 개조하여 갑판에 60개의 컨테이너를 적재할 수 있게 만들어, 다음해 북미의 대서양 연안과 푸에르토리코 항로에 투입했다. 시랜드사의 고안으로 컨테이너와 선체의 고정 장치가 분리됨에 따라 컨테이너는 배, 트레일러, 비행기에 옮겨 실을 수 있게 되어 육지·바다·하늘에서 연계 수송이 가능하게 되었다.

1960년대 후반 이후 컨테이너 수송은 세계적으로 일반화되어 글로벌화에 대응하는 수송혁명('컨테이너혁명')을 불러일으켰다. 항만 하역이 기계화되면서 낮은 가격에 대량의 물자를 싣고 부릴 수 있게 된 것이다. 세계 각지에 공장을 만들어 글로벌화를 추진하는 기업은 육지·바다·하늘의 연계 수송에 힘입어 원자재 조달에서 제품 판매에 이르는 과정 전체를 기업 전략의 일환으로 종합적으로 관리하게 되었다. 그 결과 국제 로지스틱스(Logistics)가 중요시되었다. '로지스틱스'란 본래 군사 용어로서 '군사 물자의 수송 보급', 다시 말해 '병참'을 의미했는데, 글로벌 기업의 기업 전략에 편입됨으로써 다품종·소량화한 상품을 정확한 시간에 수송하여 납기를 단축시키는 수단이 되었다.

새로운 물류 시스템 전략으로 등장한 것이 허브 앤드 스포크(hub and spoke) 시스템이다. '허브'는 축의 중심, '스포크'는 수송 경로를 의미한다. '허브'는 주요 도시나 중계항에 설치된 화물의 보관·집배를 컨트롤하는 기지로, 그곳에 화물이 집중되면 '스포크', 즉 수송 경로를 통해 가장 하위의 수송 센터까지 효율적으로 물자를 수송한다. 이러한 수송 시스템은 세계 각지의 수송업자들에게 수용되었고, 바다세계도 허브 앤드 스포크 시스템에 의한 거대한 물류의 장으로 변하고 있다.

컨테이너 수송은 다양화되어 냉동 컨테이너도 만들어졌다. 냉동식품이 빠른 속도로 세계를 누빔으로써 저온유통 체계가 전 지구적 규모로 확대되고, 포식(飽食)의 시대를 맞이했다.

▍바다를 느끼다

제2차 세계대전 이후 제트기가 발달함에 따라 항공 수송이 비약적으로 늘어났다. 1958년 콴타스 항공이 프로펠러기를 사용한 세계 일주 정기편을 취항했고, 1960년대에 들면 팬암이 세계 일주 항공편을 매일 운항했다. 1950년대 말부터는 여객 수송에 제트기를 이용하기 시작했다. 1970년대에는 거대한 점보제트기가 보급되어 전 세계적인 여객 수송 네트워크가 급속히 정비되었다. 그 결과 20세기 전반까지 주로 객선에 의지하던 인간의 장거리 이동을 제트기가 담당하게 되었다.

하지만 배 여행은 역사와 낭만이 깃들어 있고 또 지표면의 광활함을 직접 실감할 수 있는 장점을 갖고 있다. 최근 크루즈 여행을 즐기는 사람들이 늘어나 배 여행이 다시 주목받고 있다. 생각해보면 인류는 문명이 형성된 이래 5,000년 동안 계속 육지에 손을 가해 그것을 온갖 장치로 뒤덮어버렸다. 그러나 지표면의 70퍼센트를 차지하는 바다에 대해서는 거의 손을 쓰지 못해 아직 자연 그대로의 상태가 남아 있다. 바다는 지구에 남겨진 최대의 자연이며 지상의 문명을 상대화할 수 있는 곳이기도 하다.

크루즈선의 의자에 앉아 태양과 바람의 미묘한 변화, 바다 색깔과 조류의 변화, 돌고래와 날치, 변화무쌍한 구름, 넘쳐흐를 것만 같은 하늘의 별을 바라보고 있노라면 마치 자연이 몸 안으로 스며드는 착각에 빠져든다. 온 세상이 자연이고 인공적인 장치는 오직 타고 있는 배뿐이다. 육지와 완전히 다른 세계가 바다에는 있다.

배가 지나가고 난 뒤 남는 흰 물거품은 곧 어두운 바다 속으로 사라져 버린다. 그것을 보고 사람의 인생과 비슷하다고 생각한 적이 있다. 그러나 오랜 역사적 축적 위에 만들어진 '해도'는 엄연히 존재한다. 정화 함대가 항해했던 경로가 오늘날의 '해도'에도 계승되고 있다는 사실을 알고 놀란 적이 있다. 바다 위에 펼쳐진 눈에 보이지 않는 네트워크를 따라가는 배 여행은 역사를 따라가는 여행이기도 하다. 근현대 세계는 대양 네트워크와 함께 존재한다. 인간의 영위는 차례차례 시간의 어둠 속으로 빨려 들어가 버리지만 '해도'처럼 우리들을 에워싸고 있다고도 말할 수 있다. 역사는 오늘날에도 다양한 형태로 살아 있는 것이다. 느긋한 속도로 바다 위를 가로지르면 드넓게 펼쳐진 지구와 역사의 축적을 감각으로 이해할 수 있게 된다.

지금까지의 세계사는 거의 대부분이 '육지의 세계사'였다. 그러나 물자, 사람, 정보의 이동이라는 관점에서 보면 바다는 인류사에서 예상외로 커다란 위치를 차지하고 있다. 그런 이유로 바다와 항해를 중심으로 한 '바다의 세계사'를 집필해 보았다. 하지만 하얀 물결이 바다 속으로 빨려 들어가는 것과 마찬가지로 한정된 지폭 안에서 바다와 관련된 인간의 영위를 전부 서술하는 일은 결국 무리라고 생각한다. 자기모순이지만 감성으로 바다를 체감하는 데 비하면 문자는 당해낼 재간이 없다. '바다를 느껴라'고 말하고 싶다.

지금 지표면의 70퍼센트를 차지하는 바다는 글로벌화를 떠받치는 대량 수송의 장이 되었다. 인류의 꿈을 실은 '7개의 바다'는 지구 규모로 전개되는 복잡한 시스템 속으로 급속하게 포섭되어 가고 있다고 할 수 있다. 하지만 오랜 기간 인류가 바다에 걸어온 로망을 잃어버리고 싶지는 않다. 드넓은 바다에서 육지 문명을 바라보면 유한한 인생을 '급하게 살아가는' 어리석음과 떠들썩한 산업 사회의 무미건조함을 느낄 수 있을 것이다. 해도가 육지의 모습을 다시 그려온 것처럼 배 위에서 자연과 공생하는 사회를 상상해낼 수 있을지도 모른다. 모든 것은 풍요로운 바다에서 태어나 바다로 되돌아간다. 바다는 지금도 생명이 탄생하고 변화하고 또 재생하는 장이다.

참고문헌

/

후기

/

해설

/

찾아보기

참고문헌

アズラフ(Azurara)・ガダモスト(Cadamosto), 長南実 訳, 『西アフリカ航海の記録』, 岩波書店, 1967.

アッリアノス(Arrianus), 大牟田章 訳, 『アレクサンドロス大王東征記』, 岩波文庫, 2001.

アブー・ザイド(Abu Zayd), 藤本勝次 訳注, 『シナ・インド物語』, 関西大学出版広報部, 1976.

イブン・ジュバイル(Ibn Jubayr), 藤本勝次・池田修 監訳, 『旅行記』, 関西大学東西学術研究所, 1992.

イブン・バットゥータ(Ibn Battuta), 前嶋信次 訳, 『三大陸周遊記』, 角川文庫, 1961.
(이븐 바투타, 정수일 역주, 『이븐 바투타 여행기 1・2』, 창작과비평사, 2001)

イブン・フルダーズベ(Ibn Khurdadhibah), 宋峴 訳, 『道里邦国志(諸道路と諸国の書)』, 中華書局, 1991.

オドリコ(Odorico), 家入敏光 訳, 『東洋旅行記』, 桃源社, 1979.

クック(James Cook), 増田義郎 訳, 『クック太平洋探検一・二』, 岩波文庫, 2004.

ゲルハルト・ヘルム(Gerhard Herm), 関楠生 訳, 『フェニキア人』, 河出書房新社, 1976.

コロンブス(Christopher Columbus), 林屋永吉 訳, 『コロンブス航海誌』, 岩波文庫, 1977.
(대표적인 국내 번역서로 크리스토퍼 콜럼버스, 이종훈 역, 『콜럼버스 항해록』, 서해문집, 2004.

コロンブス(Columbus)・アメリゴ(Amerigo)・ガマ(Gama)・バルボア(Balboa)・マゼラン(Magellan), 『航海の記録』, 岩波書店, 1965.

スウィフト(Jonathan Swift), 平井正穂 역, 『ガリヴァー旅行記』, 岩波文庫, 1980.
　　　(대표적인 국내 번역서로 조너선 스위프트, 신현철 역, 『걸리버 여
　　　행기-개정판』, 문학수첩, 1992)

趙汝适, 藤善真澄 역주, 『諸蕃志』, 関西大学出版部, 1991.

ダニエル・デフォオ(Daniel Defoe), 吉田健一 역, 『ロビンソン漂流記』, 新潮文
　　　庫, 1951.
　　　(대표적인 국내 번역서로 다니엘 디포, 윤혜준 역, 『로빈슨 크루소』,
　　　을유문화사, 2011)

トメ・ピレス(Tome Pires), 生田滋・池上夫・加藤栄一・長岡新治郎 역, 『東方
　　　諸国記』, 岩波書店, 1966)

豊島与志雄 외 역, 『完訳 千一夜物語 五・九』, 岩波文庫, 1988.
　　　(대표적인 국내 번역서로 임호경 역, 『천일야화 1~3』, 열린책들, 2010)

揚衒之, 長澤和俊 역주, 『法顕伝・宋雲行紀』, 平凡社東洋文庫, 1971.

ブズルク・イブン・シャフリヤール(Buzurk Ibn Shahriyar), 藤本勝次・福原信義
　　　역, 『インドの不思議』, 関西大学出版広報部, 1978.

マルコ・ポーロ(Marco Polo), 愛宕松男 역, 『東方見聞録一・二』, 平凡社東洋文
　　　庫, 1970・1971.
　　　(대표적인 국내 번역서로 김호동 역, 『마르코 폴로의 동방견문록』,
　　　사계절, 2000)

青木康征, 『コロンブス-大航海時代の起業家』, 中公新書, 1989.

青木康征, 『海の道と東西の出会い』, 山川出版社, 1998.

秋田茂 편, 『パクス・ブリタニカとイギリス帝国』, ミネルヴァ書房, 2004.

浅田実, 『商業革命と東インド貿易』, 法律文化社, 1984.

アティリオ・クカーリ(Attilio Cucari), エンツォ・アンジェルッチ(Enzo Angelucci),
　　　堀元美 역, 『船の歴史事典』, 原書房, 2002.

アルムグレン(Bertil Almgren) 편, 蔵持不三也 역, 『図説ヴァイキングの歴史』,
　　　原書房, 1990.

R. H. デーナー(R. H. Dana), 千葉宗雄 역, 『帆船航海記』, 海文堂出版, 1977.

飯島幸人, 『大航海時代の風雲児たち』, 成山堂書店, 1995.

生田滋, 『ヴァスコ・ダ・ガマー東洋の扉を開く』, 原書房, 1992.

井澤実, 『大航海時代夜話』, 岩波書店, 1977.

石田幹之助, 『南海に関する支那史料』, 生活社, 1945.

上野喜一郎, 『船の世界史上』, 舵社, 1980.

エティエンヌ・タイユミット(Etienne Taillemite), 中村健一 역, 増田義郎 감수, 『太平洋探検史』, 創元社, 1993.

M. N. ピアスン(M. N. Pearson), 生田滋 역, 『ポルトガルとインド』, 岩波現代選書, 1984.

大内建二, 『海難の世界史』, 成山堂書店, 2002.

大阪商船三井船舶(株)応報室・営業調査室 편, 『海と船のいろいろ』, 成山堂書店, 1998.

クリュチェフスキー(V. O. Kliuchevskii), 八重樫喬任 역, 『ロシア史講話』, 恒文社, 1979.

黒田英雄, 『世界海運史』, 成山堂書店, 1967.

後藤大三, 『あッ! 船が浮く』, ダイゴ, 1991.

佐藤圭四郎, 『イスラーム商業史の研究』, 同朋舎出版, 1981.

ジェフリー・ブレイニー(Geoffrey Blainey), 長坂寿久・小林宏 역, 『距離の暴虐－オーストラリアはいかに歴史をつくったか』, サイマル出版会, 1980.

ジャクリーヌ・シンプソン(Jacqueline Simpson), 早野勝巳 역, 『ヴァイキングの世界』, 東京書籍, 1982.

ジョン・パドニー(John Pudney), 弓削喜治 역, 『スエズ－レセップスの運河』, フジ出版社, 1987.

白石隆, 『海の帝国』, 中公新書, 2000.
　　　(시라이시 다카시, 류교열・이수열・구지영 역, 『바다의 제국』, 선인, 2011)

菅建彦, 『英雄時代の鉄道技師たち』, 山海堂, 1987.

杉浦昭典, 『帆船－艤装と歴史編』, 舵社, 1985.

杉浦昭典, 『帆船－航海と冒険編』, 舵社, 1986.

杉浦昭典, 『海の慣習と伝説』, 舵社, 1983.

杉浦昭典, 『蒸気船の世紀』, NTT出版, 1999.

杉山正明, 『クビライの挑戦』, 朝日新聞社, 1995.

外山卯三郎, 『南蛮船貿易史』, 東光出版, 1943.

園田英弘, 『世界一周の誕生－グローバリズムの起源』, 文藝春秋新書, 2003.

ゼー・ホランド・ローズ(Holland Rose), 神近市子 역, 『船と航海の歴史』, 伊藤

　　　書店, 1943.

高島健, 『タイタニックがわかる本』, 成山堂書店, 1999.

田口一夫, 『ニシンが築いた国－オランダ』, 成山堂書店, 2002.

田中航, 『帆船時代』, 毎日新聞社, 1976.

地中海学会 편, 『地中海事典』, 三省堂, 1996.

鶴間和幸, 『始皇帝の地下帝国』, 講談社, 2001.

D. R. ヘッドリク(D. R. Headrick), 原田勝正 외 역, 『帝国の手先－ヨーロッ
　　　パ膨張と技術』, 日本経済評論社, 1989.

ディルウィン ジョーンズ(Dilwyn Jones), 嶺岸維津子 외 역, 『大英博物館双書
　　　古代エジプトを知る4 船とナイル』, 学芸書林, 1999.

長澤和俊, 『海のシルクロード史－四千年の東西交易』, 中公新書, 1989.

中澤勝三, 『アントウェルペン国際商業の世界』, 同文館出版, 1993.

永積昭, 『オランダ東インド会社』, 講談社学術文庫, 2000.

中丸明, 『海の世界史』, 講談社現代新書, 1999.

平田雅博, 『イギリス帝国と世界システム』, 晃洋書房, 2000.

藤本勝次, 『海のシルクロード－絹・香料・陶磁器』, 大阪書籍, 1982.

フィリップ・カーティン(Philip Curtin), 田中愛理・中堂幸政・山影進 외 역, 『異
　　　文化間交易の世界史』, NTT出版, 2002.
　　　(필립 D. 커틴, 김병순 역, 『경제인류학으로 본 세계무역의 역사』,
　　　모티브, 2007)

ボイス・ペンローズ(Boies Penrose), 荒尾克己 역, 『大航海時代旅と発見の二世
　　　紀』, 筑摩書房, 1985.

星名定雄, 『郵便の文化史－イギリスを中心として』, みすず書房, 1982.

ポール・ケネディ, 鈴木主税 역, 『大国の興亡 上』, 草思社, 1988.
　　　(폴 케네디, 이왈수 외 옮김, 『강대국의 흥망』, 한국경제신문사, 1989)

松浦章, 『中国の海商と海賊』, 山川出版社, 2003.

ミシェル・モラ・デュ・ジュルダン(Michel Mollat du Jourdin), 深沢克己 역,
　　　『ヨーロッパと海』, 平凡社, 1996.

宮崎正勝, 『イスラム・ネットワーク』, 講談社選書メチエ, 1994.

宮崎正勝, 『鄭和の南海大遠征』, 中公新書, 1997.
　　　(미야자키 마사카쓰, 이규조 역, 『정화의 남해 대원정』, 일빛, 1999)

宮崎正勝, 『ジパング伝説』, 中公新書, 2000.

牟田口義郎, 『地中海歴史回廊』, ちくま学芸文庫, 2004.

元綱数道, 『幕末の蒸気船物語』, 成山堂書店, 2004.

森本哲郎, 『ある通商国家の興亡』, PHP研究所, 1989.

増田義郎, 『コロンブス』, 岩波新書, 1979.

増田義郎, 『太平洋－開かれた海の歴史』, 集英社新書, 2004.

家島彦一, 『イブン・バットゥータの世界大旅行』, 平凡社新書, 2003.

柳田国男, 『海上の道』, 岩波文庫, 1978.

山田憲太郎, 『香料の道』, 中公新書, 1977.

横井勝彦, 『アジアの海の大英帝国－十九世紀海洋支配の構図』, 同文館出版, 1988.

吉川忠夫, 『秦の始皇帝』, 集英社, 1986.

ヨハネス・ブレンステッズ(Johannes Brondsted), 荒川明久・牧野正憲 역, 『ヴァイキング』, 人文書院, 1988.

モロラ＆アンダーソン(Romola＆Anderson), 松田常美 역, 『帆船 6000年のあゆみ』, 成山堂書店, 1999.

후기

최근 글로벌화에 따른 '바다세계'의 변화로 항구의 경관도 크게 변화했다. 공룡처럼 즐비한 갠트리 크레인(gantry crane)과 높게 쌓여있는 컨테이너가 항구의 경치를 완전히 바꾸어 놓은 것이다. 역사란 공간화된 '변화'에 다름 아니다. 사회가 지구화 시대로 이행하면 그와 관련된 많은 시설과 장비가 땅을 뒤덮어 도시의 모습이 바뀐다. '글로컬(glocal)'이란 말이 보여주듯 세계적 규모의 거대한 시스템의 변화는 일상생활에서의 다양한 변화와 연동한다.

필자는 비행기를 타고 일본 열도를 내려다보면서 이 나라는 광대한 산악 지대 사이에 좁은 평야와 분지가 들어서 있는 자원 소국이라고 생각했다. 식량자급률이 50퍼센트 미만이라는 사실이 상징하고 있듯이 일본은 생활 물자와 에너지 자원 및 공업 원료 대부분을 해외에 의존하고 있다. 우리들이 그것을 의식하거나 말거나 지구화 시대의 세계에 확실하게 포섭되어 있는 것이다. 혹은 포섭될 수밖에 없는 것인지도 모른다.

사방이 바다로 둘러싸인 채 '세계 최대의 대양' 태평양에 면한 일본은 말 그대로 '해양 국가'이다. 세계 각지에서 일본으로 들어오는 물자의 99퍼센트 이상이 해운을 통한다는 사실이 그러한 현실을 여실히 말해주고 있다. 그러나 사회가 격변할 때 비로소 바다를 다시 생각하게 되지만, 일본인의 의식은 곧바로 '일본 열도'라는 틀 안에 갇혀버리기 일쑤이다. '바다세계'에 대한 능동적인 자세가 부족한 것이다. '바다가 보인다'는 말은 곧 '세계가 보인다'는 말과 같은 의미이다. 일본 열도와 세계를 연결하는 다양한 네트워크를 시야에 넣을 필요가 있다.

21세기에 들어 세계 해상 수송량은 연간 54억 톤을 넘어섰다. 여태껏 역사에서 볼 수 없었던 숫자이다. 해상 수송의 내용을 보면 석유 관계가 약 36.7퍼센트, 석탄·광석·곡물이 약 22.5퍼센트로 둘을 합치면 약 60퍼센트를 차지한다. 일반 화물은 대부분 컨테이너로 수송되는데 2000년 시점에서 세계의 바다를 오간 컨테이너의 양은 길이 6미터짜리 컨테이너로 환산하면 약 5,279만 개에 이른다. 4,000개에서 6,000개의 컨테이너를 실은 컨테이너선이 세계 바다를 바쁘게 왕래하고 있다.

컨테이너 수송량을 항로별로 보면 아시아·북미 항로, 아시아·유럽 항로, 아시아 역내 항로가 상위 3위까지를 점하고 있다. 세계 컨테이너 수송의 약 46퍼센트가 아시아를 무대로 이루어지고 있는 것이다. 아시아를 축으로 움직이고 있는 오늘날의 세계 경제 상황을 엿볼 수 있다.

이 책은 그와 같은 현대 세계의 동향을 이해하는 데 도움을 주기 위해 집필한 '바다의 세계사'이다. 종래의 세계사와는 다른 시점과 틀을 제시하려고 노력했다. 비슷한 종류의 책이 부족해 자료 수집이나 사실을 정리하는 데 많은 어려움을 겪었지만 '바다의 세계사'라는 패러다임은 제시했다고 생각한다. '살아있는 사회'의 움직임은 복잡하고 이해하기 힘들다. 다양한 시점과 시각을 조합하여 오늘날 세계적 규모로 진행되고 있는 변화의 실상을 균형 잡힌 자세로 파악할 필요가 있다. 환대서양세계에서 탄생한 세계자본주의 체제는 지금 환태평양세계를 중심으로 격심한 변용의 과정을 겪고 있다. 메이지유신, 태평양전쟁, 패전 직후의 시기가 그러했던 것처럼 다시 '바다를 직시하는'

일이 구조 개혁이 이야기되고 있는 오늘날 절실히 요구된다. 세계 속에 일본을 어떻게 전략적으로 위치지울 것인가의 문제이다.

필자는 매일 태평양을 바라보며 생활하고 있기에 바다가 자연 그 자체이고 바다가 인류에게 극복하기 힘든 거대한 공간이었다는 점을 잘 이해할 수 있다. 그러나 날이 밝기 전 바다로 나가는 작은 어선을 보고 있으면 바다에 도전하는 인간의 작은 행위의 축적이 바다세계를 확대해온 사실도 실감할 수 있다.

글을 쓰면서 선학들의 수많은 연구서와 해설서를 참고했다. 방대한 양의 연구를 종합할 수 없으면 '세계사'는 쓸 수 없다. 많은 선학들에게 감사를 드리고 싶다. 후쿠마 가즈마(福迫一馬) 씨는 배의 삽화들을 그리는 데 도움을 주셨다.

이 책의 출판과 관련해서 가도카와(角川) 학예 출판의 오쿠라 빈(大蔵敏) 씨 외 여러 스태프 여러분들로부터 많은 도움을 받았다. 진심으로 감사드린다.

2005년 8월

미야자키 마사카쓰

해설: 바다에서 보는 역사와 '세계사'

들어가며

이 글을 쓰는 바로 지금, 정부는 소위 '국정역사교과서' 현장검토본 이라는 것을 공개했다. 인간의 모든 과거를 수렴하는 단일한 '역사 (History)'를 부정하고 다양하고 다채로운 주체들의 수많은 '역사들 (histories)'의 가능성을 논하고 있는 역사학의 세계적 추세 속에서 정 말 불순한 의도성을 갖고 나온 '국가가 정한 역사'라는 난센스에 그저 할 말을 잃고 만다. 게다가 필자가 2, 30년 전 보던 개론서의 저자들이 '명예교수'라는 타이틀 아래 다시 펜을 쥐고서 21세기의 10대들이 볼 교과서를 집필한다는 이 현실에는 차마 고개를 들 수 없는 부끄러움 을 느낀다. 모든 것을 녹아내리게 한다는 '액체근대'의 규정성을 극복 하기도 힘든 마당에 이 땅, 이 현실은 '근대'조차도 남 일인가 할 만큼 단단하게 굳어있는 고체상태를 드러낸다. 그러면서도 한편으로 훨씬 더 크고 거칠게 요동치고 있는 현실 속에 몸을 맡기면, 또 다시 수많 은 팩트들을 하나의 점으로 수렴하는 '역사'의 힘을 실감하며, 요즘 즐 겨 쓰는 표현으로, '온 몸에 소름이 돋는다.'

그럼에도 언제나 그렇듯이, 현실 역사의 흐름이란 '분기(divergence)' 와 '수렴(convergence)'의 변증법적 연쇄임을 재차 확인하면서 여기 또 다른 '역사'를 독자들에게 소개하고자 한다. 무엇보다 이런 작업이 '국가가 정한 역사'라는 게 있을 수 없으며 실제로는 수없이 많은 다른 역사들만이 있을 수 있음을 보여주는 데 도움이 될 것이기 때문이다.

필자가 아래에서 소개할 미야자키 마사카쓰(宮崎正勝)의 『바다의 세계사(海からの世界史)』는 우리에게는 얼마간 생소한 '바다에서 보는 역사'의 시각에서 쓴 세계사 개설서이다. 저자인 미야자키 마사카쓰는 홋카이도 교육대 교육학부 교수로서 퇴직할 때까지 오랫동안 중등 및 대학 교육현장에서 세계사 교육을 수행했고 아울러 바다를 통한 국제교류사에 초점을 두고 여러 저작을 발표한 이력을 가지고 있다.[1] 그가 이런 세계사 교육의 현장 경험과 국제교류사에 대한 전문 연구에 입각해 순전한 학술적 논의를 위해서라기보다는 일반 독자를 대상으로 바다를 중심으로 전개된 인간 역사의 흐름을 알기 쉽게 적어놓은 것이 이 『바다의 세계사』이다. 국제 역사학계에서 '바다에서 보는 역사'의 이론적·실천적 논의와 활동들이 전개된 지 오래고, 서구만이 아니라 일본이나 중국에서도 이에 입각한 여러 학문적 성과와 그런 성과에 기초한 학술서적 및 대중서적들이 꾸준히 출간되고 있는 마당에, 정작 삼면이 바다로 둘러싸여 오랜 옛날부터 바다와의 관계 속에서 역사를 전개시켜온 한국에는 일반 독자들이 읽을 만한 그에 합당한 저서가 존재하지 않는 현실에서 이 책의 번역·출간은 학술적 차원만이 아니라 일반 독자의 수준에서도 많은 환기와 자극을 제공하리라 기대한다.[2] 그리 길지 않지만 많은 정보를 담고 있는 이 책이 가진

---

[1] 미야자키 마사카쓰의 저서 중에는 이미 국내에 번역되어 일반 대중에게 소개된 책들도 여러 권 있다. 오근영 옮김, 『공간의 세계사』, 다산초당, 2016; 정유경 옮김, 『술의 세계사』, 고려대학교출판부, 2014; 이규조 옮김, 『정화의 남해원정』(일빛, 1999). 그 외 랜덤하우스 코리아에서 내는 '하룻밤 시리즈'가 모두 그의 저작이다.

[2] 국내에서 출간된 이와 관련한 서적 중 일반 독자에게 가장 알려진 것은 유럽경제사 전공자인 주경철이 쓴 『대항해시대』(서울대학교출판부, 2008)인 듯하다. 아울러 한국고대사 전공자들인 윤명철과 강봉룡 등이 '바다에서 보

의미를 일반 독자들에게 설명하고 나아가 바다를 중심에 놓고 바다의 시점에서 보는 역사란 무엇인가를 개괄적으로 소개하는 것이 이 글의 목적이다.

아래에서는 먼저 이 책이 오늘날의 역사학 연구 흐름에서 가지는 의미가 무엇인지를 명확히 하기 위해 '바다에서 본 역사'가 무엇인지를 개략적으로 소개하고, 그에 이어서 이 책의 내용을 간략히 요약하면서 그것이 가진 한계까지 밝히고자 한다. 그런 속에서 이 책을 읽고 또 이렇게 책에 대한 해제를 쓰면서 든 생각, 즉 바다에서 보는 역사의 시각을 통해 '세계사'를 어떻게 서술할 것인가라는 문제에 대한 필자 나름의 생각이 어렴풋이나마 드러나기를 바란다.

'바다에서 보는 역사'란 무엇인가?

'바다에서 보는 역사'는 바다를 인간 활동의 주무대로 여겨져 온 육지에 부속하는 물질적 실체로서가 아니라, 하나의 '자율적 역사공간'으로 보고 '역사적 분석단위'로 삼아 인간의 과거 역사를 파악하는 시각을 말한다. 우리가 살고 있는 지구의 지표면 중 70 퍼센트가 물로 덮여있다는 분명한 사실에도, 최근까지 역사가들은 거의 바다에 관심을 주지 않았다. 바다는 종종 인간의 역사적 발전을 "방해한 광대한

는 역사'라고 할 수 있는 여러 저서와 연구결과들을 출간하였다. 하지만 이러한 것들은 모두 학술전문서로서의 성격이 강해 일반 독자들이 접근하기가 쉽지는 않다. 위의 『대항해시대』가 내용상으로는 결코 가볍지 않은 유럽 및 미국의 16~18세기 경제사 및 교역사 연구성과를 총괄 정리하고 있음에도 일반 독자들에게 많이 알려진 것은, 그만큼 일반 독자들이 쉽게 접근해서 가볍게 자신의 지적 호기심을 충족시킬 만한 서적이 없음을 증명하고 있다.

빈 액체공간"으로 여겨졌고, 대륙을 가르는 "거대한 칸막이"이자 인간의 입장에서는 "극복해야 할 장애"로 다루어졌다.[3] 그래서 언제나 국가사든 거대한 문명사든 인간 역사서술의 대상은 주로 육지에서 일어나는 여러 사건들과 중장기적 추세라고 생각되었다.

하지만 바다는 인간이 문명을 이루어 가는 시초부터 인간의 삶과 긴밀하게 연결되어 있었다. 적어도 기원전 3,000년경 인간이 도시를 건설하고 문명을 발생시킨 그때부터 인간 집단들은 서로 간에 일정한 교환행위와 문화적 교섭 활동을 전개해 왔고, 이런 교환행위와 문화적 교섭 활동은 상당 부분 바다를 매개로 해서 이루어지고 있었다.[4] 흔히 지도를 보면 바다는 파란색 빈 공간으로 남겨두고 있지만, 사실 바다는 물자와 사람의 운동으로 가득 차 있다. 증기와 철도의 도입 이전에 강이 그러했듯이, 바다는 해류와 바람의 힘을 빌어 인간에게 가깝거나 먼 여러 곳들과의 주된 연결로들을 제공하였다. 인간이 문명을 이룩한 직후부터 인간은 강과 바다, 대양을 통한 교역이 육상 교역보다 훨씬 더 경제적임을 발 빠르게 인식했고 가축보다 더 많은 화물을 옮길 수 있는데다 시간도 더 빠름을 간파했다. 인간이 어떤 식으로든 해류와 바람의 패턴을 충분히 파악하기만 하면 바다는 칸막이나

---

3) 앞의 표현은 R.F. Buschmann, *Oceans in World History*, New York: McGraw-Hill, 2007), p.2에 나오는 것이며, 뒤의 표현들은 프랑스의 역사가 페르낭 브로델이 자신의 저서 The Mediterranean and the Mediterranean World in the Age of Philip II, trans. S. Reynolds, New York: Harper & Row, 1972, vol. 1, p.201에서 한 말이다.

4) 일반 독자들이 이와 관련해 참고할 만한 한글로 된 서적은, 필립 D. 커틴, 김병순 옮김, 『경제인류학으로 본 세계무역의 역사』(모티브, 2007)를 들 수 있다. 동남아시아의 말레이인들은 이미 기원전 300년경에 인도양을 넘어 동아프리카 연안까지 진출하여 교역활동을 벌였다. 이를 증명하는 것이 동아프리카 연안의 마다가스카르로 이곳의 언어에는 말레이어의 흔적이 많이 남아 있다고 한다. L. Schaffer, "Southernization", *Journal of World History* 5-1(1994), p.4.

장벽이 아니라 즐겨 이용하는 고속도로로 바뀌었다.

바다와 인간이 가지는 이런 관계에 주목하여, 인간 역사에 바다가 끼친 영향에 초점을 두고 바다에서 전개된 인간의 활동에 관심을 기울이는 '바다에서 보는 역사'를 역사가들이 실행하게 된 것은 비교적 최근의 일이다. 1990년대 말부터 동남아시아 연구자들을 중심으로 바다를 중심으로 역사를 바라보는 것의 유효성이 제기되었고,[5] 이미 오래 전부터 세계 역사학 흐름의 한 축을 형성했던 '세계사(World History)' 내에서 이에 대한 논의가 이루어졌으며,[6] 2000년대 들어서는 서구만이 아니라 일본을 비롯한 아시아 각국에서 이런 시각에서 구체적인 연구들이 진행되기 시작했다.[7] 그렇지만 '바다에서 보는 역사'가 이때 처음으로 시작된 것은 아니었다. 오늘날 이런 시각에서 연구를 수행

---

[5] 동남아시아 연구자 중 이런 시각을 처음 제기한 이는 프랑스 지리학자 드니 롱바르이다. 그는 1998년에 쓴 논문에서, 동남아시아 역사를 인도나 중국 같은 인접 거대 단위들의 역사나 근현대 이후 제국주의 전개의 역사에 종속되는 것이 아니라 독자적인 역사 흐름의 단위로서 파악하기 위해 동남아시아와 떼놓을 수 없는 바다의 지리환경에 주목해야 한다고 주장하며, 동남아시아를 "또 다른 지중해"라고 불렀다. Denys Lombard, "Another 'Mediterranean' in Southeast Asia", Asia Pacific Journal: Japan Focus(Mars 2007)(http://www.japanfocus.org/-DenysLombard/2371 2009년 6월 3일 참조)는 1998년의 논문을 편집 수정해서 영어로 옮겨 놓은 것이다.

[6] 이런 논의를 주도한 이는 저명한 세계사 연구자 고(故) 제리 벤틀리이다. 그의 "Sea and Ocean Basins as Frameworks of Historical Analysis", *The Geographical Review* 89-2(1999)는 바다를 역사적 분석단위로서 방법론적으로 본격적으로 조명한 글이다.

[7] 국내에도 이런 연구성과들이 일부 번역되어 있다. 하네다 마사시 편, 현재열·김나영 옮김, 『17~18세기 아시아 해항도시의 문화교섭』, 선인, 2012; 모모키 시로 편, 최연식 옮김, 『해역아시아사연구입문』, 민속원, 2012; 프랑수아 지푸루, 노영순 옮김, 『아시아 지중해』, 선인, 2014; 도널드 프리먼, 노영순 옮김, 『태평양』, 선인, 2016. 인도양 연구의 세계적인 대학자인 쵸두리의 저서도 기본적으로 인도양이라는 대양을 중심으로 연구한 것이라는 점에서 '바다에서 보는 역사'로 볼 수 있다. K. N. 쵸두리, 임민자 옮김, 『유럽 이전의 아시아: 이슬람의 발흥기로부터 1750년까지 인도양의 경제와 문명』, 심산, 2011.

하는 대부분의 역사가들이 자신들의 출발점으로 내세우는 이는 프랑스 역사가 페르낭 브로델이다. 알려져 있다시피, 브로델은 20세기 세계 역사학의 흐름을 주도한 프랑스 아날학파(Annales)를 이끈 사람 중 한 명이다. 한국에서는 주로『물질문명과 자본주의』같은 대작을 통해 근대 경제사의 대가이거나 '구조'나 '장기지속' 같은 독특한 시간개념을 통해 장기적 구조의 흐름을 탐색하는 역사가로 알려져 있지만, 1966년에 그의 박사논문을 수정해서 편찬한『지중해와 펠리페 2세의 지중해 세계』는 '바다에서 보는 역사'의 첫발을 디딘 것으로 널리 인정되고 있다.[8] 그리고 브로델의 이런 지중해 연구에 대해 프랑스 정치철학자 자크 랑시에르가 제시한 다음과 같은 정리는 오늘날의 '바다에서 보는 역사'가 가진 기본적 내용과 지향점을 보여주는 데도 그대로 유효하다.

역사가들은 지중해에 의해 만들어지는 만큼이나 지중해를 만들어간 인간의 활동이 구성되고 확산된 모든 길들을 따라간다. 이 시간성의 복수성은 부동의 바다를 전통적 활동들이 펼쳐지는 상선들의 항해 공간이나 대규모 해전들의 장과 분리하거나 혼합한다. 여기서 질문은 이러한 다수성을 향하지 않는다. 질문은 이 다수성에 의미를 부여하는 통일성의 유형을 향한다. 실제로 확대되는 것은 이러한 통일성 자체이며, 바다 개념을 바다의 체험적

---

8) 예컨대, 쵸두리는 1985년에 나온 자신의 대표작의 첫 문장을 이렇게 시작하였다. "한 문명에 대한 연구가 바다의 이름을 딸 수도 있다는 생각은 페르낭 브로델에게서 비롯되었다." K.N. Chaudhuri, *Trade and Civilisation in the Indian Ocean* (Cambridge: Cambridge Univ. Press, 1985), p.1. 주 4에 나온 동남아시아 연구자 드리 롱바르도 자신의 시각이 "브로델적인 접근법"이라고 밝혔다. 일본의 '바다에서 보는 역사' 연구자 집단 중 하나인 해역아시아사 연구자들도 "브로델의『지중해』가 세계 전체의 해역사 연구를 자극"했다고 하였다.

경험에 통합하거나 바다의 경험성을 바다의 은유적인 기능에 통합하는 여러 방식을 출현시키는 것도 바로 이러한 통일성 자체이다. 구조와 공간 사이의 관계를, … 공간 개념 자체에 차별적인 의미와 힘을 부여하는 여러 상징적 공간을 출현시키는 것 역시 이러한 통일성 자체이다.[9]

여기서 통일성은 "인간의 움직임과 그것이 함축하는 관계들, 그리고 그것이 따라가는 길들"이 제공한다. "바다는 모든 것이라고 해야 한다. 그것은 인간이 노력을 하고 대가를 지불할 준비가 되어 있다면, 통일성과 운송수단, 교환과 교류의 수단을 제공한다."[10] 따라서 바다에는 '움직임'과 '흐름'만이 존재한다. 여기에서 '바다에서 보는 역사'가 가진 두 가지 이점이 나온다.

'바다에서 보는 역사'가 가진 두 가지 이점은 오늘날 역사학의 주요 숙제로 여겨지는 '국가사'의 극복과 '유럽중심주의' 역사서술의 극복에 유리하다는 점이다. 이를 저명한 세계사가로서 바다를 역사분석의 기본 단위로 승인할 것을 요청한 제리 벤틀리와 여러 다른 학자들의 표현들을 빌려 정리하면 이러하다. "세계화하고 변화하고 상호 연결된 오늘날 세계의 현실에" "1세기 이상 동안 … 거의 배타적으로 국민국가들의 자산"으로 다루어진 기존 역사는 타당하지 않으며 이에 적합한 새로운 모델을 구해야 하는데, 그것은 지금까지 주의를 기울이지 못했던 "대량의 인구이동과 제국의 확장운동, 이문화간 교역, 생물학적 교환, 기술이전, 문화적 교환과정" 같은 것들에 주목하는 "과거에 대한 대규모 접근방법"을 필요로 한다. 이럴 때 "바다나 해분(海盆)을

---

9) 자크 랑시에르, 안준범 옮김, 『역사의 이름들』, 울력, 2011, 142쪽.

10) Braudel, The Mediterranean and the Mediterranean World in the Age of Philip II, vol. 1, p.276.

중심으로 조직된 대안적 구성물"이라는 분석 범주들이 "대륙과 문명, 지역, 심지어 민족 같은 기존의 공인된 구성물들"보다 더 유용하고 타당하다.[11] 즉, 바다를 역사적 분석대상으로 삼는다는 것은 "민족국가라는 딱딱한 틀에 비해 외부로 넓게 열려 있는 느슨한 지리적 단위"를 도입하는 것으로, 이때 바다는 "역사가들이 온갖 종류의 이문화간 접촉과 다양한 경제 및 문화 활동에 대한 정치권력의 영향을 검토하고 분석하고 종합해야 하는 일종의 작업장"이 된다. 이렇게 과거를 바라보는 것은 "강력한 국가사 내러티브를 상대화하는 효과적인 수단이며, 사람들의 삶과 활동을 특정한 민족의 경계로 제한하지 않으면서 조명해 보는 효과적인 수단"이다.[12]

그래서 '바다에서 보는 역사'는 19세기 이래 세계 각지의 역사학을 지배해 온 '유럽중심주의' 역사서술[13]도 극복할 수 있는 중요한 수단으로 된다. 예컨대, 동아시아 역사를 연구하는 역사가들이 '바다에서 보는 역사' 시각을 취했을 때 거기서 나오는 연구 및 서술은 "'근대 이전의 아시아 각 지역은 서로 고립된 자급자족 경제 속에서 계속 정체되어 있었다'고 하는 아시아사회 정체론의 근간을 무너뜨리고 오늘날 볼 수 있는 '다양한 근대'를 준비한 독자적인 역사"를 밝힐 수 있게 한다. 이것은 "'아시아사 전문가는 유럽사에 대해서도 어느 정도 알아야 하지만 유럽사 전문가는 아시아에 대해 전혀 알지 못해도 괜찮다'고

---

[11] Bentley, "Sea and Ocean Basins as Frameworks of Historical Analysis", pp.215~216에 나오는 표현들이다.

[12] 하네다 마사시, 『17~18세기 아시아 해항도시의 문화교섭』, 15~16쪽.

[13] 여기서 유럽중심주의 역사서술은 서구가 나머지 세계를 발견하고 영향을 미치고 종국에는 지배한다는 관점, 그리하여 서구 이외의 다른 지역들은 온전한 역사의 주체가 되지 못하고 다만 서구 중심의 역사서술의 대상이 될 뿐인 관점과 그에 입각한 역사서술을 가리킨다. 주경철, 『대항해시대』, vi~vii쪽.

하는 비대칭적인 관계를 당연시해 온 근대지(近代知)의 존재양태에 대한 도전"이기도 하다.[14]

과연 '바다에서 보는 역사'를 실행하는 역사가들이 이러한 두 가지 이점을 얼마나 충분히 달성하고 있는가는 물론 별도의 논의가 필요한 부분이다. 우리가 쉽게 찾아볼 수 있는 '바다에서 보는 역사' 시각에 해당하는 책 중 많은 것들은, 그럼에도 여전히 유럽중심적인 흔적들을 많이 간직하고 있다. 무엇보다 문제는 여전히 우리의 역사인식을 옥죄고 있는 '국가사'적 틀의 극복이 충분히 실현되고 있는가이다. 국가사의 틀을 넘어서는 것을 상정하여 '바다에서 보는 역사'를 내세우는 여러 역사서술이 바다로 둘러싸인 지리환경의 특수성을 강조하며 또 다른 '특수주의'를 드러내며 은연중에 결국은 국가중심주의적 색채를 품고 있는 모습을 곳곳에서 볼 수 있다.[15] 이는 '유럽중심주의' 역사서술을 극복한다는 경우에도 비슷한 결과가 초래된다. 유럽중심적 시각을 벗어난다는 것이 개별 지역이나 해역의 독자적 역사전개를 강조하는 형태의 서술로 전개되는 것은 납득할 만하나, 그것이 결국 그 지역이나 해역의 역사에서 실제로 존재한 어두운 면(예컨대, 제국주의)을 간과하거나 아예 지워버리는 형태로 나타나는 것은 장점이라기보다는 폐해라고 해야 할 것이다. "그간 어둡게 덧칠된 아시아상에서 덧칠을 벗겨내고 원래 모습을 드러내고자 하는" 것은 좋은 일이며, 유

---

14) 모모키 시로 편, 『해역아시아사연구입문』, 13쪽.

15) 그런 점에서 요즘 자주 등장하는 '동아지중해'론의 위험성을 지적하고 싶다. 국내 학자들도 자주 거론하는 '동아지중해'론은 황해에서 동중국해에 이르는 지리 환경이 육지와 섬들이 바다를 둘러싸고 있는 형태라는 지리환경론에 입각해 이곳을 하나의 지중해로 상정할 수 있다는 이야기인데, 그 자체는 지리결정론적 요소를 담고 있지만, 인정할 만하다. 하지만 이런 근거에 입각해 이곳의 역사과정의 특수성을 주장하고 나아가 거기에 참여하는 학자들이 자기 국적에 따라 자기 '국사(國史)'의 '위대성'을 강조하는 모습은 '바다에서 보는 역사'가 가진 장점과는 거리가 먼 것 같다.

립중심주의 역사상을 극복하기 위해 필요한 일이다. 하지만 그러기 위해 "16세기 이래 실제로 어두워진 세계사적 현실"에 눈을 감는 것은 오히려 또 다른 유럽중심주의로 귀결될 여지조차 남긴다.[16)

이런 문제점들을 여전히 가지고 있지만, 그럼에도 '바다에서 보는 역사'는 지금까지의 육지 중심, 국가 중심, 서구 중심의 역사적 시각을 벗어나 인간 삶의 시간적 궤적을 다른 척도 속에서 다른 앵글 속에서 바라 볼 수 있는 가능성을 충분히 가지고 있다. 그에 대한 이론적 · 방법론적 논의들이 여러 곳에서 진행되고 있기에,[17) 앞으로 풍부한 실증적 연구성과들의 산출과 함께 다채로운 한국사 및 세계사상을 일반 독자들에게 제출할 수 있을 것이라고 기대한다.

이 책이 가지는 의미와 한계

필자가 여기서 소개하고 있는 『바다의 세계사』는 바로 위에서 설명한 '바다에서 보는 역사'에 입각해 세계사 서술을 시도하고 있는 책이다. 오랜 동안의 세계사 교육 경험을 살려 책의 저자는 인간이 바다에 진출한 오랜 역사와 바다에 진출한 인간에 의해 각각의 바다가 연결되는 과정, 그리고 그를 통해 영향 받는 인간의 모습을 전체적으로는 시간 순서에 따라 그러면서도 내용적으로는 테마(예컨대, 전 지구적 교역 양상의 전개나 대양시대 문제, 또는 선박의 발달, 자본주의의 발

---

16) 유재건, 「유럽중심주의와 자본주의」, 한국서양사학회편, 『유럽중심주의 세계사를 넘어 세계사들로』(푸른역사, 2009), 250쪽.

17) '바다에서 보는 역사'에 대한 이론적 논의로 일반 독자들이 참고할 만한 글은 그리 많지 않다. 일단 강봉룡, 『해양사와 해양문화』(경인문화사, 2007); 윤명철, 『해양사연구방법론』(학연문화사, 2012); 정문수 외, 『해항도시문화교섭연구방법론』(선인, 2014)를 참조할 수 있을 것이다.

전 등)별로 정리하여 담담하게 제시하고 있다. 앞서 말했듯이, 바다를 중심에 두고 바다에서 활동한 인간의 삶과 그것이 역으로 육지의 인간사회에 미친 영향을 파악하면서 그 시간적 전개 속에서 관통하는 통일성을 드러내고자 하는 '바다에서 보는 역사'의 전체적 취지를 나름대로 잘 살려내고 있다고 판단된다.

책은 서쪽에서부터 시작된다. 인간이 이룬 최초의 소위 '4대문명'들이 각각 나름대로 바다와 연관을 맺은 양상과 방식들을 살피고 그 속에서 인간이 최초로 수행한 항해들을 알기 쉽게 정리하고 있다. 다음으로 아랍 상인들에 의한 해양 진출과 그들이 수행한 전체 바다의 연결과정을 정리한다. 그리고 중국 상인들의 동중국해 및 남중국해, 나아가 인도양에 이르는 활발한 활동과정을 간략하게 정리한 후, 잠시 눈을 북쪽으로 돌려 오랫동안 우리 시야에 들어오지 않고 변방으로 내몰려 있던 북유럽의 해양개척 양상을 설명한다. 그 다음으로는 소위 16세기 유럽인들의 대양 진출과 자본주의 발전, 그리고 지금까지 이어져 오고 있는 바다와 인간의 삶에 대해 정리한다.

이런 전반적인 내용 속에서 우선 눈에 띄는 것은 두 가지이다. 하나는 16세기 '대항해시대' 이전의 역사를 정리하며 "유라시아 바다"라는 큰 테마를 제시하는 것이고, 다른 하나는 16세기 이후의 역사를 일관되게 바다와의 관련 속에서 서술할 수 있는 가능성을 보여주는 것이다. 저자가 전반부 1장에서 3장에 걸쳐 꾸준히 제시하는 '유라시아'라는 용어는 저자의 이 책이 현재 세계 역사학의 주요 경향 중 하나로서 많은 나라에서, 특히 세계사 교육과 관련해 영향을 주고 있는 '세계사 (World History/Global History)'의 문제의식을 인지하고 그를 수용하고 있음을 드러낸다.[18] 누구나 지도를 보면 바로 알 수 있듯이, 유럽과

---

18) 아프로-유라시아 대륙, 즉 우리가 선험적으로 분리되었다고 여겨온 아시아,

아시아, 아프리카는 단절되지 않고 서로 연결되어 있다. 바다가 장벽으로 작용해 따로 떨어져 있는 아메리카 대륙과 오세아니아 대륙과는 다른 것이다. 그럼에도 우리는 우리가 오랫동안 수용해온 고정관념에 입각해 눈에 보이는 현실조차 부정하면서 지도 위에 보이지 않는 선을 그리고 있었다. 그리고 그것들 중 누가 누구보다 나았고 못했는가, 누가 누구를 지배했는가를 따지고 있었다. 많은 세계사 학자들은 이 인위적으로 그어진 세 '대륙'은 사실상 하나의 대륙이며 워낙 광대하다보니 지리 환경에 따라 나누어져 여러 문명들이 형성되었지만, 그들 사이에는 처음부터 교환과 교류가 행해졌고 나아가 그 문명 자체가 그런 교환과 교류 행위의 결과였음을 밝히고 있다. 이런 시각에서 보면 유럽, 아시아, 아프리카는 따로 존재하는 물리적 실체가 아니라 사실상 하나로 존재하는 거대한 대륙(land-mass)이다. 그리고 그 위에서 다양하고 다채롭게 전개된 인간의 수없이 많은 활동들이 역사의 대상이 되는 것이다. 이런 시각이 책의 저자에게서 기본적으로 공유된 위에 그 시각을 바다로까지 확장하고 있음을 "유라시아 바다"라는 표현은 보여주고 있다. 육지가 연결되어 있다면, 액체인 바다는 더 말할 나위가 없다. 유라시아 대륙을 둘러싸고 있는 수없이 많은 바다들

아프리카, 유럽을 하나의 연결된 대륙으로 상정해 그 속에서 발생한 다양한 문명간의 끊임없는 교류와 교환의 역사를 살펴보는 것은, 20세기 중반부터 나타난 현상이다. 국내에 소개된 학자로 이런 흐름을 대표하는 이는 윌리엄 맥닐일 것이다. 국내에 소개된 책은, 윌리엄 맥닐, 김우영 옮김, 『세계의 역사 1·2』(이산, 2007)이다. 아프로-유라시아 대륙 전체를 세계사적 전개의 대상으로 두고 '이문화간 교섭'을 중심으로 세계사를 파악할 것을 주장한 이는 앞서 말한 세계사가 제리 벤틀리이다. Jerry H. Bentley, "Cross-Cultural Interaction and Periodization in World History", *American Historical Review* 101-3(1996). 국내에 나온 책 중 유라시아 전체를 대상으로 역사를 보는 실례를 제공하는 것은, 필립 D. 커틴, 김병순 옮김, 『경제인류학으로 본 세계무역의 역사』(모티브, 2007); 안드레 군더 프랑크, 이희재 옮김, 『리오리엔트』(이산, 2003); 재닛 아부-루고드, 박흥식 옮김, 『유럽 패권 이전: 13세기 세계체제』(까치, 2006)을 들 수 있다.

은 서로 연결되어 있고 그 바다를 통해 인간은 길고 긴 역사를 이루고 있었던 것이다. 그들이 바다로 진출하고 그 바다를 헤쳐 다른 이들을 만나고 한 지난한 과정들이 이 책에 간결하게 정리되어 있는 것이다.

한편, 앞서 말했듯이, 16세기 대항해 시대 이후 현재까지의 역사를 바다를 중심에 두고 정리할 수 있는 가능성 또한 이 책이 보여준 중요한 기여인 것 같다. 우리가 볼 수 있는 대부분의 세계사 책들은 16세기 유럽의 대양 진출 부분에서 바다가 중심이었다가 그 이후 역사는 다시 또 '국민국가'를 중심에 둔 대륙 패권의 역사로 전개된다. 대영제국은 분명 바다가 없으면 성립할 수 없고 전 세계에 흩어진 수많은 지역들이 바다를 매개로 연결되어 이루어졌음에도, 우리는 전 세계 육지의 3분의 1 정도를 차지했다는 그 '육지성'에만 눈을 고정시켰다. 미국은 아메리카 대륙에서 나와 세계를 상대할 때 반드시 바다를 거칠 수밖에 없음에도, 우리는 미국이 장악한 '세계 패권'에만 눈을 맞추고 '대륙적 시각'에서만 바라보았다. 오늘날 글로벌화 시대를 상징하는 세계 전역에 거미줄처럼 이어진 물류 이동의 양상은 분명 바다 위에 그려진 것임에도 우리는 그것들이 마치 육지 위의 고속도로인양 착각했다. 이 책은 여느 세계사 책처럼 16세기 유럽의 대양 진출 부분을 바다에 중심을 두고 서술하지만, 그 후의 역사 서술에서도 이런 시각을 놓치지 않는다. 자본주의의 발흥과 바다와의 관련성을 설명하고 육지에서 발생한 산업혁명 역시 바다와 무관치 않음을 이야기한다. 대영제국이란 사실상 바다를 통한 해양 네트워크에 다름 아님을 밝히고[19] 미국의 세계 패권이란 '해양제국'으로 자신을 세움으로써 가능했음을 보여준다.[20] 이런 설명방식은 '바다에서 보는 역사' 시각에서 근

---

[19] 좀 더 자세한 것은, 대니얼 R. 헤드릭, 김우민 옮김, 『과학기술과 제국주의』 (모티브북, 2013) 3부를 통해 확인할 수 있다.

[20] 미국 패권의 역사를 해양진출의 역사로 재해석해서 제시하는 대표적인 것

현대 세계의 흐름을 어떻게 정리해 낼 것인가 하는 문제의식에 좋은 참고거리를 제공해 준다.

무엇보다 필자가 보기에 이 책이 가진 가장 큰 장점은, 책의 내용 여기저기에서 꼭 필요한 고비마다 당시 인간이 만들어 활용한 배와 항해 기술에 대한 간단하면서도 알찬 설명들을 배치해 둔 것이다. 사실 배의 역사나 항해기술의 역사에 대해 일반 독자들이 참고할 만한 책이 없는 것은 아니다. 하지만 그런 책들은 대개 전문서적이며 배나 항해기술만을 따로 떼어 서술하며 내용도 일반 독자가 접근하기에는 쉽지 않다. 그런 점에서 역사의 전체적 흐름 속에서 인간이 그때그때 당대의 필요에 의해서 만든 배들을 맥락화하면서도 간단하게 설명해 나가는 책이 아쉬운 상황이었다. 이 책은 바로 이런 목마름을 얼마간 메꾸어 줄 수 있을 만큼 다양한 배들을 각각의 시대에 맞추어 어떤 맥락에서 건조되었고 기능과 형태는 어떠했는지를 일반 독자들이 충분히 쉽게 다가갈 수 있을 정도로 풀어서 설명하고 있다. 물론 좀 더 세부적인 정보를 원한다면 전문서적에 다가가야 하겠지만, 배에 대한 전문적 이해보다 역사 속의 배의 흐름을 이해하는 정도의 궁금증은 이 책으로 충분히 해소할 수 있을 것이라 생각한다.

이 책이 가진 이런 많은 장점에도 몇 가지 아쉬운 점 역시 존재한다. 우선, 학자들 사이에 아직 논란이 분분한 사실을 마치 확정된 것처럼 단정적으로 기술하고 있는 부분이 몇 군데 눈에 띈다. 이런 부분들에는 본문 상에 역주를 달아 현재 논란이 되고 있음을 밝히고 독자들이 이 책의 서술을 단정적으로 받아들이지 않도록 하였다. 둘째, 바다에서 보는 세계사를 지향함에도 실제 내용상으로는 아시아 바다의

으로, 브루스 커밍스, 김동노 외 옮김, 『미국 패권의 역사』(서해문집, 2011)을 들 수 있다.

설명 부분이 많이 부족함을 느끼게 된다. 인도양과 남중국해, 아울러 동중국해로 인간이 진출해 나간 역사는 이 책에서 다루는 바로 그 초기부터 시작된다는 것이 해당 지역의 수많은 역사가들의 연구 성과들로 밝혀져 있다.[21] 저자가 일본인임을 감안할 때, 일본 역사학계에서 최근 나온 동중국해 및 남중국해에 대한 무수한 연구성과들이 이 책에 충분히 반영되었는지 의문이 든다.

마지막으로, 가장 중요한 것이면서 또 위의 두 번째 아쉬움과도 연결된 것으로, 이 책이 '바다에서 보는 역사'의 두 가지 이점을 얼마나 담보하고 있는가 하는 것이다. 국가사의 극복이라는 점에서는 이 책 전체를 읽다보면 충분히 가능성을 보여준다고 생각한다. 실제로 책을 읽다보면 굳이 국가를 떠올릴 새가 별로 없다. 다만 역시 16세기 대항해시대 이후의 역사는 국가 간 패권의 교체로 서술되는 측면이 있어 국가의 존재를 금세 떠올리게 되지만, 실제 16세기 이후 현재까지의 역사가 강대국의 패권 다툼과 그 결과로 나타나는 세계 질서의 전개와 전개의 과정으로 점철되었음을 감안하면 충분히 그럴 수도 있다는 생각이다. 하지만 유럽중심적 역사서술을 넘어서는 측면을 이 책이 담보하고 있는가에 대해서는 얼마간 회의적일 수밖에 없다. '유라시아 바다'의 개척이 서쪽에서부터 이루어졌다는 출발점은 앞서 말했듯이, 많이 설득력이 떨어지는 부분이다. 물론 이것이 오늘날의 유럽 대륙을 중심에 두고 있지는 않지만, 흔히 유럽중심주의에 입각한 세계사가 이 책과 마찬가지로 나일과 메소포타미아 문명에 대한 설명으로 시작하여 무게중심을 서서히 북쪽으로 옮겨가는 서술 틀을 가진 것과

---

21) 예컨대, 고고학계에서는 기원전 1,000년경에 전개된 동아시아 도작(稻作)문화의 전파는 바다를 통해 이루어졌다고 보고 있다. 김건인, 「고대 동북아 해상교류사 분기」, 해상왕장보고기념사업회 편, 『7-10세기 동아시아 문물교류의 제상－중국편』(재단법인해상왕장보고기념사업회, 2008). 또한 주 3에서 얘기했듯이, 인도양 교역의 시작은 기원전 300년경부터였다.

크게 다르지 않게 느껴진다. 이슬람 상인들의 동쪽으로의 확장에 대한 설명도 그 확장의 동기가 동중국해 및 남중국해에 이미 존재하던 강력한 권역 경제와의 연결에 있다는 것이 최근 학계의 설명방식인데, 이 책은 오히려 "고대 지중해 세계의 붕괴"와 이슬람의 확장을 연결짓는 유럽 역사가들의 고전적인 설명방식을 따르고 있다. 나아가 인도양의 교역 활동을 좀 더 포괄적으로 설명하지 못하는 점과 바다와 아주 긴밀하게 결합될 수밖에 없는 지리환경을 가진 동남아시아 부분을 거의 따로 다루지 못하는 점, 그리고 일찍이 로마 제국 말기였던 8세기 무렵부터 확고한 해양 네트워크를 갖추고 있던 동중국해에 대한 서술이 완전히 빠져있는 점 등이 이 책이 '유럽중심주의' 역사서술에서 벗어났는지에 대해 회의적이게 만든다. 무엇보다 16세기 이래의 역사서술부분은 기존의 유럽중심적 세계사 서술과 크게 다르지 않다. 바다에서 일어난 현상들에 중심을 두고 서술할 뿐 실제 내용의 전개는 유럽의 전지구적 확장과 세계 지배 과정에 다름 아니다. 이런 서술이 '바다를 지배한 유럽 및 미국과 세계 패권의 장악'이라는 기존 서술방식, 즉 유럽 및 미국의 현재 세계 지배는 16세기 이래 바다로의 진출을 통해 가능하게 되었다는 식의 논리와 다른 점을 찾을 수 없는 것이다.

이런 아쉬운 점을 가지다 보니, 이 책은 어쩌면 기존의 세계사 서술에서 바다와 관련된 부분만 따로 떼어 모아놓은 것 같은 느낌도 갖게 한다. 물론 그 자체도 의미 없는 작업은 아니다. 기존에 바다와 관련된 여러 가지 역사적 현상들을 정리해 놓은 마땅한 책이 거의 없는 실정에서 더욱 그러하다. 그러함에도 이렇게만 해서 '바다에서 보는 역사'의 세계사 서술이 완결되었다고 할 수 있는지는 의문이다. '바다에서 보는 역사' 시각에서 서술되는 세계사는 세계의 바다가 연결되는 과정을 추적해 나가더라도 그 바다가 인간과 관련해서는 하나의 바다가 아니라 여러 개의 바다였음을 인정하면서 시작되어야 하는 게 아닌가 하는 생각이다. 그 여러 개의 바다들은 각자의 논리와 체계를 가지고 각자의 전후 맥락 속에서 형성되고 전개되어 나가면서, 단순한 교역행위든 제국주의적인 강압적 힘을 통해서든 다양한 상호 관계를 맺고 그 결과로 하나의 바다로 연결되었음을 보여주어야 하지 않을까. 그리고 각 바다가 가진 통일성들이 이러저러한 연결과정을 통해 하나의 통일성으로 묶어졌을 때 하나의 바다가 되는 것은 아닐까. '바다에서 보는 역사'의 세계사 서술은 이렇게 나타나는 통일성에 대한 서술로 끝맺어야 하지 않을까. 이 책을 '바다에서 보는 역사'의 세계사로서 읽으면서 그 장점과 아쉬운 점을 되새기며 든 생각들이다.[22]

여러 가지 아쉬운 점들이 있음에도 불구하고, 이 책은 현재 우리 사회에 '바다에서 보는 역사' 시각에 입각해 충분히 체계성을 가지면서 서술된 대중적인 역사서가 없음을 감안할 때 그런 부족함을 채워주기에 충분한 책이다. 앞서 열거한 책의 강점들은 우리 사회에서는 보기 드문 시각이며, 세계사를 이런 측면에서 접근할 수도 있음을 아주 설득력 있게 보여주고 있다. 서두에 밝혔듯이, 수많은 '역사들'과 '세계사들'이 존재할 수 있으며 어떤 역사도 유일성을 주장할 수 없음을 이 책자체가 보여주고 있는 것이다. 이 책을 번역해서 출간하기로 결정하게 된 것도 얼마간은 그런 이유에서였다. 무엇보다 이 책이 한국에서 '바다에서 보는 역사'를 둘러싼 관심과 논의에 작은 기여를 할 수 있기를 기대한다.

현재열

---

[22] 꼭 '바다에서 보는 역사'와 관련된 것은 아니지만, 그런 시각에서의 세계사 서술을 이해하는 데 도움이 되는 책에는 다음이 있다. 피터 N. 스턴스, 최재인 옮김, 『세계사 공부의 기초』, 삼천리, 2015; 하네다 마사시, 이수열 옮김, 『새로운 세계사』, 선인, 2014.

찾아보기

저자소개

미야자키 마사카쓰(宮崎正勝)

1942년생. 동경교육대학 문학부 사학과 졸업.

전근대 시기 국제교류사, 세계사교육 전공

현 홋카이도교육대학 명예교수.

저서:

『정화의 남해 대원정』(이규조 옮김, 일빛, 1999)

『지도로 보는 세계사』(노은주 옮김, 이다미디어, 2005)

『하룻밤에 읽는 세계사 1』(이영주 옮김, 랜덤하우스코리아, 2011)

『하룻밤에 읽는 세계사 2』(오근영 옮김, 랜덤하우스코리아, 2012)

『공간의 세계사』(오근영 옮김, 다산초당, 2016) 외 다수.

역자소개

이수열(李秀烈)

　　한국해양대학교 국제해양문제연구소 HK교수

이명권(李明權)

　　한국해양대학교 해양공간건축학과 교수

현재열(玄在烈)

　　한국해양대학교 국제해양문제연구소 HK교수